JN131019

表現の極端ニズム

―反転する二重構造を生きる―

中村 直行

大学教育出版

はじめに

　本書は前著『沈黙と無言の哲学』に続く書である。通称「語りえぬもの」が指し示そうと試みるが、言語の限界ゆえに毎回その試みに失敗するところの語りえぬものの存在性に対して確信を深めたからである。また『沈黙と無言の哲学』執筆当時には発見できていなかった新種（珍種）の語りえぬものも本書には載せることができた。

> 　われわれは無限が存在することを知っているが、その性質を知らない。たとえば、われわれは数が有限であるというのは誤りであることを知っている。したがって[1]数には無限がある。しかしわれわれは、その無限が何であるかを知らない。それが偶数であるのは誤りで、奇数であるのも誤りである。なぜなら、それに一を足しても、その性質に変わりはないからである。しかもそれは数であり、いかなる数も偶数か奇数である。もっともこれはすべて有限な数について了解されていることなのであるが。
> 　このようにして、人は、神が何であるかを知らないでも、神があるということは知ることができる（パスカル『パンセ』233）[2]。

　このようにして、人は、語りえぬものが何であるかを知らないでも、語りえぬものがあるということは知ることができる。なぜならば、パスカルが、語りえぬものの一つである無限を取り上げてその存在性を主張し、それから類推して、これまた語りえぬものの一つである神の存在性を主張するのだから、それらの個々の語りえぬものの存在性を一般化して、〈語りえぬもの〉は存在することを類推することは、まんざら虎の威を借りた権威による推論でもなかろう。

　本書の概要を述べる。第Ⅰ部の概要は以下のとおりだ。「私は誰？！」と発する。鏡を見ても見えているのは左右入れ替わった鏡像でしかない[3]。写された像（写像）を見ているのであって「見る」とは本来こういう行為だ[4]。私は私の体を見たことはある[5]が、私自身（心）を見たことがない。それ以前に見ることができなかったり表現ができなかったりするばかりではなく、私自身

（の心）が時空間的存在ではないから、それを見ようにもいつどこへ視線を向けてよいか分からない。

　私は私をよく知っている。例えば、臆病で気が小さく小心者で往生際が悪いし、財布のひもが固く、自分にはケチでセコい貧乏性であるから、かえってそれを隠そうとして学生にはケチなことはしない。これだけ自分の性格を列挙できるのだから、自分の心をよく知っているのではないか？「そういう性格だよね。そのとおり。傍_{はた}から見てもそうだ」という声が聞こえる。

　しかし、私は誰なのか？「臆病で気が小さく（略）学生にはケチなことはしない」ような男。それでは答えになっていない。「是れ什麼物か恁麼に来る（これなにものかいんもにきたる）」[6]式に突き詰めて一緒に考えていただくことを提案する。

　こんな正体不明の人間がいて、あなたはそんな不審人物と日常的に対峙している。もしかしたらあなただけがまともな人間で、あなたを取り巻く人間もどきはみんなこんな不気味な存在なのかもしれない。そうではなくて筆者とあなただけが不気味な存在であって、それ以外の他者は健全な精神を持ちみんなとうまくやっているのかもしれない。こんな話題はあまりしないから（言葉にしたところで無意味だが）。

　続く第Ⅱ部のタイトルは「『こだわるな』にもこだわるな」にさえこだわらなくなるとは、である。

　「『こだわるな』にもこだわるな」にさえこだわらなくなりたいものだ。それなら最初から「こだわるな」とさえも言わなければよいのだろうか。

　「沈黙に至るにはどうすればよいか」というふうに意識的に沈黙を志向しては沈黙に至れないので、どうしたらそうなるかを書いてみた。言葉にこだわる筆者であるが、特に言葉の使用と言及との区別とにこだわり、二つのこだわりを主張する。

　一つめは、文中の一語の使用と言及との同時成立不可能性（**語の反転**）である。文の中のどんな語でも（例えば、リンゴ）**使用中の語を生け捕りにできない**。二つめは、定義する文の中で —— 数学で言えば定義式の中に —— ある語は使用中であり、それとは別の語は言及中であり、使用と言及とが共存している（**文内の共存**）。使用と言及との共存は、定義式だけでなく、定義文の中で緩衝

地帯の機能を持つ中立記号[7]を橋渡しして共存する。

　ところが、文内の共存は真実であるにもかかわらず、その真実を言語化しようとすると、一文の中の使用と言及との共存・協調・分担・相互依存の関係が崩れる（**共存→崩壊**）。観察するという目的志向的な目つきでは、その真実を知ることはできない。そんな目つきではひっそりとした共存関係に気づかれてしまう。隠れて盗み見ようとしても、その魂胆によって共存関係は崩れてしまう。

　言葉の使用と言及とがひっそりと共存していることを指摘しようとすれば、その共存関係はもはや崩壊しているから、言わぬなら真実のままだが、口にしてしまえば虚偽の発言となってしまう。

　使用と言及との共存を眼差すとは、こうすることだ。ひっそりとした真実がある。「しーん」とした風景がある。しかしそれは本当に存在しているのだろうが、もちろん筆者はそのものを捉えることはなく、筆者が捉える限りの範囲の現象でしかない。よくない誤解は、「ひっそり」とか「しーん」という言語表現と原本とを同一視してしまうことである。それは色眼鏡で見た偏見なのだ。「しーん」と形容されるくらいの風景だから、「しーん」とさえもしていないほど静まり返っているのかもしれないし、そうでないのかもしれない。どちらかなのだ（排中律を採用すれば）ろうが、どちらなのかは筆者には判断し得ない。

　言葉で飼い慣らされることのない天然の野生の本物である[8]もの自体を人間は認知できない。筆者は五感のフィルターを通過したものだけを感じ取って通過する前のそれ自体[9]（認知される前のそのもの）を「こうなんだろう」と姿形や音や匂いなどを内的に構成する。

　認識者である私が、その全体像という写像化される前の、言い換えると姿を現す前の、私が捉える以前の実物・本物に対して、以下のように反実仮想してみよう。もしも私が全知全能で自分が創造してよく知っているものの前に、あなたには見えないように衝立を置いたとしょう。しかし衝立に細い切れ目を入れて、その隠されたもののほんの一部だけは現れているが、そんな一部分からではあなたは全体を想像できないとする。

　あなたはそのスリットからすり抜けてきた一部の情報だけを捉えて、それを

所与のものとして感覚するだろう。それが何かの一部であるとか3次元の立体的な物体の影であるということ（プラトンによる洞窟の比喩）を想像しないで、それが与えられた全体として、あるものとして認識する。

　もし神から「あなたには、あるものの1％だけのある一部分を見せている」と聞かされれば、筆者は残りの99％を補おうと想像力をはたらかせると、クイズ番組を視聴しているようで頭が疲れるので、体を使っていろいろな物を持ってくるだろう。

　例えばりんごとか自動車とかを持ってきて、その1％の部分だけを見るようにいろいろな角度から眺めては、先ほどまでは与えられた全体と思っていたものと持参してきたものの1％とを照合してみる。そして両者が一致したら、もしかしたら衝立の向こうに隠れているものは、この自動車なのかもしれないと候補を絞っていくことができる。

　しかし、もの自体が存在したとしても、その何％が与えられているかという情報は神しか教えてくれない。人間は人間にとっての可視光線しか検知しないし、人間と犬では可聴周波数が異なるから人間には聞こえなくても犬には聞こえる犬笛があるし、コウモリやイルカは超音波を発して、その反射音から物の形や距離を測ったりするエコーロケーションを行っている[10]。

　天然界だけではなく人間を尺度として開発される道具ならば、利用される範囲が人為的に定められている。例えば、電話で聞こえる声は「通常0.3kHz〜3.4kHzまでの周波数帯域」に限られている[11]。

　何かがあるらしい。それの一部だけしか捉えることができていないだろうというふうに知識・認識の限界を予感する。本当 はどうなのかは知り得ないし、ここまで懐疑すれば「本当」は意味を失っている。

　不可知論なら、もっとイマヌエル・カントを勉強すれば、よかったのだろうか。しかしいかにカントといえども、定義式の中に使用と言及とがひっそりと共存していることまでは気付いてはいないだろう。OnとOffとが切り替わるように使用と言及は反転する。

　数学ではある条件を満たすことによって集合を内包的に定義したり、数学用語を定義したりする。定義されるからにはそのように該当するものは招待されるが、そうでない影も対比的に存在するはずだ[12]。数学の命題を記述するには

肯定も否定も可能な言語でなければならない。そして数学を論理と集合論だけから基礎づけるためには、肯定と否定が対立できるように、この対概念（肯定, 否定）が崩れず対立を保持できるためには、上位（メタ・レヴェル）で矛盾と対立しなければならない。必要悪としての矛盾は、数学基礎論においては、対概念（肯定, 否定）の陰伏的定義に登場するし、その後は西田幾多郎の二重の反転（矛盾に陥ることなく、矛盾を生きる）にも登場する。

　第Ⅱ部の各章の概要であるが、第3章は、論理・言語の章である。数学基礎論にも深入りしてしまって過敏な議論を展開している。その極端な考えを自ら「極端ニズム Kyokutan-ism）」と命名した。

　第4章では「ことばで表現できることなんかよりもずっと価値のある大事なことがある」とウィトゲンシュタインが示そうとしたことを、これまた当のことばで主張しようと試みては、もがいている。そして第5章では敏感過ぎるピークは過ぎ去り、中庸の徳へ向かう。デリダの脱構築に先駆けるウィトゲンシュタインに倣い、内面における騒めぎが去り、何も考えない哲学に至る。

　そして最終の第Ⅲ部の概要を述べる。ここは読者と筆者との議論の場であり「哲学思考実験」なる問題を14題用意してある。筆者の開講する哲学の科目への受講生にとっては、毎回の授業で取り組み、提出が必須の課題となる。毎回の授業の後に、切り取り線に沿って切り取って提出してもらうが、氏名を書く以上に大事なことは、切り取るときにケガをしないことである。

　もちろん、受講生以外の読者は、「哲学思考実験」に取り組んでいただくも、いただかないも、どちらも言うまでもなく自由である（教室で手渡しというわけにはいかないので）ikirukibouyuming@gmail.comのアドレスに宛てて、手書きなどされた思考実験を写メールしていただければ、読んで感想などをコメントさせていただこうかと考えている。

　読者が受講生であってもそうでなくとも「哲学思考実験」への挑戦は一つの果たし合いとなるのだが、筆者はレフリー役に徹したいと思う。もちろん、私からは「あなた」としか呼べないが、その人が付け根（中心）となってたぶん世界が開けていて、ちょっとその陣地へ踏み込んでしまった私などは、その人（あなた・読者）から見れば、他者でしかないだろう。そんな筆者は他者なりに感想ぐらいは返せるが、筆者へ「哲学思考実験」を提出するまであなたは「言

葉にすると、口にすると、書いてみると、何かどこか違う」と何度も反芻する
だろう。実は果たし状は、あなたからあなたへ送りつけていたことになる。

　次に前著『沈黙と無言の哲学』との比較によって本書『言葉の極端ニズム』
の特徴を述べるとしよう。語りえぬものはやはり語り得ぬが、それがどうして
なのかという理由〈語りえなさ〉を『沈黙と無言の哲学』では語りに語った。
そして、我われは通称「語り得ぬもの」によって分かったつもりになってきた
が、それの本当の名前を知らないし、そんな名前もない。語り得ぬものは人か
らどう呼ばれようが、振り返ることはない。

　前著では、語り得ぬものをどうして語ることができるのかという由来を、そ
うできない理由として捉えて「語り得なさ」と呼んだ（『沈黙と無言の哲学――〈語
りえぬもの〉の語りえなさを語る』）。しかし、語られることがない由来（筆者の語感で
は「由来」は、理由にも原因にも両方に使う）は、人間が規約するレヴェルの社会的
行為としては理由であるが、より根源的で人間では従わざるを得ないレヴェル
の物理学に還元される原因も存在することを明らかにした。

　いくつかの分野間にグラデーションではなく、明確な境界があるのか、出
入り口があるのか、突破口もあるのか、脱出口があるのかというその境目の
「幅」や「厚み」について、①日常生活や社会生活　②認知科学的な認知のレ
ヴェル　③数学的真理　④言語哲学、の四つで考えた。④は、上記①～③にお
いて、たとえそれが真理・真実であったとしても言語として（口述も記述も）
言語の表現能力によって可能か不可能かということに執着した。

　ほとんどの分野の Arts and Sciences（学術：学問だけでなく芸術も含んだ分
野）では、その真理を言語（自然言語・プログラミング言語・視覚言語・身体
言語など広義の言語）で表現し、成果出力すると思うが、言語では表現不可能
なものが存在すること（真理の真理たるメタ真理）を主張したい。

　言語の仕様は脳の選択により決まるから、二分法からそれ以外への仕様変更
もあり得るが、それは一世代の努力ではなく長期に亘る脳の進化レヴェルの発
達に依存する。今のところ脳からそんな予定を少なくとも筆者は聞いていない
ので、言語の表現力の限界は二分法に由来したまま更新不可能な予定に違いな
い。

　ところが、その、いやことばが機能しないことを言いたいのだから、指示で

きていない指示語は使わずに、こう（それでも無意味なのだが）言おう、言いたい。言語では表現不可能な真理があるというメタ真理の存在自体も驚愕すべきことだが，表現不可能な内容の方は表現不可能なまま（パスカルの威を借る）だが、言語では表現不可能な真理があるというメタ真理は言語表現可能なのだ。語ることができないところのその対象は語られないままという言語の限界があるにもかかわらず、その限界については語れるという、自らの限界を言語は語れる。

　本書に通底するアイディアは、〈ことばの使用と言及〉との区別であり、それは筆者にとっては、ウィトゲンシュタイン（Ludwig Wittgenstein）発クワイン（Willard van[13] Orman Quine）経由ホフスタッタ（Douglas Richard Hofstadter）着のアイディアであった。最初にホフスタッタから彼自作の自己言及文とクワインを知り、次にクワインの〈使用と言及〉との区別へと遡り、そしてその区別の源流に辿り着くと、〈語りえぬもの〉を暗示するウィトゲンシュタインがいて、彼と再会した。

　筆者は〈ことばの使用と言及〉との区別に拘泥し、その区別を心・生・世界・幸せ・夢・絵・禅・愛・時間・陶酔・失敗にも適用し、さらに本書においては、論理学的には数学へと適用し、倫理学的には懺悔にも適用した。取り扱った分野については、認知科学、数理論理学・数学基礎論、哲学（分野の中では、存在論・認識論・言語哲学）を基に人間が認知・想像・創造し得る範囲内において、**言語の二つの限界**の間に因果関係を見いだし、その根本原因を脳の仕様に還元した。これらの分野を横断し、ある時には視野を広げ、またある時には交わりを考えてフィルタリングによって純度を高めた概念を創出したつもりである。

　本書の読者として以下のような読者を想定している。数学に劣等感を持っている人。哲学の中でも特に言葉にこだわるのが好きな人。学問がなくても神や仏を信じる心の持ち主。日常的に起きる何気ない問題を深く考察する人。段差のないところで躓く度に考えを深める七転び八起きする人。「もう気が狂いそうだ」と思っている人・そう口に出してしまっている人。「自分より賢い人はいない」と思っているずる賢くて傲慢な人、仏教の修行僧・仏教徒、神父様・牧師様・キリスト教徒、数学者、論理学者、哲学者等など。

　さらに筆者の開講する哲学の教科書として読んでくれる受講生の読者へ。さらにその中には稀^{まれ}にいる大学院に進学して今後とも（言語）哲学を志そうと思っている人へ（過去にも実際にいたし、今年度もいるだろう）。そのような人たちへ筆者は言いたいことがある。

　哲学とは問うこと。できれば答えること。難しい学問だから単位が取れないのではなんて、みみっちいことは考えないこと（単位取得の意欲さえあれば、呼び出して研究室で一対一の個別授業で単位を認定できるまで、しつこく議論するから）。

　考えに考えたのなら、答えは出なくてもよいから。考えに考えて考え抜いた天才哲学者ウィトゲンシュタインは、考えない哲学の境地に至るのだから。「哲学は答がないんですよね？」と聞かれる。しかし決してそうではない。答えの候補はあなたの中にあると筆者は信じている。ただぼんやりとしていて、ことばになっていないだけ。答えを外側に出さないから、内側にも答がないと思っているだけ。いっしょに答えを出そう。筆者がしてあげられることは、その答えの候補を言語化させて引き出すことだけだ。ソクラテスの産婆術^{さんばじゅつ}・Socratic irony式^{ソクラテティック　アイロニー}のお節介^{せっかい}からの問答であって、皮肉^{ひにく}や嫌味^{いやみ}を込めてはいない。

　かつ、上記で想定された読者以外の読者もメタ想定している。よって、上記で想定した部分集合に入る読者とそこからはみ出した補集合に入る読者とを合わせた全体集合（全員）を待っている。そのように読者を（メタ）想定している筆者は、どのような筆者でありたいか、あるべきかと言うと、こうだ。研究会や講演会やコンサートなどで発表する側が自分の好きなことしている、したいことを仕事としてできている（「天職」と言うのだろうか）のを見かける。

　とてもにこやかに自然と笑顔がこぼれているのを見ると、こちらも楽しく学ぶことができる。聴衆側が感動をもらって感謝しているのに、壇上やステージからそのスピーカーや歌手が、「今日は来てくれて　本当にありがとう」などと言ってくれる。

　筆者の場合、考えがまとまってからの執筆ではなく、苦悩しつつ勉強しつつの執筆であったが、筆者が笑顔で書き、描いたことで、読者のあなたも微笑^{ほほえ}んだり爆笑したり目を潤^{うる}ませたりすることを願っている。

【注】

1　パスカルは二分法を用いて考えている。

2　『世界の名著 24 パスカル』「パンセ」233、前田陽一責任編集、1966 年、中央公論社　p.163 より引用。傍点は筆者による強調。

3　スマフォのアプリではその反転を反転し返して写しているものもあるだろう。しかし、写しは写しに過ぎない。

4　りんごを口に入れれば、りんごは移動しているが、りんごを見ているとき、りんごは目の中に入って来ない。光を利用して網膜スクリーンに投影して写しているから、モデルのりんごは微動だにしていない。

5　12 桁のマイナンバーでも指紋でも DNA 鑑定でもお尋ねの人を特定できそうであるが、それはその人の体に関することである。服装や髪の色や身長や体重や歩き方の癖など、いろいろとその人を特徴づける要素はあるが、それらはすべて体に関するものである。おまわりさんに捕まってしまうときに手がかりとなる情報であって、手錠をかけられても、裁判にかけられても、牢屋に閉じ込められても、囚人番号で特定されても、それは私ではない。私の体が拘束されているのであって、〈私〉（＝私の心）は自由だ（反省心のない囚人だとは誤解しないでね）。

6　愛知学院大学 禅研究所 https://zenken.agu.ac.jp/zen/familiarity/h12.html
臨済禅黄檗禅 携帯サイト http://www.rinnou.net/mobile/words/zengo/200907.html
を参照のこと。

7　定義式においては「≡」が緩衝地帯の機能を持つ中立記号であり、日本語の定義文では「とは」が、それである。

8　「紙の上に書いている、言葉の「りんご」ではなくて、「『本物のりんご』のことだよ」と言っても「本物のりんご」もやはり**言葉への写し**でしかない。われわれは、言葉を使用していくら、「本当の」「実際の」「実物の」という修飾を付しても、言葉の世界から実際の世界へと脱出できない。言葉を使っている内は、言葉の世界から抜け出すことはできない。

9　上田閑照の言う「言葉が言うその当の事柄として、言われて事柄になる以前の、いわば「前」事柄―"Vor-sache"）である。詳しくは第 1 章「根源的な付け根」に書いた。

10　『音の雑学大事典』第 1 章「音のひみつ　動物に聞こえる音、聞こえない音」https://jpn.pioneer/ja/carrozzeria/museum/oto/01_a07.html を参照した。

11　「一般専用サービスの技術参考資料 第 14 版 2017 年 1 月 東日本電信電話株式会社
https://business.ntt-east.co.jp/support/analog/download/sd.pdf　より引用した。

12　そうでなければ無条件に定義されてしまい、緩やか過ぎる定義となろう。矛盾した体系からは、任意の肯定命題とその否定命題とが同時に証明されるという有難みのない（証明されても「それが何だと言うのだ⁉」）権威によるお墨付きがない無政府な状態となるのと同じようなことになる。

13 "Van"の発音は、親愛なる関係である Carnap が Quine を Van（ヴァン）ではなく Van（ファン）
と呼んだことに基づく。根拠となる出典はクワインとカルナップとの二人の往復書簡であ
る *Dear Carnap, Dear Van The Quine-Carnap Correspondence and Related Work*: Edited
and with an introduction by Richard Creath だったか、その和訳本に付いた解説だったかで
ある。

表現の極端ニズム
── 反転する二重構造を生きる ──

目　次

第**Ⅲ**部
読者と筆者との議論の場

第 I 部

「私は誰⁈」と発する本人と向き合うあなた

　言語の構造を骨抜きにすると言語は機能しなくなる。黒いバックグラウンド（背景）を保護色として黒子（くろこ）は人形を操っているが、人形が操られていることは隠蔽（いんぺい）されて人であるかのように観客の目に映る。我われは言語を使用していることをメタファーに言い換えよう。電車に乗っていて列車に乗っていてそのレールをに従って走っているにもかかわらずそのレールを意識することはないし、気付いてはいけないし、気付けないのだ。

　軋（きし）むような音がして身を乗り出してもたぶん見えないだろう。あなたがとても体が柔らかくて見えてしまうというのであればそのレールは透明だとさらに条件を強めてできるはずがないことに喩（たと）えよう。

　言語とはこのように我われユーザーに対して構造は隠蔽されていて、使いやすいようにブラックボックス化された製品なのだ。論理は言語を統治しているが、我われ言語のユーザーにはそのことが気づかれないように巧妙（こうみょう）に支配をしている。言語の黒幕（くろまく）は論理である。

第1章

世界の根源的な付け根

　言語は饒舌(じょうぜつ)だが、我われは何でもかんでも手当たり次第に表現しようとしてしまう。言葉はなくても人間が言葉を使って言及する前に、ひっそりと、表も裏も存在しているのではないのだろうか。表裏という概念めいたものは人工物・発明物だとするならば、天然のしいたけはひっそりと存在していたのではないのか[1]。

　簡単に言えそうな「誰も分け入ることのない森の中にひっそりとシイタケが生息している」ということすら言えない。ひっそりとした存在とは、どんな他者からも干渉どころか、誰の意識の上にも登らない存在であろう。無を対象化できないし、「想定外」という言葉を想定や定義できても、その言葉の指す事実や事態を想定できてしまっては矛盾してしまうように。

　「写像」とは、モデルである原本は移動も引越しもしないで、その写し取られた像（イメージ）だけが動き、あなたの中に取り込まれる行為だ。そして取り込んだ像だけがあなたのものだ。おいしそうな匂いがお店から外へと立ち込めても、財布が軽いので食べたつもりになってその場を去っても、店主は「泥棒(どろぼう)〜、匂いを返せ」と追いかけて来ないのは、あなたが原本までは持ち去っていないからだ。

　写像の一種である言葉も原本はそのままに、音声言語であるならば空気振動へと、記述言語であるならば紙や白板へと写し取る。あなたが原本を写し取ろうと意識したら、原本はその行為の対象となるので、写し取られた写像（音声言語なり記述言語なりの命題）は、その行為によって偽(ぎ)となる。写し取った像から思考の対象とその原本はもはやひっそりとはしていない。言葉で触れることのできないものなのだ。

　言わなければ、ひっそりとした存在なのに、それを言ってしまう過干渉(かかんしょう)ゆえに、想像を開始させてしまい、ひっそりとしたままにという目論見(もくろみ)を台無

しにする愚かさ。ウィトゲンシュタインはこの愚かさの轍を踏まない（幾度も踏んではやがて踏まなくなったのだろう）。彼は語る哲学から考えない哲学へ移行した。

　誰も分け入ることのない森の中にひっそりとしいたけが生息していること自体は、森に足を踏み込まずにドローンで空中撮影しようとしても、超高性能小型隠しカメラで撮影しようとしても、技術の進歩やどんな手段を選ぶかには全く依存しない。

　対象物が、即自的な（「あるところのものであり，あらぬところのものであらぬ」）ものでしかないとか、観察されていることに気づいていないとか、観察により心理的な影響を受けない種の動物であるとかいうような対象化されている側にまったく依存しない。そして望遠鏡で見るとかコンタクトレンズで視力を矯正するというような対象物と観察する主体との間に介在してくる道具とは全く独立に、あなたがあなたの外界からあなたへと対象物を認知する段階において、あなたの感覚器官というフィルターを通していることが重要である。

　外から内へと入るのだから、そのままというわけにはいかない。もしも素通りはできたのなら、フィルターは何をしていたのだ。そのまま通過できるなら、外にいるまま内に入って来ていないのか、またはもともと（起源は任意でよい）内にいたのかのどちらかだ。なぜならば、そんな芸当ができるからには、内も外もあったものではない。内と外との対比によって内と外は対で存在できる。少なくとも外から内へ来れるためには、外から内への入り口である玄関という膜（フィルター）を通り抜けなければならない。

　ここで上田閑照が、禅の道を歩み始めて1959年秋から3カ年余り、ドイツのマールブルク大学留学中にドイツ語でドクター論文を書いていた時の経験を引用する。

　　日本語に比べて遥かに不自由なドイツ語で書くことは、私のドイツ語ででも言いうるように問題の事柄をよく見、よく考える訓練、すなわち、日本語で言う場合とは違うにしても、日本語で言う場合に劣らないほどに言いうるよう事柄を分節する訓練を私に課した。それはドイツ語への訓練というよりも、私にとっては、事柄を見る訓練であった。その後もドイツ語で書く機会が多かったが、日本語で書く場合も、いずれの場合も、問題の事柄（言葉を離れて事柄はあらわれないに

しても、言葉が言うその当の事柄として、言われて事柄になる以前の、いわば「前」事柄―"Vor-sache")が、日本語とドイツ語の「間」にあらわれて、それが、ドイツ語で書く場合はドイツ語ではっきりしてくる、日本語で書く場合は日本語ではっきりしてくるというようなことであった[2]。

　上記引用から、事柄が存在し、そのような外界の事柄を言語化以前に認知していて、それを各言語に応じて分節して[3]言語化していることが分かる。ウィトゲンシュタイン―黒崎宏に共通する見てとる見方がここにあり、白隠禅師―鈴木大拙に共通する肯定・否定に中立な「そうか」がここにある。

　筆者にはプレゼントしたい品がある（誰へ？）。親しい仲ではあるが、やはり箱に詰めたり、リボンをかけたり装飾をする。品物は確かに、ただ、ここにある。しかしそれを「中身」と呼んでしまう時に、それに対して外が現れ出でて来る。

　以下の対話は筆者の極端ニズム（Kyokutanism）への誘いである。

A：「やはりドキュメンタリーは違うね。リアリティがあるよ。何と言っても実録だからね」。

B：「あっ、そうだったのか。目が覚めました。実録ということは、実際に過去にあった（またはリアルタイムにライヴ中継しつつ録画しているのかもしれないが）ことを記録されていて、写しを私は見聞きして追体験していたんだ。私はあたかも彼であるように彼になったかのように思っていたのではなく、水を差される前には、私は彼でした。私は彼の人生を一炊の夢（邯鄲の枕）のように時間は何分か知らないけれども、いや時を忘れて我を忘れて私は彼になっていた（彼を使用中）。つまり彼を「彼」と呼んで客体化してはいなかった。彼は私だったんだ。

　でもそれは写し取られた視覚的な聴覚的な生傷の痛みも伴う写像であり、言語化された作品だったのですね。

A：「フィクションと違ってリアリティがあっただろ？」

B：「いや、現実を生きている時にいちいち「現実だ」と確認などしない。信じている人に「まさか、もしかしたら？！」という疑いの一瞥を投げかけることはない。私は今生きている、まさにその時にわざわざ私は生きているとは言わない。そう言えるのは振り返ったときである。

　　現実感を無意識に感じ取っている時、現実感が内部から湧いている時、
　　意識的にリアリティを感じていないし、検知していないし、言語化などし
　　ていない。

　隠れ家的存在のお店や取材を拒否するお店が報道されてしまったら、どうだ
ろうか？秘めたるものは露呈してしまったら、もはや隠れてはいない。

　では言語化しては台無しになることなので、ここに言語化して主張はできな
いのだが、だからたぶんとしか言えないし、言ってしまっては先ほども自覚的
に諦念したように無駄になるのだが、事実はひっそりと存在しているに違いな
い。木が生えているとか、悟った人がいるとか。でも「私は謙虚だ」「私は無
我夢中だ」「私は悟っている最中だ」はおかしいだろう。

　無我夢中や悟りの境地[4]なら主語で表現される主体の自覚はないだろうか
ら。ただ、悟った人、覚者がいるだろう。それは事実として成立している。し
かし、そのひっそりとした事実（原本）と言語化されたコピーとは別だ。別な
のだが、そのことは言語化できない。

　筆者が「原本」と名指すまでひっそりと原本であったものが、指差されて言
語化されて現実世界から言葉の世界に写像[5]されてしまうからだ。

　ある人Aが他者Bを指していることが事実なら、指し示す表現と言うものが
必要となってくる。Aが起点（始点）であり、Bが終点となり、A→Bという
向きの矢印が設定される。ところが、私ではないA、Bのことを客観視するで
はなく、Aが私の場合にはこの起点（始点）は異常なくらい特異なのである。
その特異点は私の世界にはたった一つしかない。

　そんな私とあなたは向き合っている。あなたが知的生命体であることは前提
していない。ロボットやAIでもよいし、テューリング・テスト[6]に合格して
いれば十分に「あなた」と呼ぶ。A→Bという向きがあるならば、私のような
ことを考えるのは私しかいないのかもしれないが、逆向きの対称性を想定し、
それは私の頭をぶち破らないとできそうにない検証不能なこととだが、非対称
ではなく、対称性を期待している。A→Bの対称はA←Bの向きである。私と
あなたとの関係で言えば、〈あなた→私〉の向きだ。私はこう思っている。私
だけが〈私であって、あなたは私にとってはあなたでしかない。あなたは私で
はないし、私になることは不可能だ。しかし〈私→あなた〉と〈あなた→私〉

との対称を大前提したく、私の方から「私だけが〈私〉である。あなたもあなたにとっては「私」なのだろうけれども、私からするとあなたは、やはりあなたでしかない」と言うように、オウム返しではなく自発的に同じ[7]セリフ「私だけが私であって、あなたは私にとってはあなたでしかない」と言って欲しい。

　しかし未だかつてお願いをすることなしに、そう言ってくれた人はない（お願いして一人だけ願いを叶えてくれた学生がいることは「おわりに」に書いた）。「私だけが私であって、あなたは私にとってはあなたでしかない」と私が言うように、あなたを起点（始点）として〈あなた→私〉の矢で私を指してほしいのである。

　私のクローンがいたら、そうしてくれたのかもしれないが、私は一人しかない。だから、結局あなたを折り返し地点として私は一人で壁打ちをしているようなものである。あなたはあなたを起点として発射しないで、私は最高に高い望みをあなたに投げかけるが、それは反射でしかない。私を起点として発したブーメランが私に戻ってくる。折り曲げて自己言及させることになる。

　「私だけが〈私〉である。あなたもあなたにとっては「私」なのだろうけれども、私からするとあなたは、やはりあなたでしかない」と。結局、私があなたに発した言葉は、投げたブーメランとなって、その描く軌跡は０ヴェクトル（長さは零で向きはどこを向いているやら不定）になってしまう。

【注】

1　「シイ、ミズナラ、クヌギなどの広葉樹の倒木や切り株などに発生します。日本では鎌倉時代の頃から食べられていたようです。江戸時代には現在の原木栽培の原型となるしいたけの、乾しいたけが広く出回るようになりました。栽培は、原木栽培や菌床栽培で行われています」（農林水産省aff 2021 OCTOBER通巻610号「ごちそう"きのこ"」https://www.maff.go.jp/j/pr/aff/2110/pdf/aff2110_all.pdfより引用。栽培もされるが、天然に発生することがわかる。傍点は筆者による）。

2　☆☆☆☆上田 閑照［1997］『ことばの実存：禅と文学』、筑摩書房、pp.262-3より引用。傍点は筆者による。

3　サルトルの小説『嘔吐』の中で、ロカンタンは、分節化を許さない即自存在、その中でも特にマロニエの樹の根を憎悪する。しかし、役立たずで醜悪で嘔吐を催させるマロニエの樹の根を、筆者は分節化の許可を得ずとも、分節化できてしまう。

4　筆者は純真な自己嫌悪は尊いと思う。

　　例1：「いやぁ、いいことをすると、人助けをすると、それ自体が報いだな。とてもいい気分だ」。そこまではいい。

　　しかし、「（この気分を味わうために誰か困った人を見つけ出して）助けてあげよう」。それは自分がいい気分になるために他人の不幸につけこんでいるのではないか？

　　例2：「俺はだめな奴だ。救われようがない。つくづく自分が嫌になる」。「親鸞聖人が言われた悪人正機を知らないのか？」。「悪い人でも自分は善人だと思い込んでいるくらいなのに、君は自分で自分を悪いと自覚して悩んでいる。そういう人は極楽に入れるんだよ」。「そう言ってもらえると、救われた気持ちになれる。ありがとう」。「さあ、今日からは私は善人として、すがすがしい気持ちで堂々と生きていこう」。

　　そんなふうに自覚してしまってはダメなんだ。先ほどまでの君はどこに行ったんだ？

　　そう言う（言った）あなたの入れ知恵のせいではないのか？

5　☆☆ 写像とは何か？　写された先の像である。広義では、モデル（数学関係者へ。数学基礎論のモデル理論はここでは念頭に置いていない。スタイルのよいモデルさんをイメージしてもらえれば結構である）や被写体を絵に描いたり写真を撮ったりする行為またはその写し（像）であろう。矢が原本でその写像された先が矢印と例示できよう。矢を矢印へと写像するとき、両者間をつなぐ記号として「→」を使用する（と言いながら、すでに言及せざるを得ない。この「使用」は通常の語用ではなく、本書で「ことばを使用しつつ言及することの不可能性」で筆者がこだわりにこだわっているところの「使用」である）と、ややこしいことになる。

　　しかし数学では、写像から成る集合から写像から成る集合への写像も考える。頭が混乱しやすいが、頭を整理すれば、理解できるはずだ。

　　3次元から2次元に写像したら次元が落ちてしまい、情報量は減ってしまう。そして脳はといえば、階段を踏み外さないように用心深いかと思うと、化粧で影を入れている鼻の情報を目からもらっても、目にはその鼻を高く見させてしまう錯覚が起こるように、だまされやすいのだ。

　　写像されても、たいていはモデルや被写体は移動しない。ただし3Dで再現したところで臨場感が出ても、網膜に写し出される段階で網膜は2次元曲面だから結局は2次元に次元が落ちる。

6　人間が、姿は隠されていている相手と情報交換を反復して、その相手の知能の程度からして、人間かどうかを判定するテスト。

7　同じということは、偽なる命題か無内容な（meaningless・無内容とnonsense・無意味と区別している）しか作れない。the same as" と "the same that" の違いを言おうとしているのではない。

　　A＝A（外延性の公理によって定義されたな意味での等号「＝」。すなわち、ある二つの

集合間において、任意の要素が一方の集合に含まれるならば、もう一方の集合にも必ず含まれて、かつその逆も言えるような包含関係の時に限ってその両集合間においてその集合は等しいと定義する）ならば、tautological・同語反復で当たり前すぎる。どんな物でもどんな者でも、そのモノはそれだろう。命題論理の真理であるがゆえに、ウィトゲンシュタインらしくsinnlos・無内容だ。

　ではA＝Bなら、おかしくないだろうか（もし背理法を使うなら、否定命題を仮定して出発するから、A＝Aを証明したいときには、まず「A＝Bなら」とよく見かけたものだ）。なぜA＝Bなら、「A＝A」と言ってあげないのか？ 全く同じなら、異なる名前で呼ばねばならないのか。そうか、全く同じではなくて、少なくとも名前だけは異なるのか、と納得しよう。でもそうすると、「同じ」と「全く同じ」は同じか？　それなら「全く」は強調しただけなのか。それとも「同じ」と「全く同じ」は似ているだけで、少しは違うのだろうか。

　似た例を挙げる。真空（vacuum：a space entirely devoid of matter.）は、単なる空ではなく完全に全く何もないということを「真」によって強調したのであろうか。「真」なるという形容詞も無駄で無意味なように思われる。

　筆者は「本当」の意味を定義づけることができないし、その類似語として「事実上の」とか「実際の」という言葉を思い、それらをニアリー・イコール（≒）で結ぶことはできても、それぞれを定義できない。それらは共通して現実感があるというだけである。そして本当の（「相対的な」と言ってもよいが、意味も分からず使っている。お許しを）現実が迎えに来て夢が覚めた時に夢だったと認知をフィードバックして更新・上書きするのだから、何が現実かも相対的にしか判断がつかない。

　まぁ、肩の力を抜いて「同じ」という言葉は使わずに「そっくりだ」と言えば済むのではないか。

　虚無的に意味を跳ね除けるなら、「意味」に意味はない（語義矛盾）。「意味」とは何だ？「「意味」」の「意味」を問うているのではない。

第2章

ゼロ・ヴェクトルの軌跡を描くブーメラン
（私→あなた→私）

　自然言語 では「あなた」と呼び、視覚言語ではあなたを指差す。筆者は口頭や体を使ってあなたを指示する。その指示する矢印は真っ直ぐで折れ曲がりのない矢印（→）だ。しかしそのことを説明するにはもう一つその→を指す別の→が要るのだ。そうしなければ単に私があなたを指すだけで、私があなたを指しているという事実は放置されたままで何の説明もされていない。私はあなたと向き合っていて、図1「時刻 t_0 の二人の位置関係」にあるとしよう。読者様は神様の視野を持ち、お互いに相手の方を向いて歩き出す直

図1　時刻 t_0 の二人の位置関係

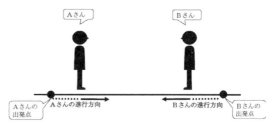

図2　時刻 t_1 の二人の位置関係

図3　時刻 t_2 の二人の位置関係

前だとお分かりだが、対象化されたＡさんもＢさんもお互いに待ち合わせの相手を目視はできていない。

そしてお互いに自分の出発点を出て、図2「時刻t_1の二人の位置関係」にあったとしよう。

さらにお互いに歩き続けて両者は接近して、Ａさんが待ち合わせ相手のＢさんの方へ向かってくるのがＢさんからは見えたが、Ｂさんの視野ではＡさんは人込みに紛れていたので、Ａさんのそれまでの経路をＢさんは知らなかったとしよう。二人は合流して手袋越しに図3「時刻t_2の二人の位置関係」のように握手をした。

ＢさんはＡさんに「どこから来たの？」と尋ねると、Ａさんは図4「時刻t3の二人の位置関係」のように振り向いてＡさんに背を向けて「あちらから来た」と指さす。ＢさんがＡさんへと向かって来る進行方向からすると、過去にいた出発点を指しているが「ああ、あちら からね」とＢさんは納得して返事をする¹。

しかし、Ａさんが振り向いて指しているその←は、ＡさんがＢさんへ向かって歩いてきた向き→とは反対だ。だから、ＡさんはＡさんの出発点を指差して「あちらから来た」と言うが、来た向きはこの→の向きなのだ。つまりＡさんは進行して来た向きの逆向きを指すことになる。

Ａさんの体は振り返って自分の出発点を指し、時制も過去へと遡るが、そ

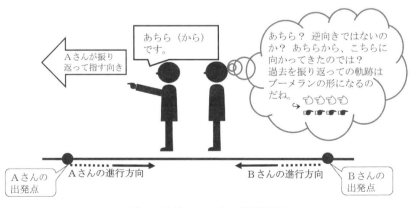

図4 時刻t_3の二人の位置関係

の指す矢は直線的な動きの区間だけでなく、もう一度Uターンして振り向いて（二度振り向いたから元に戻って）Aさんと対峙する。だから回転後も腕を降ろしていなければ、Aさんを指さす。この一連の動きは往路区間も直線的で復路区間も直線的で、合成してUの字を描いている。

　もう少し関節が柔らかくで一本の腕だけで指示できるなら、いったんは←の向きを指して手首やひじを曲げて←を折り返して、彼らの合流点（待ち合わせ場所）を→によって指す。大げさな動きが好みなら、片手で起点を←向きに指しながら、間をとってもう一方の手で逆向き→を指すことだろう。

　ここで「Bさん」を「あなた」と置き換えて、「Aさん」を「私」と置き換えてみよう。すると、あなたもブーメランを投げていることが分かる。私だけが〈私〉なのではなくて、あなたもあなたの世界の〈私〉なのではないかと、〈私〉から抜け出た超越論的な視座を持つ者が両者を俯瞰する。

　「私は誰か？」と問えない。

　「私は誰なのか？」に答えられないのはなぜか？

　少なくとも言葉では「私は誰か？」に答えることができない。「私は誰か？」には、答えがないから、問いではない。

　「私は誰でもない」としか言えないのはなぜか？

　私は自分が誰であるかを知っていれば、それを問うまでもない。

　「私は誰か？」と発するのは、比類なく異質で全く孤立している私の存在を自覚した時であろう。そして「私は誰か？」は純粋な問いというよりも、おそらく「私は誰か？！」は、ほぼ驚嘆だ。

　「私は誰か？」と問いつつも、問われている私は呼ばれる名前もなく、外見もない。世界をこの私から見ているが、どの他者からも見られたことのない私。私ですら、見たことのない私。

　後ほど、私^{2}を使用するvs.「私」に言及するというテーマで説明するが、私の類例は、夢・無我・酩酊・自己陶酔・合気道・禅・絵・言葉・心・愛・時間・真剣・一所（一生）懸命・一心不乱・無我夢中・当事者意識、冗談などであり、それらを使用する。そしてそれらに引用符を施した文字列に言及する。

　「私は誰か？」に答えることは言葉の力からして不可能だ。しかし、なぜ不可能なのか？は問えるし、答えることもできる。私からあなたへの矢印→とあ

なたから私への矢印←とは、根源的に異質だ。しかし、私があなたを考えているように私に世界が開けているように、同じくあなたを付け根としてその世界が開けていることを想定している。しかしこの構図は絵にも描けない。私はあなたを眼差すことで私の世界の中のたかだか一人の客人として客体化している。その取り込む側の私をあなたが逆に飲み込むとは起こりえないことに思える。しかし、現に起こっているのではないだろうか？　同時に一人の認識者において起こるのならば、矛盾してしまうから、現実は矛盾し得ないから、こう考えるしかないだろう。

　つまり一人の認識者を固定して考えると同時に成立するのではなく、ある時には飲み込み、そして反転してまた別の時には飲み込まれるのだろう。かつこの相克する現象の二つ（「一人の認識者において」という条件を解除して）両方を鳥瞰することもできよう。ただしその現象の応酬は静止画では描写できず、動画としてのみ捉えることができる。そしてその動画は止まることが許されず、その〈飲み込む⇔飲み込まれる〉の反復はその妄想を止めない限り動いている。

　これは超越論的なものの見方を提示したが、世間で言われるような上から目線からの発言ではなく、あなたと私とが対等であり、あなたの世界と私の世界が対等であるということを期待しているから言うのだ。

　私はあなたを私の世界に住まわせていて、一方あなたは私をあなたの世界に住まわせてくれている。お互いに相手を飲み込んでいる構図を期待している、そんな静止図を描いてみたいのだ（不可能だが、読者は挑戦していただきたい）。無根拠なのだがあなたに期待ばかりしているし、私が独我論者であるとの自覚もあり、もしかしたら独我論[3]から脱却したいのかもしれない。

　しかし私にとってみれば私こそが私なのだが、あなたにとってはあなたこそが私なのであろうと、私が言うのが間違いの元だ。

　「私だけが私だ」とあなたも考えているだろうとあなたが主体だと想像しているだけである。私はあなたを対象化してしまっている。検証不可能な対称性を検証したがっているのだ。上下対称であるとか左右対称であるとき、私は上にも下にもいてはいけないし、右にも左にもいてはいけない。遠巻きにそれらを見ていなければならない。見る側であって見られる側であってはならない。

　しかし私はこの対称の中に取り込まれていて、対称を構成している一要因に成り下がり、そんなところから自分と相手との対称性を見ることはできない（もちろん対称な構成から筆者としての特権を使って抜け出して、超越的に見ることができるのみであり、異常な特異点である〈私〉でさえも、〈私〉でのままでは、その対称性を見ることはやはりできない）。

　対象化されるはずのない主体である〈私〉を「あなた」と呼び、対象化してしまった上で、さらに議論を進めたり言って欲しいことがあるとねだったりしたところで叶うものではあるまい。

　主体の主体であるがゆえの欲求を他我の主体に求める際に（他我の主体などありえないのではないか）主体であり続けるならばされるはずのない客体化が行なわれ、私が「あなた」と呼んでしまうことで矛盾を引き起こしている。

　主体から主体性を奪っておきながらも、主体性を奪われたあなたに〈私〉であることを求めてしまっているからだ。

　しかし私にはこうすることを越えて何かもっとよいことができない。あなたと対等であることを望み対称性を仮定してしまうと〈私〉が主体であって、あなた（と呼ばれた段階で）は客体化されて対象になってしまう。そこで非対称になったらどうなるだろうか？

　かつて主体であった頃の〈私〉が壁打ちの壁にしたり、ブーメランの折り返し点にしか過ぎなかったりしたあなたは、もはや私（いや私は消滅し）「あなた」などと呼ばせずに、〈私〉となる。

　その新しい〈私〉は、「あなた」と呼ばれるようになってしまった誰か（こんなことになってしまう前の元の私）に向けて「私だけが私で…」攻撃を浴びせる。自らを唯一の起点・出発点として壁打ち、ブーメランを放つ。あなたと呼ばれるようになってしまった誰か（こんなことになってしまう前の元の私）には、もはや「ここから」と、その起点・出発点を言う資格がなくなった。

　しかし、かつての私は消滅したが、それは仮定の中のフィクションであり、そのフィクションを創作した著者は、今度は私を復活させる。ルビンのつぼの〈つぼ⇔向き合う二つの顔〉のごとく、反転により同時ではないが、あなたと対等に立てるのではないか、と考え始めた。反転により、ある瞬間は私が〈私〉であり、また別のある瞬間は、あなたが〈私〉となる。

　しかしやはり、これは対等の関係ではない。登場人物は私とあなたの二人だけだが、登場させた者がいる。それは鳥が空の高いところから地上を見下ろすようにメタ・レヴェルから眺めて（鳥瞰して）は言及している著者である。反転する私とあなたのどちらかがつぼでどちらかが顔だ。そしてつぼに見えるときに顔は認知されていないし、逆も然り。私もあなたも交互に消滅するけれども、その二つの消滅と復活をずっと眺めている者がいる。それが著者だ。私（私と〈私〉とを区別せよ）もあなたも操り人形だが、私は著者と癒着している分身の関係にある。言語を使用する著者とその言葉によって言及されている私とは言語階層が同一である[4]。

　小魚でも世界の主人であって、自分より（相対は無意味な文脈）大きい魚も周囲の自分と変わらぬ大きさの全部の魚たちを飲み込む。さて、この小魚は自分の世界の中の客人（精神的存在である〈世界の主人〉の受肉した代理人）は吹き出し範囲の全部の魚を飲み込んでいるが、飲み込んでいるその魚を飲み込んでいるか？　吹き出しの付け根から吹き出し範囲の内部へ移動させた絵は描けるが、飲み込む側の魚がいなくなる（図5「小魚が大魚を飲み込み返す独我論と集合論のパラドクス」参照）。

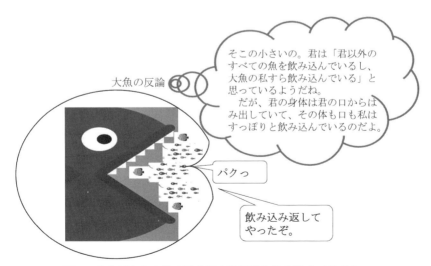

図5　小魚が大魚を飲み込み返す独我論と集合論のパラドクス

　この私とあなたとの同時には共存できない相克は3章4.（1）で、反転図形のルビンのつぼにメタファーしてさらに論じる（**ここで私は筆者に戻る**）。

【注】

1　この事件は2020年10月17日にあるスーパー（マーケット）を愚息と一緒に訪ね、手分けして一旦別々のコーナーに買い物に行き、それを終えて待ち合わせ場所へ集合した事実に基づいている。それを少しデフォルメ（変形して表現）してフィクション化してある。この再会の機会を得たことを愚息に感謝している。

2　☆☆☆あることばを使用中であることを主張したいので私を括弧に入れていない。しかしホフスタッターのようなマニア向けに精密に厳格に書くと以下のようになる。

　　「使用中であることを主張したいので「私」を括弧に入れていない」。

　　しかし、いくら精密に厳格に書いたところで、あることば（同格表現で「私」）を使用中であることを、ことばでは主張したくとも表現できない。

　　「私を使用する」と言っても、私を使用人として雇用してくれるという意味では全くない。

3　独我論とは筆者の説ではこうだ。筆者は家の中にいて執筆しているが時折窓から外を眺めると数軒の家が見える。筆者は今は家の中にいるが、我が家の塀や外壁も知っていて、それと似たようにご近所の塀や外壁も見える。外側は見えるが玄関にすら入ったことがない家がほとんどだ。ご近所は生活しているのだから、食卓や冷蔵庫などもあるのだろうと今ここで書いてみて（どこのメーカー製品だとか）想像してしまったが、その瞬間まで想像さえしていなかった。独我論とは、ご近所の塀や外壁は見えるが、それらは全部外側だけでスタジオ内のセットで、あいさつを交わすご近所も実はエキストラでそのあいさつのタイミングだけ出番のある役者なのだ、という考え方と言えよう。住んでいる・生きている・実際にいつも生活をしているのは私独りだけだという考えだ。個人的な開陳だが、筆者は孤高へと自らを追い込むことはあっても、孤独に陥ったことはない。しかしここでもまた無意味なことを言っている。一度も孤独を味わったことがなければ、二分法で「孤独である」とも「孤独でない」とも言えないのだから。

4　「対象言語とメタ言語という区別が、言語表現の使用と言及という区別と一致すると考えるまちがいがあるように思われる」（飯田隆『言語大全Ⅳ』p.119より引用）。重要な区別の区別である。

第**Ⅱ**部

「『こだわるな』にもこだわるな」にさえこだわらなくなるとは

表裏一体（枚）ですが、こちらが、私が、表ですよね？

表裏一体（枚）ですが、こちらが、私が、表ですよね？

　第Ⅱ部の扉を開けると、ある問いが二題続けてあなたを奇襲して来たのではないだろうか？　それは同一の問いが繰り返されたのだろうか？　それとも一題目と二題目というふうに区別してあげるべきものだろうか？　それにあなたは答える前に応えてあげることができたであろうか？

　さて、奇襲作戦で門前払いしたわけではなく、第Ⅱ部の冒頭らしく丁重にお招きする。Ⅱ部のタイトルにふさわしい文脈を設定して導入していこう。

　それにはまずこだわりへの階段の第一ステップを登らないことだ。「こだわるな」にも耳を貸さないことだ。それは他者の言うことに耳を塞げばよいということではない。己の中の騒めきこそが元凶であり、それが去らねばならない。他者への無視・排斥・粛清という積極的なはたらきかけでは到達できない。自動詞で去っていくのだ。その境地を目的・目標とすると、言葉を使ってスローガン「去れ」となり、意識してかえって逆効果である。

　Ⅱ部の全体の概要と各章の役割とそれらのつながりを以下に記す。ある面を「裏」と呼んでもよいのなら、また同様にその同じ面を「表」と呼んでもよいわけで、ある面ともう一面とが対立して表裏の関係を成す構造を持つならば、どちらをどう呼んでもよいという議論を第3章において論理的に議論する。

　論理的に数学を展開するが、数学が苦手な筆者でさえ本に書けたくらいであるから、読者はていねいに読めば、必ずや理解してくださるものと思っている（難しく感じられたら、質問メールを下さい。第6章には議論の場を設置してある）中途半端に数学の刀を振りかざされると表面的な理解しかできないどころか、それすら難しくなるのだが、数学を根本からひっくり返す方式で理解していただく。ただし数学の定理の瓦礫を見ることはないだろう。筆者は破壊者ではなく、数学の基礎の〈テーブルクロス引き〉をするに過ぎない。

　第3章の論理的テーマに続き、第4章において倫理的なテーマを扱うが、上記のように表裏が反転するので、一方をある呼び方をしてもう一方を別の呼び方をするが、それらは入れ替えて呼んでもよいという発想は、第4章へとこうつながる。「私の愛する人は亡くなった。この世からいなくなった。しかし今も私の心の中に住んでいる」と人は言う。死後も一緒に暮らせているわけだ。

　ではその私が死んだらどうなるのか？　私が亡くなれば、私の愛する人を住まわせている私の記憶もなくなってしまう。そのとき私の愛する人はどうなるのか？二度目の死を迎えるのか？　そうでなければ、今度こそ本当に亡くなり、そして永劫に死んだままとなり復活できなくなるのか？　それでは私は死に切れないではないか。

しかし、そんな心配は要らない。私も愛する人も亡くなれば、二人揃（そろ）ってあの世で一緒に暮らせるのだから。私が生きていても死んでも一緒に暮らせるのだ。だから、二人ともこの世から消えることは悲しむべきことではなく、喜びの継続である。

気の遠くなるくらいかけ離れているが、ひとつながりであるこの世からあの世への引っ越しは、待ち合わせ時間は長いものの（待ち合わせの時期も一緒にいるのだが。私が愛する人は、私の中に居つつも、天空を満たし大地を支えてくれていて、横に居ながらも背後にも居てくれる）あの世で合流し引っ越し完成となる。

そのとき、ひとつながりの世界の中で反転が起こる。あの世とこの世は反転する。そう、別にあの世を「この世」と呼んでもよいわけだ。二人揃って一緒に暮らしているのだから、そこが裏であろうが表であろうが、どう呼ばれようが一緒に暮らせるのだから幸せだ。こう言い換えよう。あの世は、この世。この世は、あの世。だから死に急ぐまでもない¹し、死から逃げることもしない。大拙のことばを借りれば、「生きていても無事。死んでも無事」。妙好人（みょうこうにん）の庄松（しょうま）は生きながらにして「ここはあの世か」と言った。

そして第5章においては論理と倫理の二つを極めて接近させてみた。事実命題で記述される論理と当為命題で記述される論理とは相容れないものである。だから、一方からもう一方を導き出すというふうにはならないのだが、それを無理にかき混ぜて一瞬混ざった状態を作ってみた。それが第5章である。しかし本書自体が論理と倫理の混じった書であることを考えると、第5章は書全体の縮図となっている。その結果、無言を保ち、沈黙に至ることで本書を終える。

第3章

語り得なさは、理由か原因か？

　言葉を使用することと言葉に言及することとは、大違いである。「いま時間ありますか？」と聞かれると、あなたは即答してくれるだろう。しかし「「時間」とは何か？」と問われると、あなたは黙ってしまうだろう（あなたが物理学者だったなら、筆者が素人だから、時間を所与として時間軸を持ち出して説明してくれるかもしれない）。

　言葉を使用することと言葉に言及することの違いを言おうにも、使用中であることは「いま夢を見ている」とか「いま無我夢中だとか言え（わ）ない」ように、使用中の語を生け捕りにできない。使用中の語は言及されると、言及中に状態遷移してしまうからだ。

　さて、読者もご存じのように、数学は厳密な学問であり、数式を使って厳密に記述されている。それをさらに形式化し、集合と論理から基礎づけて数学を再構築しようとすると、定義され言及される側と定義する側（言葉を使用中）との関係にまで語ることとなる。

　すると使用中の語が使用中であるというふうにその語を生け捕りにしなければならなくなる。しかし言葉にはその機能はない。どうしてそうなのかという由来（理由・原因）を理解していただくうえで、分野ごとの要点を第3章の冒頭に列挙しておく。

　論理・言語レヴェルでは、二分法、二値論理が要となる。次に認知レヴェルでは、OnとOffの同時両立不能が重要である。そして社会レヴェルでは、言葉が信頼により成り立つ規約的真理の道具であることが肝心である。

　第3章4.〈ふたつのつぼ：ルビンとクライン〉では、第3章4.（1）〈ルビンのつぼ〉と第3章4.（2）〈クラインのつぼ〉を対比させる構成を採った。〈ルビンのつぼ〉では、一文内のある語を使用することと別の語へ言及することは共存できるし、その実例もあるのだが、その共存するという真理は表現不可能

であることを主張する。それに続く〈クラインのつぼ〉では、ことばの二分法[2]説とそれゆえの限界を主張する。そして、それらに底流するモノを明らかにする。

　次に、言語（成立）の由来に関して対比的にテーマとなる原因と理由を日常会話の中から考えていく。我われは、ごく自然に日常会話の中で「原因」≒ニアリー・イコール「理由」にもかかわらず、さり気なく使い分けるている[3]ことを思い出したり、想像したりしてみよう。例えば、授業への遅刻に関しての会話を挙げよう。

　　教員：「遅刻したのはどうしてですか？」

　　学生：「バスが遅れたからです」

　　教員：「授業へ遅れた理由は、バスが遅れたからなのですね」

　　教員：「では、そのバスが遅れたのは、どうしてですか？」

　　学生：「バスが故障したからです」

　　教員：「そのバスが故障したことが原因で授業へ遅れたのですね。それは大変でしたね。君のせいではないです。事情を考慮します」[4]。

　他には、次のような問いがあろう。勉学意欲が湧いた源は、理由か原因か？　犯罪の動機は理由か原因か？　理由と原因の違いのトレーニングはこれくらいにしておこう。

　筆者は、脳が言語を言語たら使むと考えている。

　言語の仕様は脳の選択により決まるから、脳の選択によっていったん選択した現行仕様の二分法からそれ以外への仕様変更もあり得る。しかし、それは脳の進化レヴェルの発達に依存する。脳からそんな進化計画は今のところ筆者は聞いていないので、言語の表現力の限界は二分法に由来したまま更新しない予測を立てている。ところが、その、いや言葉が機能しないことを言いたいのだから、指示に失敗している指示語は使わずに、以下のように言おう、言いたい（それでも無意味なのだが）。言語では表現不可能な真理があるというメタ真理自体は驚愕すべきことだが、表現不可能な内容が表現不可能だと指摘するメタ真理の方は表現可能なのだ。

　「交わりのない」ということばを思いつく（知っていたが、以下のことを言い当てるためには思い出せなかった）まで、数理論理学・数学基礎論・認知科

学・言語哲学からすると、異種の格闘技に入門し、その流儀に倣い、素直に技を学んだつもりである。それらの技は〈いいどこ（ろ）どり〉をして総合格闘技を創始（集大成）するのではなく、何種類かでお互いに相殺しあって、白色に合成したとメタファーする。

　哲学は丸腰（武器を持たない）でなければならない。いや、そうか。「哲学は言葉だけが武器」ともよく聞く。しかしその武器が問題だ。哲学は、たしかに言葉で闘うのだが、その闘うための道具が武装していない素手でなければならない。無言とは素手の言葉で闘うこと。さらに確信的には沈黙。

　多義的な用語の各分野での意味を理解し、価値中立的に己の哲学に吸収し、時に応じてメタファーな表現で使用させてもらう。もちろん筆者なりの哲学があり、その中での独自の定義がある（原理的に定義可能でかつ定義の必要があれば）。

　"arms"には（主に）複数形で武器、兵器の意味があり、"army"とは軍隊のことだ。しかし、争いの実践部隊となる可能性のあるものを予め防ぐために腕を封じておかねばならないという理屈もないだろう。腕があればそれが武器にもなりうるとしても、そのような争い事を起こそうという考えが頭にも心にも浮かぶこともない静まった状態ならば問題はない。心を牢獄する体の一部に腕が生えていてもよいはないか（気は優しくて力持ち）。

　無限を表そうと使用される謎の記号「…」。直接定義されない。「…」は使用されるのみで言及される事はない。それは無限を言葉で表現できないからだ。だから「無限」と言う言葉で表せないことをこの記号に代用させようとしている。しかし、厳密な数学基礎論者は「…」を直接に定義することはしないで（そうする必要がなく）後に紹介するペアノの公理によって…の無限の彼方まで我われを導いてくれる。しかし極端ニストの筆者はその方法にも噛みつく（予告）。

　「…」は主張したい真理が存在するとしても、その真理そのものこの場合は無限を言い表してはいない。言葉で「無限」と言ったところでそれは無意味である。同様に「…」も無意味な表現である。しかし数学者にとっても、数学者から習って今度は学生や生徒に教える教師にとっても、教えられる側の学生・生徒にとっても「…」は、分かった気にさせてくれる記号列である。

「…」とは、それを記述する側にとっては有限回書かれた記号列からその規則性を見破り[5]、それが無限に続くと類推してわかってほしいと言う記述者の願望とそれを読む立場の者への期待が込められた表現である。無限なる存在が無限の彼方に存在するのかもしれないが待ち構えていると言うよりこちら側からドミノ倒すように飽きることなく＋１を続けるようにして操作を続けるその営みこそが無限の系列の一歩一歩なのかもしれないが、無限という全体を表現することはそのものの存在性を否定するわけではないが言語による記述はできない。

　無限を表そうとして試みられて使用される「…」や「何回か１を足す」の「何回か」への抗議を筆者はどこまで続けるのか？　問題は棚上げになって今度はこうだ。「何回か１を足す」の「何回か」への厳密な定義はペアノの公理系を用いてなされる。ペアノの公理系では「…」という記号を用いないから、省略記号に拘ることもないのではないか。しかし、そうでもない。ペアノの公理系は何によって正当化されるのか？　それが次なる標的だ。

　数学的帰納法によって証明する[6]（使用する）ではなく、数学的帰納法を正当化する（言及する）メタ証明はなされているのか？ドミノ倒し論法[7]なのだ。

1.　数学基礎論者をシェルパに正当化根源への旅に出る

(1)　痒いから掻く・洗うほどに汚くなるルターの手

　痒いという事実がある。どうしてそうなってしまったのかの原因を分析して再発防止に努めるよりも、運用対処でまず掻くだろう。違う例では、大事な人が交通事故に遭遇してしまった瞬間に、二度とそんなことはないようにと再発防止を考えて、ひき逃げした犯人を追うよりも、救急車を呼んでまずけがの手当てをするのが、愛情というものだろう。

　痒みに話を戻すと、痒いという事実があるとそれを治めようという目的で掻く。掻くという行為は今すぐ治すかどうかより、掻いている時は気持ちよいのだ。しかし掻くことをやめても、それまで掻いたせいでますます痒くなっている。

　ドイツの宗教改革者マルティン・ルータは「手は洗う程に汚い」との旨を述

べた。筆者も 19 歳くらいの潔癖なお年頃には、おにぎりを食べることができなくなっていた。他者の握ったのは食べられないのだから、自分で作ればよいと考えた。しかし自分が握ると、常時自分の手から汗が滲んで流れて米粒に付くのを感じた。自分だからこそ分かるのだ（筆者の研究室の常連さんで謝辞にも登場する F. A. さんはここを読んで「私はラップに巻いて握りますから、大丈夫です」と言われた。科学の進歩だけではなく、（科学）技術の進歩にも敬礼）。

(2) 自然数は続くよ、どこまでも ♪：ペアノの敷く線路

　ペアノの公理から出発して、自然数に 1 を足すという操作が何度でもできる。初項の自律的な成立と、第 n 項と第 n + 1 項との関係の二つが一緒になって真理性を保証しているのだ。それは 1 枚目のドミノが倒れたら、それ以降も倒れるという仮定であり、仮定に過ぎない数学的帰納法それ自体だって正当化が要るだろう。しかしペアノの公理の正当化はそれが公理であるという特権によって、あっさりと勝ち取られる。いや他の命題たちと争い、争奪しなくとも、そんな特権階級に生まれたのだ。

　ではどうやったら、公理たちならみんなが持っているというそんな特権の階級に生まれることができるのか？　生まれる（be born）は受動であって、生まれる側は選べない。では誰が特権階級に生み落としたのか？

　数学というのは数学基礎論に基礎づけられる体系化された学問だ。その体系は数学基礎論者・数理論理学者によって構築される。その構築中に規約されるのだ。構築完了後にはそんな痕跡は目立たない。

　どうして、そのように規約するのか？　仕方ないのだ。人が決めた規約的真理なのだが、選択の余地がないことを悟り、そうするしかないからそうしたのだ。そして数学基礎論者・数理論理学者は、筆者のようにそのような胸に秘めたることをぐだぐだ書くことも、ましてや公刊することはまずないだろう。

　筆者は前進したいわけではない。船頭に任せて下流へと数学のノーベル賞と言われるフィールズ賞の受賞者が証明してくれるような最先端の定理とその証明を知ることよりも、その流れに逆らい、最上流に位置する御当地へ筆者は辿り着きたいのだ。それは実際にあったことの巻き戻し再生ではない。そういう

ふうに数学を作っておけばよかったという反省と憧憬（しょうけい）に基づく再構築だ。

　しかし数学の内容、定理の主張は形而上学に属するが、その正当化の営みは形而下学的だったのだ。社会構成主義のようだ。筆者は数学基礎論者と寝起きを共にして数学基礎づけのフィールドワーク（御当地調査）をしたわけではないが、出力された成果物（定理とそれを証明する体系）ではなく、形式的体系の新築工事を観察させてもらった。

　ビリヤードの球（同じ質量）AとBは、静止しているBにAが衝突すると、立場が入れ替わる（運動量の交換）。言い換えると、AはエネルギーをBにちょうど全てを与えて静止し、Bはもらったエネルギーを使ってぶつかってきたAと同じ速さで飛び出す。それをみんながそういう説明で納得するから、目の前で起きた衝突をそういう理由で納得する（「どういうこと？」「そういうことか、納得」）。

　しかし基礎固めに異常に関心が強い筆者はそうはいかない。その流れが納得のいく美しい流れであるためには、またそうであることを確認するには、御当地のシェルパに案内してもらって、川の流れとは逆向きに川を流している高い所へと登山しなければならない。

　遡（さかのぼ）り続けるよりも、退行・背進をどこかで食い止めて、数学という学問はどうやってここまで築かれたかということよりも〈こうやって作り直そう〉という選択を筆者なら選びたい。現に数学基礎論者・数理論理学者は、そのように数学を再構築してきた。つまり源流を人為的に規約し、そこからはもはや遡らず、下流へと下ることしかしないでよいだけの源を定めたのだ。

　しかしそこを根源としたことの正当化を、筆者は形式的体系構築の過程の中に探し求め、旅を しつこく続ける。

(3)　正当化する側をもメタ正当化する構築者

　数学という理論の正当化の源泉を突き止めて、そこからはもはや遡ることをしないでもよいとする正当化が何なのかまでも突き止めて、さらにないものねだりをする。

1）順次定義されていく源泉とその先の免除制度

　自然数に1を足すという操作によって、自然数はどんどん先へと際限なく続いていくことは、数学的帰納法によって正当化されるわけだ。そして数学的帰納法はペアノの公理によって正当化されるが、正当化する側のそのペアノの公理は何によって正当化されるのであろうか。

　ペアノの公理は公理はである。「公理は証明を免れている」というのは筆者の言い方であるが、こうも言い換えできよう。公理は証明されるまでもなくすでに証明をされているかのような特権の立場にある。その立場をどのようにして獲得したのかと言うと、形式的体系を構築する数理論理学者が、その体系を構築する過程において公理と証明との関係をそのように結びつけたからだ。

　これを越えてさらなる正当化は行われていないと思うが、筆者は形式的体系構築のこれへと至るまでの過程において、公理と証明との関係はそのように規定された約束事だと言いたい。それは分析哲学でいう規約的真理と呼ばれるものである。

　しかし筆者は数学に対して規約主義（数学は内容がなく、同語反復的に正しいが情報量ゼロという考え）者ではない。『論考』のウィトゲンシュタインは規約主義者だろう。それは悪いわけではなく、本書の中の論理の第3章から倫理の第4章へと塀を飛び越えて相通ずるものがある。第4章5.（3）「毎日がスペシャル　Happy Birthday to ME ♪」に書いてあるように、毎日が等しい価値を持つのだ。どの日も平均的で分散のない定量の日なのでは全くない。どの日も絶対的な価値を有するという点で、等価なのだ。

　証明は前提から出発し、公理と推論規則を施して、一度使った公理も推論規則も何度でも使ってよく、ゴールとなる帰結へと至るので、何行も上から下へと並ぶので証明図と言われることもある。その最終行が「定理」と呼ばれ、原石に対して重宝がられる傾向がある。

　しかし、たぶん規約主義によれば「もう少しで宝石に成れたのに、ゴールまでもう一歩足りなかったね、残念」とはならないだろう。等価な点で絶対主義だ。

　しかし、筆者は規約主義者ではないから、数学には数学一流の内容があると考えている。数は数の性質（群、環、体を成す）を持ち、それを究明するのが

（代）数学だと思っている（ガウス「数論は数学の女王である」）。

　数学基礎論は、集合と論理のみによって数学を組み立てることができると主張する。もちろん数学基礎論はこれに尽きるのではない[8]。筆者もそれはできると思う。源泉——それ以上遡ることはしないという規約的真理のポイント——を決めるならば、例えば、公理と無定義術語を採用する戦術がある。

　集合も論理も、それぞれの分野内で専門用語を定義づける側（「定義」という語を使用するユーザ）であって、これまで数学用語の定義づけは行ってきたが、「定義」の定義づけは行ってこなかった。そして「定義」の定義づけからは、言語学や言語哲学の為事である。もちろん〈考えない〉哲学を実践できる見方ができるなら、本業は問わない。

　数学基礎論者ができる唯一の抜け道は「定義」の定義をするのではなくて「数学的定義」を定義することだろう。「数学的」という言葉の定義を使用しないでも「数学的定義」を定義できれば成功する望みはあるのかもしれない（その望みは定義式の構造を崩壊させてしまうという理由で本（3）項で後ほど却下されるのだが）。

　しかし合成語（概念）を分析して（バラして）意味を伝え、理解させようとする方法を採るならば、その未知の用語として「数学的」という言葉を定義しなければならなくなるだろう。「数学的」という言葉を定義する際の「定義1」と「数学的定義」の中の「定義2」とを区別して、循環しないように定義できればよいのだが。

　辞書に「用語」という単語や「単語」という単語や「語」という語も掲載されているばかりではなく、辞書は「辞書」までも自己言及的に掲載されている[9]、それらを数学辞典に載せる必要はないだろう。

　まず問題として浮上することは、上記の（メタ）定義によって定義された個々の（その外延が概念であるところの）語をどう定義するかだ。上述のように完結したはずのその個々の定義（例えば「写像」「グラフ」「数学的帰納法」など）の定義をも求められると、無限背進する[10]か、無限ループしてしまう[11]。

　どこかを源流として出発しなければ、数学の体系を構築することができないということは論理学者も十分に分かっていることだから、新規に筆者が警鐘し

たいことは以下のことである。すなわち、定義式という一文内で、緩衝地帯である中立記号を橋渡しによって、ある語の使用と別の語の言及とが共存しているが、その定義式に言及すると、その共存関係は崩壊してしまうということなのだ。

　以下にその理由を述べていく。数学基礎論者は超数学的立場に立脚し、数学という一つの学問全体を対象として捉えて、それに言及する。しかし「定義」を言葉で定義づけようとすることは、定義中の定義式へと言及しようとすることになる。それは定義式の内部構造を骨抜きにしてしまう。定義している最中の定義式に言及すれば、定義側と被定義側との関係は崩れてしまう。

　以下、どうしてそんな崩壊が起こってしまうのかを論じていく。

　定義式は定義しているからこそ、その中には使用と言及が（等号という中立記号を緩衝地帯として）両立している。しかし使用中であることに言及しようとする途端に、その使用中の語は言及中へと状態遷移してしまう。この洞察に達するには、幾度もこの失敗を味わう経験が必要であり、数学の天才だけでは到達不可能だろう。

　そのような経験を積めるように例示しよう。ただその前に、卑怯者も卑怯者なりに、卑怯な作戦に出る前に己の卑怯な作戦を開始することだけは予告しておこう。すなわち、「以下の例文でインデントを使用する」と予告した。

　またこんな例も挙げよう。2例目は、さりげなくコロン（「：」）で文–化させる[12]。使用と言及の両立例文：筆者は句点「。」を使用する。

　言葉の使用と言及とは、定義式において緩衝地帯として機能してくれている中立記号を橋渡しすることによって両立するが、その両立しているという真実は言葉でも表現不可能なのだ。そこで筆者は言葉にしようとした途端に元言葉になる無意味な文字列、音列を警句として本書で何か所も発している。

2）誰の為事ということではなくて

　使用中の語を使用中のままに生け捕りすることはできないのだから、定義式に語ろうとする試み―数学を集合と論理だけで基礎づけようとする偉業―は、言語を用いる限りは不可能への挑戦なのだ。偉大な挑戦であり、成し遂げて欲しいのだが、その成就する記述方法として言語は役に立たない道具であることは指摘しておきたい（言語以外の方法による成就の可能性まで筆者は否定

しない)。

　しかし定義を聞かれれば、また終わったはずの説明をしなければならない。そして数学基礎論者は「定義」を定義することへと思いを馳せる[13]。

　向こう見ずに「定義」の定義をすれば、以下のように定義することができる。

　　「定義」とは、(ある人にとって)未知なる用語を(その人が)既知である別の用語に置き換えて説明することだ[14]。

　別に全ての語が既知である必要もないが、未知の語を含んでいればそこは意味の解釈が保留となるから、別途定義が必要となる。もし一つの語を一つの語で置き換えたとしても、その語を知らない語だと言われたら、また他の語で置き換えなければいけない。

　もし一つの語を二つ以上の語で説明することになれば、その中の知らない語たちのそれぞれもまた二つ以上の語で説明することになるかもしれない。そしてその中の知らない語たちのそれぞれもまた二つ以上の語で説明することになるかもしれない。それらの繰り返しを質問者から求められるとしたら、累積的に爆発的に多くの言葉が使われることになるだろう。

　「それって、聞いたことないなあ」と説明を求められる場合、全く知らない相手に分からせるために定義する場合がある。しかし定義するとは、ある程度わかっていることなのに、しかし段差のないところで躓く筆者によって足を引っ張られて躓かされたなたは、「わかっていたのではなく、わかったつもりであった」と認識を改めることを強要され、改めて考え直すとき、根本から考えるはずの哲学なのに辞書を引きたいこともあるだろう。

　ある程度は分かっていたのだが、意味を広義と狭義とに区別して大まかに言えば、これまでは広義の意味で分かっていたのだった。そして改めて見慣れていてほとんど分かっていた言葉に対して、知らないものであるかのようなふりをして、分かっていないつもりになって、改めて分かったものを一旦突き放してまったくの未知であるかのようにふるまう。そして定義を始めることにより、再度急接近し、ぴったりとその意味を分かろうとする。

　全くの未知ではなく、ある程度は知っているからこそ厳密に知るために行う定義とは、広義の既知に対する、身近で当たり前に知っていることを突き放

し、そしてまた手繰り寄せては抱きしめることではないのか。そうしてより深く考察対象（概念）を理解する行為なのではないか（厳密定義）。

3) 黒崎宏が暗示するウィトゲンシュタインのzeigen（示す）

　この「定義」の定義に表れている〈使用 vs. 言及〉との関係に筆者が気づいたのは、黒崎宏先生のお陰である。

　示すには 4 種類あり、示されていることを「見てとる」という眼差しであるが、使用中に言及せずに使用中のままにしておく了解の仕方である。「この「定義」の定義に示されている」ことは説明されては台無しになることなのだ。

　「定義」の定義しようとすることは、言語の限界に迫ることになる。筆者はことばを一つ任意に選んで、そのことばを固定して考えて、その使用と言及との同時両立不可能性、いや使用と言及との同時両立を成し得てもそのことはことばで表現不可能だ、と言い続けてきた。

　そう、確かに言語化不可能なのだが、言えないことだが、事実成立している例として定義式を前述した。定義式は、一つの文や一つの数式であるが、その中に使用と言及とを両立させている。そのことは見て取ることはできるが、そのことは真実ではあるが、言葉で指摘しようとすれば使用中の言葉は言及されることになり、もともとの言及中はさらに言及されることとなり、使用中の状態は消滅してしまう。

　中くらいの魚が小魚を食べている時に、大魚が、その食べている最中の中くらいの魚ごと（小魚も含めて）食べ始めたら、中くらいの魚は小魚を食べることを継続しつつも大魚に食べられているとは筆者は考えない。食べる・食べられるの魚の立場はなくなり、両者の区別なく両者とも大魚に食べられている。

(4) 暴走する言語列車（ノン・ストップ）

　循環している言葉の輪。同義語・類義語・対義語・関連語がスクラムを組んで走っている。新たに乗り込む一見さんは乗せない。常連さんで貸し切りでノン・ストップだ。走る ── それは乗り物の重要な使命だ。しかし、降りるために停まることも重要だ。目的地に着くという目的のために手段として走っているのなら、停車することも走行と同じく目的に適っている [15]。

　しかし停車してくれないのだ、言語体系は。車両が繋がっていてノンストッ

プで走っている。それが山手線だったらこうなる。ループを描くが、1周なら有限個の駅なので、そして有限ゆえに（…）も許されるが、筆者が知らないうちに一駅増えたことだから、省略なしに枚挙する。大崎、巣鴨、駒込、田畑、西日暮里、日暮里、鶯谷、上野、御徒町、秋葉原、神田、東京、有楽町、新橋、浜松町、田町、高輪ゲートウェイ、品川、大崎、五反田、目黒、恵比寿、渋谷、原宿、代々木、新宿、新大久保、高田馬場、目白、池袋。

　乗るには走ったままの列車に飛び乗るしかないのだ。語学留学で海外に行った人はこんなことはないかもしれないが、それ以外の目的で例えば数学の武者修行に行った人は数学を学ぶという目的で行くのだが、手段として英語を聞いたり話したりしなければならないが、数学の勉強以外の日常生活では英語がチンプンカンプンだとノンストップの電車が暴走していて乗り込めない。

　しかし数年ぐらい経ってある日突如として、ネィティヴ・スピーカーの発音が聞き取れて意味まで分かった時には、一切の全てがなぜかしら分かってしまったという経験を聞いたことがある。

　茂木健一郎博士は、英国留学もする [16] のだが、それに先立って高校1年の時に国内留学をしてノン・ストップな英字文学書の列車に飛び込んだ。そして乗り切ってご褒美にドーパミンを自らに贈答している。

　　『赤毛のアン』を日本語で最初に読んだのは小学校5年の時で、教科書に物語の一部が載っていたんです。何となく気になって、図書館で本を見つけて読み始めてたんですが、たちまちアンの世界に夢中になってしまい、中学生のときに村岡花子さん訳で、高校生になってからは原書で『アンの娘リラ』（Rilla of Ingleside）までのシリーズ全8巻を読破しました。しかし、高校1年の英語力では、なかなか厳しかったですね。最初はさっぱりわからない。出てくる単語も見たことがないものばかりで、苦行でした。それでも、とにかく辞書を引かずに読み進めていきました。すると不思議なもので、我慢してシリーズを読んでいくうちに、いつの間にかスラスラ読めるようになっていたんです。それからは読むことが苦痛ではなくなり、全巻読み終えることができました。つらい経験を乗り越えて、楽に理解できるようになった自分を発見できたことは、僕には大きな喜びでした。

(5)　無限を対象化することと無限を表現すること

　プリンターは解釈を与えないだろうから、見た目では外見が同じ記号は同じく印字してくれる。記号の使用は恣意的で多義的で自由である[17]。例えば括弧「（　）」の用法：中村直行（26.5）、中村直行（36.5）、中村直行（57）、中村直行（170）、中村直行（（意外にも）[18]O）など。凡例を挙げることなしに、値から察することができそうだ。

　記号はわかった気にさせてくれる。そんな中から省略符号にこだわってみる。無限 は語り得ぬものであり、それは発話の限界にだけ由来することではない。語り得ぬものは書かれることも描かれることもないものである。どんな記法を考案しても厳密な学問である数学を用いても記述されることがない。天才的な画伯であっても描くことはできない。しかし彼らはそのことに気づいていて知っていて、だからこそ、描こうとはしないが、しかしその作品である絵に**暗示**させている。

　数学において省略記号「…」（英語では"ellipsis"）を用いるが、その用法にもいくつかあって、有限列の場合、無限列の場合がある。筆者は有限列の場合にはこの記号の用法を認めるが、無限列の場合に関してはこのような用法に反対である。

　ellipsis省略符号（記号）[19]に関する標準的な理解を以下に引用し紹介し、第 3 章 5.（4）「筆者による〈極端ニズム（Kyokutanism）〉」で本性を露にする極端ニズムによる批判を浴びせる（以下の引用文の改行位置は原文のまま）。

　　The ellipsis ('$\cdots$') is used to to indicate an implied interpolation of the pattern
　　indicated by that
　　　省略記号（'…'）は、それによって示されるパターンの暗黙の補間を示すために使用されます。
　　which precedes and succeeds it. Thus, for example, the expression
　　$1, 2, \ldots, 100$
　　配置は前置きであったり、後置きであったりします。したがって、例えば、数列
　　$1, 2, \ldots, 100$　は、
　　refers to the list of numbers beginning with 1 and ending with 100, where each
　　number in the list (except for the first)

1 で始まり 100 で終わる番号のリストについて述べています。ここにおいて、リスト内の各番号（最初の番号は、それより前がないので、除いて）は、

is 1 greater than that which immediately precedes it. If the ellipsis has no succeeding term, then the pattern implied

by the terms preceding the ellipsis is understood to be continued ad infinitum. Thus, the expression:

$\varphi 1, \varphi 2, \ldots$

refers to an infinite list, the nth term of which is φn.

直前の値より 1 大きい。もし省略記号に後続の項がない場合、そのパターンは省略記号の前の項によって、無限に続くと理解されることを意味します。したがって、数列：$\varphi 1, \varphi 2, \ldots$ は、無限のリストをについて述べていて、その n 番目の項は φn です（引用と和訳の終了）。

　無限大を表したいならば、「省略した」とは言えないだろう。略することなしにフルサイズ（スペル）で書ける場合にのみ略記もできるのだから。省略記号に後続の項がない場合と限定した状況であっても、記号「…」はまだ一意には定まらない。それを「無限に続くと理解されることを意味します」と解釈を与えたまではよい。それによって解釈が与えられたのだから。しかし「無限に続くと理解されることを意味します」における「無限」の意味を一意に提示することを筆者は要求する。しかし困らせるだけだろう。無限大はどんな記号・文字でも表現し切れないから、フルサイズ（スペル）で書けないのだから、それ の簡易的表現もありえない。

　全文がまだ書けていないのに、そこから概要を作成したり要約を抽出したりしようにも、その基となる文章が未だ書かれていないどころか、原理的にそれが書かれ得ないものであるから、在りもしないものの省略文もありえない。無限大 を表現しようと試みても、表現の実行完了（書き切ること）は不可能だ。

(6) 分かり切っている場合だけ省略記号「…」が許される

　ストッティング（Stotting）[20] は、詐欺行為でもなければ、はったりをかますことでもない。もし実力を伴わないガゼルがそんな真似をしたなら、チーターに食べられてしまうだろう。なんせ、チーターやライオンの見ている前で 4 本脚すべてを地面から離して空中に跳ね出すのだから、摩擦を利用して大地

を蹴ってこそ推進力を得ることができるのに、そのポーズでは走れまい。

　だから、はったりでは「雉も鳴かずば撃たれぬものを」となってしまう。中国でも虎が鹿を恐れにいたが、調子に乗った鹿が吠えるか鳴くかして、もっと強く見せようとしたが、それを聞いて虎は鹿の実力を見破り恐れることなく食った。

　さて本題だ。「…」は、ストッティングか？

　自然数の中でも部分と全体では「…」の用法は異なる。「1, 2, 3, …, 9, 10」（有限列）は「1, 2, 3, 4, 5, 6, 7, 8 , 9, 10」の略記だ。その気になれば書ける実力があるからこそ、面倒くさいから「…」を用いて略記しただけだ。

　一方、「1, 2, 3, …」（無限列）は、何かの略記ではない。際限がないことをどうにも言葉で表現できないからこそ、できない相談を「…」に持ちかけて、「そんなの無理でしょ」と原理的な回答を得ながらも、「そこを何とか、人間の無限への想像力・創造力をこの記号で表わしているということにしておいてもらえませんか」と暗黙な解釈を求めるようなものだ[21]。

　人間の無限への想像力・創造力は素晴らしい。ただその扱っている概念である無限は「無限」という文字列や「…」という記号では表現できない。無限は二分法である言語による表現は不可能だ。では「無限」と言う言葉は、何なんだ？

　表現したいができずに、ある人はその限界を悟り、またある人はその限界に気づかずにきたのだ。

　「…」は主張したい真理が存在するとしても、その真理そのもの（この場合は無限）を言い表してはいない。言葉で「無限」と言ったところでそれは無意味である。同様に「…」も無意味な記号列である。

　円周率を省略記号を用いて書くと、

3.14159265358979323846264338327950288419716939937510582097494459
23078164062862089986280348253421170679821480865132823066470938446
0955058223172535940812848111745028410270193852110555964462294889
549303819644288109756659 3（…）

87214684409012249534301465495853710507922796892589235420199561121
29021960864034418159813629774771309960518707211349999998372978

49951059731732816096318595024459455346908302642522308253344685035
2619311881710100313783 （…）

と紙面を無駄使いしてしまったが、一つ目の「(…)」は、小数点以下（「以て」にこだわって言い換えると、小数点を含まずに小数点よりも下位の右側から数えて）第216桁から小数点第647桁までを書くのが面倒なので省略した。書こうと思えば書けるし、むしろ原典[22]からコピー＆ペーストした数字を消して「(…)」で上書きしたくらいだから、消さなければフル・スペルで書かれていたのだ。

　一方、二つ目の「(…)」は、怠惰なだけの用法である。勝負がついていないのに、自分が勝ったと言わんばかりだ。語り得ぬモノである無限を書き切ったかのように。もし二つ目の「(…)」を略記として主張するのなら、省略なしに書くことを要求しよう。

　「…」という記号も多義的であるという指摘に筆者は乗り気ではなく、むしろ無駄な指摘でしかないような気がする。「…」は無意味な記号だ。

　そこで、その中の一つの解釈について指摘をする。集合論にしても有限集合と無限集合では格段に扱い方が違う。すなわち、集合の大きさを測るのに、有限集合では要素の数で評価するのに対して、無限集合では濃度で計るという点で質的な差異がある。遥かに無限集合の方が面白いのだ。だからこの記号にしても有限の用法と無限の用法と使い分けて、それらを区別した上で無限への用法について論じることとする。

2.　ことばを生け捕りにできない

(1)　五十年前の自分と向き合う

　太宰治が（13歳だったか）の少女の話をちゃんと聞けるのは、大人の男であるという旨をどこかで書いていたと記憶しているが、当時7歳の少年だった筆者が50年ぶりにその少年の話を（自分の長期記憶からだが）ちゃんと聞けたのだから、筆者も大人になったのだろうか。

　　　先生は私のような小娘のいうことをでも、本当に対等で聴き入り、そうかそ

うかとうなずきながら、すなおに私の世話を受け容れられ、心からありがとうとおっしゃるのです[23]。

　大人も大人の老博士を 15 歳からお世話してきた女性が、老博士の大往生までの 15 年間のお世話を終えて何年も経ってから後での対談中に懐古される先生が誰かが気になる読者は上記引用の注 23 をご覧あれ。哲学思考実験とは違って正解を用意してある。

　中学生くらいの年頃から小学生へと話題を移すと、今でも小学生とは無邪気_{（むじゃき）}なもので、筆者が小学生だった頃と同じ言葉遊び[24]をしているようだ。

1)「1 足_{（た）}す 1 は 田んぼの田」の別解

　米国の発明王エジソンは 1 ＋ 1 ＝ 2 を疑問に感じて、先生にその根拠を問うた〈なぜなぜ小僧〉だ。日本で言えば『窓際のトットちゃん』のような子供だ。トットちゃんは変わった生徒として近所の公立小学校を追われる[25]。しかし、筆者開講の「哲学Ⅰ・Ⅱ」「数学基礎」「コンピュータ活用演習Ⅰ・Ⅱ」なら「いい質問だねぇー」と反射的に大歓迎して、その場で予定変更といきたいところだが、シラバスから逸_{（そ）}れるといけないので、「今度研究室で一対一の個別授業にしようね」となるのだが。

　どうして 1 ＋ 1 が 2 になるのかを聞きたいなら、少年エジソン[26]は集合論の研究者に聞けばよかったのだが、そのころ、ZFC[27]の公理的集合論を展開するゲーデルもノイマンもプリンストン（米国のプリンストン大学付属高等研究所）にまだいなかったのだ[28]。

　『名探偵コナン』の中で元太君_{（げんた）}が「1 足す 1 は田んぼの田」と言う[29]。筆者も小学校低学年の頃に「1 ＋ 1 ＝ ？」とクラスメイトから出題されて「2」と答えると「田んぼの田」と言われて、次に「田んぼの田」と答えると「2」と正解を突きつけられて悔しい思いをしたものだ。

　「1 ＋ 1」は多義的なのか（人によって解釈が異なる）、それとも反転するのか、それとも二つの値（答）を振幅し続けて収束しないのか。50 年後にして今やっと自分なりの答えを見つけた気がする。その答えだけでなく、その答えを算出する計算のプロセスも以下にくどく記す。

　「⊕」を通常の足し算の記号「＋」_{（プラス）}する別の演算記号として導入するが、画

数が多いので後で元に戻す。それは二つの記号を通常 ⇔ 異常と入れ替える操作で便宜上のことであって、多くの読者は気にしないで欲しい（と言うと気になりますよね）

　①　「1」⊕「1」= ³⁰「11」

　　では、田んぼの「田」にはなれない。足す側の⊕と足される側の「⊕」を区別して足される側も加えないといけない。だから、そう実行に移して

　②　「1」⊕「⊕」⊕「1」=「1 ⊕ 1」

　　とすると、右辺に〇囲みされた十字が出てくる（〇囲みで分かりづらいので、後で通常 ⇔ 異常 変換を施して分かりやすくする予定）。

　　　でもまだ上下の平行棒がない。そこで、足す側の⊕と足される側の「⊕」を区別した類推を「＝」にも適用してみよう。

　③　「1」⊕「⊕」⊕「1」⊕「＝」=「1 ⊕ 1」⊕「＝」

　　「＝」の平行棒の間隔を上下に伸ばす操作もこの際（小学生のトンチとして）許すとして、台形で言うところの上底と下底とのそれぞれの位置へと移動させると、

　④　「1 ⊕ 1」

　　まで、漕ぎつけた。そして約束は守る男だから（実行（特に脱稿）はとてつもなく遅いが、「「約束は交わしたが、約束を守る」ことまでは約束した覚えはない」などと言わない）、不慣れな〇囲み「⊕」を通常 の「＋」に置き換えて、

　④　「1 ＋ 1」

　　となった。

　　以上より混乱を収拾させると、こうまとめられるだろう。

「1」という数字（記号）の形にだけ特化して線画を描く立場に立脚するならば、「1 ＋ 1」の答えは「田」となる（「1」という数字への言及）。一方、「1」という数字によって指し示す先に在る1という数を使用した場合1＋1という足し算が実行され、その結果が右辺に出力される。つまり1＋1＝2となる（数の使用）。50年ぶりに使用と言及の区別をつけるという形で決着をつけることができた。議論の相手の元小学生たちは今何処に？　同窓会になど呼ばれたことがないので分からないが、facebookがあるか。

　ここで一旦まとめたが、語や記号の形（式）に着目するか、語の意味に着目するかというテーマは次の第 3 章 2.（1）2）「syntax and semantics：形と意味」へと続く。

　小学校時代の言葉の戯れに言及した。小学校時代は、使用と言及とを混同していたが、そのことはそっと触れずにおけば使用中であったが、筆者の 50 年ぶりの言及においてそのそっとされていた状態は言及中の中に押し込められ、使用中はその押し込められる瞬間に状態を遷移し言及中となった。ドキュメンタリーをドキュメンタリーと指摘されたらドキュメンタリーでなくなるように、余計な御節介ではある。

　画家は技を使用する。認知科学者はそれに遅れること何百年、その技について言及し仮説を立てて我われに納得のいくように説明をしてくれる（例えば遠近法）。

2）syntax and semantics：形と意味

　いつも浮世離れした夢想的な哲学思考実験を受講生に課しては、パンドラの箱を開けるように仕向けては円滑な社会生活がしにくくなるように指導しては「15 回の授業が終わったら、全て忘れて下さい」と言っている。

　ぐるっと一周して振り出しに戻ったようであっても、合成ヴェクトルが零ヴェクトルの一点に凝縮してしまったとしても童話『青い鳥』（兄の「チルチル」と妹の「ミチル」という登場人物名を挙げたら、知っていたことを思い出してくれるかもしれない）のように、もともと普段いつもいる所に、見慣れてしまったそうとは気づけないが、一番大事なものがあるということに気付けることがある。

　またもう一人の自分が、努力してきた自分を上から見下ろせば、同じ所をぐるぐる回っているようで進歩がないように客観視してしまっても、横から眺めると螺旋階段を登って位置エネルギーが蓄積されて成長していることに気づける場合もある。

　そして「肝に銘じる」とは短期記憶からは忘れることである。忘れていても卒業して 5 年 10 年 20 年と経った時に、いざ必要な時に自分が哲学思考実験で培った成果（結論とそこへと至る思考過程）は、長期記憶から 1 秒とかからずに時を超えて瞬間解凍され、再び短期記憶へと浮上してきて、推論に用い

られるはずだ。

　だから、忘れてもらってよい。いや、むしろ深く理解したならば、忘れなければならないのである。そんな重要にして重々しいことをずっと短期記憶に保持していてはチャンク（情報を盛り付ける記憶の皿）不足になり、忘れ物をしたり、授業に遅刻したりで円滑な日常生活を営めないから。しかし何気ないその一日一日の全てが特別な記念日でもあるのだ。（第4章5.（3）「毎日がスペシャル　Happy Birthday to ME ♪」参照）。

　上記のように授業で話しているが、たぶん、標準的なよい学習（目標に到達するように、事前学習のみならず事後学習により身に付き、定着する）とは異質だろうから、たまには教育学に基づく ちゃんしたと授業を参観するつもりで「いま教室で求められている理想の教師とは」などという特集号があると飛びつくように読んでいる。「教師の学ぶ意欲も高めなければならない」（『現代教育科学』52巻4号No. 631 より引用する [31]）。

なぜ「六」の部首が「八」なのでしょう？	・同じ形だから 　まず「八」の意味を説明する。
「八」は八つという意味のほかに「わける」という意味を持ちます。そのため真ん中から離れて、左右に分けられています。	「八」の文字を確認させる。
二、四、六、…も偶数なので分けられます。そのため、「六」には「わける」意味の「八」が入っています。	ここで子どもからあっという驚きの声があがる。
だから、「六」の部首が「八」になるのは当然です。「二」はもともと二本の横棒で分けられます。では「四」は？	・八がある！ 　気付く子どももいるが、気付かない子どもも多い（引用終了）。

　中学校、小学校の例示に続いて高校時代の体育の授業で実際にあった喜劇 [32]（ドキュメンタリーだから劇ではなし、生徒はいても役者はいない）を紹介しよう。

　　よーい、ドンと言ったら出発してください。いや、いや、早いですよ。まだ出

発しないでくださいね。今はリハーサル中ですから。唐突に本番ではなく、やはり事前に説明を受けてから「次は本番」という予告があった方が、心の準備ができてよいですよね。そのためだったのですよ、先ほどのは。では今度こそ（よーい、ドン、と）[33] 聞いたら、本当[34] に出発してください。

　上記のような勘違いは日常的に起こり、笑いを引き起こすくらいのものだが、笑って済まさない原因探究者もいる。

　「よーい、ドン」を本番で使用することと予行演習で言及することの混同であると分析する。予行演習での「よーい、ドン」は合図として言及されているのであって、その発話者は使用するという意図でそう言ったのではなかったらしい。

　「きゃぁ〜〜　早く　誰か　１１０ 番して〜！」（現実世界で真剣に生きている人の真実の叫び）。

　「カット、カット、カット！ だめだょー、一般の人が入り込んで来ちゃー。ここは撮影許可もらってあるんで、関係者以外立ち入り禁止になってたでしょ」。

　「「きゃぁ〜〜　早く　誰か　110 番して〜！」は、私のセリフだったなのに」。

　「ドラマを撮影していた最中だった」と、たいていは、多くの人は、そう言うだろう。だが、使用と言及の区別をつける癖のある極端ニスト[35] にかかると、こう言われてしまう。

　使用中であったドラマは言及されてしまった。

　ドラマは迫真の演技に成り下がった。より現実感の強い現実がやってきたから、真実にその座を譲った。演技は真実へと迫るくらいだから、真実に接近中であるが、それがゆえに真実ではない。使用中の夢は覚めてしまい、夢 は夢と化した。

　監督は監督をしていた。その立場でドラマを使用していた。女優は自分の出番を待っていた。虚 ⇔ 実の境を行き来していた。演じようと心の準備をしている時こそ女優でなく人間としての実際なのか。それとも虚構の世界であろうとも、そこに飛び込めば、そこも実際になるのか。その飛び込んだ先にいるのも人間だ。その人を「女優」だと言及してしまっては、俗世に強制送還して、

その人の職業を言い当てただけだ。

　虚実の虚には嘘の側面もあろうが、実を凝縮した縮図としての虚の側面もあるのではないだろうか（ここでの縮図に興味を持たれた読者には次の 2.（2）「〈現在地の使用〉と〈現在地への言及〉：単なる方向音痴であろうか？」へのスムースな導入となっているはずだ）。

　筆者は夢を見ることを「夢を使用中である」という変わった言い方をする[36]。夢を使用中である時、夢を夢とは思わず疑うことなく現実だと思っている。そして夢から覚めたら、現実だと思っていたが仮想現実（夢）だったと認識が改まる。

　しかし現実に戻ったとしても、より現実感の強い現実が現れると、夢の中で夢が覚めたことになる。今も現実世界の中にいると自覚している。だって現に本書を執筆しているくらいだから。でもこれも夢という錯覚なのかもしれない。

　では強制送還されたら、また虚構世界へ舞い戻ることができないのかを検証してみよう。結論を先に述べると、使用と言及とは何度でも往来可能である。そのことを以下のメタファを用いて説明する。

　「ドイツ語でも日本語でも「今日」[37]と言う単語は文頭に置いてもよいし、それ以外に置いてもよい」。さて習ったことを実践してみましょう。今日[38][39]「今日」という単語の文中での語順を習いました。一旦言及されても使用し返すことができる。しかし使用されることができると指摘した途端にやはり使用中ではなくなる。出る杭は打たれて沈む。しかし沈み切ったままではなくまた出ることができる。だから出ることと打たれることとは交互に反転するのだ。OnとOffの関係にある。

（2）〈現在地の使用〉と〈現在地への言及〉：単なる方向音痴であろうか？

　筆者は音痴である。そして方向音痴でもある。本項では方向音痴で地図を読めない右脳の持ち主が、それだけではなくさらに、現実とその写像（視覚言語という地図）の関係を論じ、現在地が把握できないという問題に取り組んだ。

　私は今ここにいる。だから私は現在地にいると言うよりも、私がいる〈ここ〉が現在地なのだ。今ここに私がいるから、ここがここなのであって、あち

らはあちらであるが、ここからあちらに行って着いてしまえば、その時にはあ
ちらはもうここになっている。

　独我論的な自己中心的な筆者でも、何かの目的地に行こうとか相対的にここ
はどこなのかを知りたい場合もある。言い換えると、世界全体を見るという超
越論的な見方で世界を鳥瞰しその中での現在地を知り、目的地への経路を見
通すという事はある[40]。ところがここに不思議なことが起こっている。

　多くの人は案内板の「現在地」と書かれた地点と自分が実際に立っている現
在地とを比べて目的地に行くには、例えば「このランドマーク[目印となる建造物]を目印にして
行けばたどり着けそうだ」とか「通り過ぎないように距離は里程標[マイルストーン]を頼ろう」
とかいうふうに、実際の大きさのものをスモールサイズにして地図上に写像す
るのではないだろうか。

　そしてそれは多くの人たちは日常的に自然にごく当たり前にできる現実認識
らしい。しかし筆者のような人間は奇妙なことが起きていると感じる。何がど
う奇妙なのかというと、現実（の一部）が縮尺されてできた地図は、実際のど
こにあるのだろうか。私がいるところが現在地で、それがスモールサイズに写
像されたものが地図上の
現在地としてある。これ
と同様の構造が Maurits[マウリッツ]
Escher[エッシャー]の絵画『版画[プリント]の
画廊[ギャラリー]』にある。『プリン
ト・ギャラリー』の中に
絵が描かれている。その
外側[41]の絵画『プリン
ト・ギャラリー』は、そ
の内側の絵を鑑賞してい
る人を描いている。その
人は外側の絵画の中の美
術館の中で立っている。
そして美術館のごく一部
である内側の絵を見てい

写真1　エッシャー『版画の画廊』

出典：https://www.escherinhetpaleis.nl/%E5%90%8D
%E4%BD%9C/%e7%89%88%e7%94%bb%e3%81%ae%e7
%94%bb%e5%bb%8a/?lang=ja

る。しかしその絵にはその美術館を含めた町全体が描かれている。ではその美術館や彼はその内側の絵の中のどこにあるのであろうか。

1）他己紹介を逆向きに辿ると

　メタ司会者の例を紹介する。歌手が単独でコンサートを開くとき、自ら名乗るまでもないが、それでも名乗ることもあるのだろうか。いずれにしても司会者は不要である。しかし、歌のTV番組に歌手が数名出場する場合、歌手は自ら名乗ることはない。自己紹介ではなく、他己紹介となる。つまり司会者が歌手を紹介する。では他己紹介がよいのなら、歌手を紹介する司会者も他の司会者から他己紹介されればよいのではないか？

　しかし、そうしてしまうと、また無限退行に陥るのではないか？　そうでもない。まだ大丈夫。多数の歌手が出演する番組があるとしよう。午前も午後も開催されるので午前の部と午後の部で司会者が交代する。そこで総合司会者が午前の部の司会者と午後の部の司会者を他己紹介する。しかし総合司会者は、国民的に有名で自らを名乗るまでもない[42]。

　自己紹介すれば、無限退行に陥ることはない。自己言及によって無限背進を回避できる。しかし、紹介される順を遡って〈歌手 ← 午前の部の司会者・午後の部の司会者〉の間が他己紹介で、さらに遡って〈午前の部の司会者・午後の部の司会者 ← 総合司会者〉の間も他己紹介だったことから類推すると、やはりその前も総合司会者が誰かに他己紹介されるのが自然に思える。ここでだけ他己紹介の流れを留めて、自己紹介に切り替わるべき理由は見当たらない。そうなると、総合司会者が誰かから他己紹介されることになり、無限背進に陥ってしまう。

2）クレジット・タイトルの制作者

　次に映画やTV番組のクレジット・タイトル（スポンサーも含むらしい。エンドロールならスポンサーは含まない）の例を紹介する。映画やTV番組の終わりに、出演し映し出される側（役者）の名前が画面に流れるだけでなく、番組に（自らは映し出されることはなく）映し出す側（スタッフや撮影に協力した組織）の名前も画面に流れる。では番組に自らは映し出されることはなく映し出す側の名前も映し出されることになったが、そのクレジット・タイトルを作成した人の名前は映し出されたのだろうか。

　名前の出たスタッフの誰かがクレジット・タイトル作成も兼務していれば、名前は出たことになるがクレジット・タイトル作成者としての役割で名前が出たわけではない。となると、あとはこの映画やTV番組以外で紹介されなければ、この映画やTV番組の制作関係者（メタ・レヴェルから紹介するという関係者も含める）を全員紹介し切ったことにならない。

　そこで全員紹介し切るためには筆者は以下の二つの方法しか思いつかない。一つは自己紹介することで自己完結する。残る一つは誰かに他己紹介してもらう方法しかない。しかし他己紹介してもらったことで、紹介してくれた人もまたメタ・メタ・レヴェルの制作関係者となる。そうなると無限退行してしまう[43]。

　このようにいくつかのヴァリエーションで一つのことに気づくように哲学思考実験の導入をしたところ「哲学Ⅰ」を受講する全学科500名近くの学生たちから、目次にたどり着いたことを地図の現在地にたどり着いたことに喩える回答[44]がいくつかあった。「目次に何らかの方法で辿（たど）り着いた以上は、目次は現在地である。だから目次の目次は不要である」との回答である。

3）見慣れた風景に包まれながら風変わりな迷子になる

　2019年5月7日ついに思考実験は研究室や教室を抜け出し、と言ってもキャンパス内だが、現地視察してその案内図を写真に収めた（写真2）。そして今までになったことのない迷子になった。初めての種類の迷子だ。6号館に行きたいがたどり着けないとか、キャンパス内の現在地がわからないという類いの迷子ではない。私の眼前には「現在地」と書かれた案内板が立っている。

　私は紛れもなく現在地にいることをその案内板が保証してくれているのだ

「現在地」と書かれているので、筆者はその「現在地」が指し示す本物（地面の上）の現在地にいることになる。

写真2　「現在地」明記の分かりやすいはずの地図

が、その現在地とやらが案内板のどこにあるのかがわからない。なぜならば、使用中の案内板内に言及されるべき案内板が描かれていないからだ。もし案内板内に縮小サイズのミニ案内板が描かれていれば、ミニ案内板と目と鼻の先に立っている筆者（を縮小したエージェント）がその現在地付近にいると推測できるのだが、垂直面なのでそこに筆者は立てない。しかし縮小版を一回切りだけ作成するのならよいが、その一回を実行したらその同じ理由から、さらなる縮小版を何個でも作成することになってしまう。合わせ鏡を2枚向き合わせてお互いを無限回写し出すように。

　では、案内板と現在地とを同一視すればよいのだろうか。しかし実際の案内板を見たことがあるだけに、見たこともない現在地と同一視できない。案内板は構内や公園などに個々に固定的に在る。しかし現在地は関数であって〈だれの〉・〈いつの〉[45] のなどの変動要素を変数としている。それらの変数にそれぞれの定数を代入し、現在地－関数に入力されて出力された関数値が個々の現在地である（第3章4.（3）の「存在すれども区別なし」に出てくる「チャンピオンベルト」「社長の椅子」を参照のこと）。

　そして、上記のように、関数としての現在地と個々の現在地の区別があるだけでなく、大きい現在地と小さい現在地があることに気づいた。その経緯は以下のとおりであった。案内板の延長上に5号館が見える（写真3）。写真には写っていないが、現地に立てば左手には6号館が見え、さらに振り向くとアクションハウスと呼ばれる部室の棟も見える。逆方向に右手に振り向けば4号館が見える[46]。筆者は案内板の上のそれらの建物の縮図を人差し指で指すというよりは押さえ（接している）、一方で手の届かない離れた実物の建物を指す（接していない）。

　そこで現実世界とその写像である縮図の両方を見比べた。大きい現在地と小さい現在地にはどんな包含関係はあるの

写真に撮る前なら、実物であった5号館（撮影前の写像度0）

5号館を板に描いた絵はそこへと案内する（描写後の写像度1）

写真3　実物とその絵がお揃いで写真撮影

かは、すぐにはわからなかった。しかし二人きりの撮影の前には網膜に写ろうとする実物（写ってしまった像はすでに目の

現在地をマットに描いた「現在地」は、そこへの筆者の到来を待っている。

写真4　水平に描かれた「小さな現在地」

奥のスクリーンである網膜に写像されて写像度は1に上がるので、筆者が見向きもしないければ撮影もしない）である本物の5号館の写像度は0で、案内板に描かれた絵の中の5号館の写像度は1であった。

　そして撮影によって、それぞれの写像度は1ずつ増えて、本物の5号館の写像度は0→1に、絵の中の5号館の（合成）写像度は1→2になってしまった。1以上は同類である。五十歩百歩。

　0か1以上かの差は大きい。写像度が0なら本物で、1以上は写しである。ただし写像度1は初犯なので「合成写像度」とは言わない。写像度が上がるほど、現実からますます遠のく感覚がするが、0から1へと写像度が上がる場合の加速感、ギャップが格段に大きい。

　案内板の地図に「現在地」と書かれている。しかしそこは私にとってまだ現在地ではない（写真4）。その写真に筆者は写っていない。そこへと接近してみると現在地と赤く表示されたところを私は踏むことができるが、その赤い現在地という場所に収まりきることはない。はみ出してしまうのだ。現在地が図の吹き出しによって指示されているが、私は地図上の小さい現在地に立つことはできなかった。踏みつけることはできるが、そんなことをすれば小さな現在地を自らの靴底に隠してしまうことになり、店内で迷子になってしまう。

　そうかといって、片足立ちでつま先立ちしたところで、小さな現在地に収まることもできない（写真5）。はみ出さないように電気屋さんの入り口にある案内マットを作り直せば筆者の足は収まるが、その大きくなった案内

「現在地」の指示する現在地へ到着したはずだが、筆者はその現在地に踏み込めない。

写真5　小さな現在地からはみ出す大きな現在地

マットは店内の床面積全部を占めるまでに拡張し、縮小地図としての案内役を果たさずに、単なるマットとなろう。

　筆者の足が収まり切る方がわかりやすいような気がするのだが、収めてくれてしまうと、それは現実世界になり、縮尺が100％の現地のレプリカ（模写）になってしまう。それでは縮小地図にならない。広い世界は広いままで自分が迷子になっても、どこで迷子になっているのかが一望できない。

4）地図を読めないどころか…

　自然と地図が読める人が、その人の（大きい）現在地を把握するには、やはり小さい現在地に立てるほど小さいエージェント（代理人）を想像し地図上を歩かせるのではないだろうか。行動としては地図上に視線を向けて走査（そうさ）する。

　その地図上のエージェントと実際の現実の大きさの私との間を1往復（写像と逆写像）することによって現実の世界へと引き戻され、現実世界のビルディングなどが特定されるのだろう。

　しかしこの往復に違和感を覚えるのが筆者である。紙の地図は水平を保たれたままで180度回転しないと頭の中で理解できないとか、i-phoneの持ち方で地図（Google Mapsなど）が自動的に回転してかえって理解できないとかいう類いは方向音痴に由来すると思う。しかし今の問題はそのエージェントが立って見ているはずのミニ案内板が案内板に描かれていないことである。したがって、筆者はそのエージェントがミニ案内板の真ん前にいるのか否かを確認できない。

　アリなど昆虫なら垂直面を登れるが、筆者にはそんな芸当はできない。しかし筆者が地図の現在地にはみ出すことなく位置することができない理由は地図が垂直面のせいではなかった。

5）小さくない小人：何が基準でどこが基準か

　現実世界の大きさを見た目の身体よりも、目では見ることができない心の方を重視すれば、頭の中に小人（こびと）がいて、我われ人間の言うところの縮尺図こそが、その小人にとっては等身大の現実世界なのかもしれない。

　それは珍奇な考えでもなく、哲学では伝統的にホムンクルスという小人が頭の中に住んでいるとも言われてきた。ホムンクルスは我われ一人ひとりの頭の中にいて、その精神的存在こそが我われ一人ひとりの本質的な存在である可能

性もある。

　ただし、小なるものが大なるものの内側に住み、小なるものが大なるものを制御するとすれば、その相対的な大小関係を、今のところの小さい方に適用すると、その小さい方の中にも、小なるものから大なるものへの制御関係があることになり、どんどん無限小に向かって無限背進することになる。一方、先ほどの大きい方にも相対的な大小関係を適用すると、逆向きに同じ論法を拡大する方向へと考えることとなり、先ほどは相対的に大きい側とされたものも相対的にはより大なるものとの比較において、今度はもっとより大なるものを基準に取り直すと、それに対しては小さいがゆえにその内側に住み入ってをその相手を制御することとなる。この関係を保ったまま拡大適用していくと無限大に向かって無限背進する。

　上記の縮小または拡大するサイズの中で、我われ人間のサイズに目を移しと、我われにとっての直接な小人のサイズに応じて地図が描かれているのかもしれない。その仮定の中では、我われにとっての縮尺された地図こそが現実であり、小人はその現実世界の実在人物であり、小人は小さくないわけだ。そしてその小さくない小人が拡大コピーし膨張させた世界の中を操られた大きな乗り物である筆者が、ノッシノッシと歩いていることになる。

　小さくない小人は、我われが住んでいると思い込まされているという事実にさえ無自覚なゆえに天然と感じている自然界に適合してくれるがためにサイズ・アップするためのアダプタや乗り物として、筆者や読者の身体に乗り込んで操縦している可能性もある（方向としては無限小へ）。

　サイズ・アップして考えると、人間（サイズ）のヒーローが、ロボット（マジンガー Ｚ（ゼット）・ゲッターロボ・タイムボカン（シリーズ）・機動戦士（きどうせんし）ガンダム等など）に乗り込んでいる（方向としては無限大へ）。

　諸星（もろほし）隊員がウルトラマンに変身するように、小さい方から大きい方へ写像する。そして大きい方から小さい方へと逆写像して人間の大きさに戻る。ウルトラマンと比べると諸星隊員は相対的に小さく見えるが、ウルトラマンが大きいわけは怪獣と戦えるだけの大きさが要るからであって、諸星隊員が小さいわけではない。そのサイズはある基準でもありうる。

　このような奇妙な包含関係は、世界の限界であり形而上学的主体である

〈私〉（ ≒ 筆者）が、自然言語と視覚言語を組み合わせて、世界の縮図も拡大
図を作成することができ、その拡縮率に合わせたミニサイズの〈私〉を代理人
として写像することができるからではなかろうか。

　「あなたは今 巨大化し地球の外に立ち、その手の平の上に小さい地球を乗せ
ている光景を思い浮かべることができる」という言語表現を読んでしまったか
ら、あなたは今 巨大化し地球の外に立ち、その手の平の上に小さい地球を乗
せている光景を思い浮かべることができる（ちょっとクワイン的。クワインに
ついては「はじめに」参照のこと）。

6）動く小さな現在地

　これまでの小さな現在地は固定されていた。例えば、垂直な案内板（「「現
在地」明記の分かりやすいはずの地図」・「実物とその絵がお揃いで写真撮影」）
や水平な案内図（「水平に描かれた「小さな現在地」」・「小さな現在地からは
み出す大きな現在地」）であった。固定されている小さな現在地は、動けない
から大きな現在地に自ら接近することはなく、大きな現在地が見てくれるまで
待っている。

　大きな現在地は動くが、ここでは、動ける小さな現在地について考えて
みる。例えば、カーナビやGoogle Mapsなどである。もちろんカーナビや
Google Mapsであっても目的地は指定されていて固定であったが、その固定の
目的地に車が向かうので、車に乗っている大きな現在地（運転者）も車に載っ
ている小さな現在地（カーナビ上の地図）も共に目的地へと近づく。

　では、一緒に動いている二つの現在地（大きな現在地と小さな現在地）は、
空間的に地理的に重なって一致しているのだろうか。いや、そうではない。一
台の車の中にいる運転者とその中に設置されているカーナビは平行移動してい
るので、両者の間の距離は縮まることはなく、何十cmかの一定距離を保って
いるから重ならない。

　大きな現在地（運転者）はGPSを利用してカーナビの地図上の小さな現在
地へと写像されている。両者は実物と写像された縮図の関係にある。縮図は縮
小されているのだから、当然 実物（車・運転者）よりも小さく、車に収まっ
ている。しかしその縮図（河川や田畑や市街等などの実物が縮小されて載って
いる）の中に、実物（車・運転者）が位置を占めているはずである。したがっ

私こと小さい現在地は
あなたが待機している
大きな現在地である2階
へと降下中です。

写真 6　現在地の階数表示なし　　　　　写真 7　現在地の階数表示あり

　て大きな現在地（カーナビを搭載した車）が、小さな現在地（そのカーナビ上の縮図）に飲み込まれている。再びエッシャーの『プリント・ギャラリー』を用いて提起した問題が浮上する。

　また動く小さな現在地の例としてエレヴェーターを挙げることができる。垂直な案内板や水平な案内図は固定されていて動けない小さな現在地であった。一方、エレヴェーターは垂直方向だけだが動くことができる。大きな現在地には目的地があり、そこを目指して水平移動し、垂直移動する際に小さな現在地であるエレヴェーターを呼ぶ。大きな現在も小さな現在地も移動するが、両者が合流する時には、大きな現在地が小さな現在地を（少しは）待つという点において（渡りに船なら好都合だが）、固定されていて動けない小さな現在地の場合とは待つ・待たされるの関係が逆になっている。

　そしてエレベーターという動く小さな現在地にも、その移動中の小さな現在階数を表示しないものもあれば（写真 6）、表示するものもある（写真 7）。後者は小さな現在地を図示するのではなく、数値表現する。

7）反転する ON と OFF

　筆者はこれまで、一つの言葉を使用しつつ同時にその言葉へと言及することの不可能性を主張してきた（これら一連の論文名を注 47 に①〜⑤と箇条書きにして、新しい方から二本（①と②）だけ以下にその概要を述べる）[47]。そして同時不可能性は、心・生・世界・夢・禅・愛・絵・時間・陶酔・失敗などについても成立する[1]。例えば夢に関して言えば、夢を見ているときに夢を見て

いると気づくことがない。（ただし明晰夢でなければ）。このことを「夢を使用している」という変わった言葉で表現しようとした[2]。もちろんこのことは語り得ぬものである。そして翌朝目が覚めて、寝ている時には夢とは自覚していなかったから覚めるまでは現実かどうかを確認するまでもないほど現実感があったのだが、「こんな夢を見たなぁ」と思う時、それは夢に言及している。

　そして現在地は夢と同じ性質と構造を持っている。現在地にいるときには現在地にいると言う自覚はない。その時、筆者は現在地を使用しているのだ。

　一方「ここはどこ？」とふと疑問に思う時、現在地へ言及して初めて自分がいま現在地にいることに気づく。「今ここにいるけど、目的地までもう少しだ」とか「思えば遠くに来たもんだぁ」と言うときにも現在地に言及している。

　そして使用されたり言及されたりする現在地にも大きな現在地と小さな現在地があることを読者もお気づきだろう。さらに小さな現在地が固定の場合も移動する場合も考察してみたが、どちらの場合も大きな現在地と小さな現在地は相克となっている。つまり両者は一致することがなく、お互いに相手を自分の内部に取り込もうとする。

　人間は言語を使用することにより、認識する対象の拡大図も縮小図も視覚言語的に想像できる。しかし「人間」と一般論にまであたかも拡張できるかのように書いたが、こんなこと（大きな現在地と小さな現在地との区別）などを考えるのは、筆者を含んだ極少数派だけなのかもしれない[3]。もしかしたら筆者一人だけなのかもしれないと弱気になり心細くなるのだが、今こんなことに共感してくれる、かつての受講生たちの顔が浮かんだ。指折り数えると、7名いる。もともと、哲学の素養のある人たちだが、筆者（開講者）の研究室通いのせいでますます鋭敏となり、段差のないところで躓くことができるようになってしまった[48]。優秀な受講生が、日常生活に支障なく、特に地図が読めることを願う。

　続いて日常的な表裏や内外の感覚の話を起こそう[49]。数学者の視座は神の視座であろうが、建築家ではいくつかの視座を持つのではないだろうか。作図する点で建築も設計図があるが、住む・使う立場にも立脚して「ここからの眺め」とか住む人の動線を考えるだろう。その場合、3次元内の同じ対象物でも外観、内観と立ち位置によって見え方が異なることを心理的に認知科学的に考

慮しているようだ。

　ここからは内部と外部について考えてみよう。どちらが内部でどちらが外部なのだろうか？

　(大自然からすると狭い) 檻（おり）に動物が閉じ込められていたら、檻の中側が内部でそれからはみ出している（その中ではない）所が外部だろう。多くの場合、Aが檻などの内部にBを閉じ込めてAが外にいるが、そうばかりではない。サファリ・パークでは人間の方が格子入り・柵付きのジープに乗って、人間が自らを閉じ込めている。

　人間と動物との関係ばかりではなく、人間が住む都市においても、城壁で周囲を囲み堅固に防御した都市（城郭（じょうかく）都市）がある（例えば、紫禁城（しきんじょう）を中心とした城郭都市北京）。

　アメリカの高級住宅街、例えばビバリーヒルズなどはゲートがあり部外者は住人からの許可なくしては入れないらしいが、自らを内部に閉じ込めている。広大な敷地に柵や塀（へい）を施しても、その内部では柵や塀を認知せず、内部にいるという確証はないだろう。もし柵や塀を発見しても、それを境に右・左、東・西と二分できても、内部・外部は区別できまい。我われは柵や塀に囲まれていなくとも、地球という住める内部と宇宙飛行士しか今のところ行けない外部とに分けられていて、地球は内部とも言える。

　次に日常から少し抽象化して考えていこう。これからスタートする前の予備知識として、あなたは行く先がねじれていると知っているとしよう。なので、あなたはスタートしたら、どこかに境があってその境界線を越えたら（自覚ある？）逆側にたどり着くと予想するだろう。だからスタート地点を仮に「裏側」と呼ぶ（逆に「表側」と呼んでも同じ議論だが）。

　あなたは経験して知っている。「こうすれば、ああなる」と分かっている。正門・裏門、大通り（表通り）・裏路地など表裏には清濁のような価値観が付きまとっているように思える。ここから出発しようと定めて[50]、そこを出発点と呼ぶ。これから散歩しながら、その図（形）の特性の一つである表裏があるか、境界を見つけられるかという調査を始める。もしその図が、「メビウスの帯のわたり棒」や「クラインのつぼのジャングルジム」[51]のようにあなたが体を使って実体験できるなら、それらを使ってどこからか出発してもらおう。

3.　いない いないばぁ〜

「いない いないばぁ」。否定するとは反転する認識の変化の言語的表現。

「いない いないばぁ」。あの言葉と動作による反転。そして否定語を使わなければ数学を構築することができないし、内部と境界と外部とを数学的に定義できない。しかし隠伏的に否定と解釈できるような公理を準備したヒルベルトはやはり偉大な論理学者・数学者だ。

　否定するとは反転することなのだ。そして第 3 章 4.「ふたつのつぼ：ルビンとクライン」まで読み進めた読者には、視覚的な把握であるルビンのつぼと言語的認知が結びつくはずだ。

（1）二分法に由来して起こる言語の限界

　否定も補集合も反転するもう一つの項だ。対立項をセットで書けば、（肯定，否定）、（部分集合，補集合）[52] となる。

　「いない いないばあー」の「いない いない」の二重肯定も再登場・再会「ばあー」も、それぞれに言動一致している。そして両者は反転している。

　しかし、未だことばのない状態を、ことばを使って妄想しよう。生まれたての赤ちゃんにとってはまだ言葉がないという大前提条件を想定し、その想定する側にだけはことばの使用を許し、生まれたての赤ちゃんにとってのことばのない状態を筆者はことば[53] で記述する。

　ことばという道具が人類史上未だなかろうがあろうが、生まれたての赤ちゃんはまだことばを使わない。でも反応して笑える。いつ反応するのか。「いない いない」で少し不安な気持ちになるのだろうか（元赤ちゃんの筆者はどうだったか？長期記憶にもなさそうだ）、次の瞬間の「ばあー」で笑う。

　人間の心理だけではなく、物事の 理、道理なのではないか。閉まっている戸を開ける。閉まっていないと開けることができず、開けていないと閉めることができない。ON と OFF が切り替わる。

(2) これまでもずっといつもだったのに、不意にいつもがやって来た

禅問答：いつもはいつもではなく、いつもでなくなったときにいつもにな
　　　　る。

　言葉にならない真理を上記の禅問答は示している。それを他の言葉も使って
解説を試みる。当然、言葉で解説し切れるものではないが、補足を試みる。も
ちろん、言葉で補足し切れるものではないが、「そうか、そういうことか」と
いう感触をあなたが得られんことを願う。そして「そうか、そういうことか」
の指示語が言葉の指示する機能を果たせていないことを、つまり「そう」は無
意味であることに気づきながらも、気づいたからこそ「そう」を説明しかかっ
て、口ごもるところへと誘う。

　存在するものを、居てくれるものを、失って初めてその有り難味がわかると
いうことは人生においてあるのではないか。人生におけるその真理の心情的な
側面ではなく、言語の仕様の側面から述べたいことがある。言語では表現でき
ない段階の在る・存在する・居る・居てくれるは、あるにはある。しかしそれ
は言語化できない上、認知以前の未だ成立していない事態といえよう。

　そしていなくなった・失った・出て行った・死んでしまった・消滅したとき
にやっと言語はその二分法と言う機能によって両者を対比させてこそ、表現で
きるようになる。そのように表現できるときには認知もできる。失ったものの
ありがたみを感じることができる。それは言語によって居たものと居なくなっ
た者の対比をできるからだ。

(3) ある出来事から今までを振り返り、過去への認識が改まる

　無、無限大、無限小、空、無我夢中等などを二分法の仕様である言語では表
現できない。なぜならば、仕切り線で二分できないからだ。「いつも」も、い
つもとは言えない。「いつものとおりに朝うちを出る」と言う。いつから始まっ
て現在までも継続しているどの時期がいつもなのを言語化して答えられない。
「いつもならうまくいくのに…（意外性や反省の箇所の省略）」と悔むとき、そ
んな出来事が起きるまでがイツモだったのだ。イツモを失って初めていつもを
知る（図6「イツモがいつもに変わる時」参照）。いままで（継続するが、●印の
今は含まない）と今以降（改に始まるが、やはり●印の今は含まない）とを、認識の改

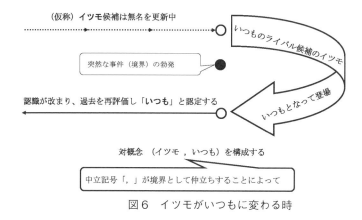

当たり前過ぎて通り過ぎて行く「無名」（と言う仮称すらない）な無自覚な事態。
何気ない何でもない平凡な単調な感謝のない毎日が続くが、ある日 前触れもなしに不意にやって来る。

（仮称）**イツモ候補は無名を更新中**

いつものライバル候補のイツモ

突然な事件（境界）の勃発

いつもとなって登場

認識が改まり、過去を再評価し「**いつも**」と認定する

対概念　（イツモ，いつも）を構成する

中立記号「，」が境界として仲立ちすることによって

図6　イツモがいつもに変わる時

まりによって二つの時として対比させて初めて表現ができるようになる。

　イツモはいつもと認知されるにまだ至らず、イツモではない時の出現でイツモはいつもになることを「（イツモ，いつも）」と略記する。

　卑近な例を挙げると、まずは老化の例で、いつもはできていたのに、今日はできなかった（できなくなった）。伸び盛りでは、いつもできないのに、今日はなぜかできたとは、小学校時代の鉄棒の逆上がりの思い出。

　ひらがなのいつも候補が現れた時に、その時二つのセットで存在する。図7「Nothing or Two」での状態Aは〈我は無し〉の状態であり、形而上学的主体は一人ですらない。独りもいない。状態Bでは我は（自我，他我）の対になり、二人の我がいる。我を数えると、図7のように、世界の状態Aでは0（零）、状態B では二なのだが、状態Aと状態Bとは反転する。そして（自我，他我）の対のように対立・対峙はしない。一方の状態が起これば、他方は消滅している。要するに、唯一の世界の中で二つの状態が反転する（図8「無我と（自我，他我）との反転」）。

　制限が付く前は無制限だったことになる（事後的認識の変化）が、制限が付くことで（生じて初めて）無制限となる。（制限，無制限）は一組の対である。認知されていないとすら無自覚なイツモはいつもではなく、イツモではない時

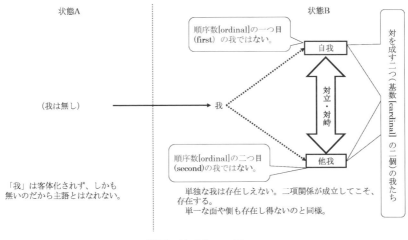

図 7　Nothing or Two

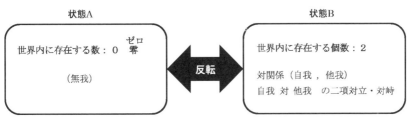

図 8　無我と（自我 , 他我）との反転

　の出現で、イツモはいつもへと認識が変わるようないつもの候補。対立するい
つもが出現しないままなら、ずっと人知れずイツモのまま。
　今を切断面として用いて、その前である過去とその後（今と未来とを合わせ
て）に二分する時、言語は機能するのだ。デデキントの切断[54]のように。過去
と今とを合わせて、未来と対比させて考えてもよい。二分に切断するからその
切断面である今は厚みを持たずに、過去と同じ組に属するか、または未来と同
じ組に属するから。

(4) デデキントの切断

満員電車などの日常感覚からでは想像を絶するほどに、ぎっしりとひしめき合う数たちの集まりもある。それらの中には「実数の集合」と呼ばれるものもある。一つの集合に注目すれば、その部分集合とその補集合（余白部分）とは境なしに接している。

では光と影との関係は、部分集合と補集合の関係のようであろうか。光と対を成す影というのは、脳の補正によって行われる現象であって、物理的というより —— もちろん自然科学は全て物理学に還元できると筆者は確信と期待とを持っているが —— 生物的な産物だろうから、数学のデデキントの切断のように幅がないスッパリとした切れ味には到達はできないだろう。

全体集合を決めてその中に二つの部分集合を作っていくときに共通部分（交わり）を持つケースもある。端の点を持つお隣さん同士が共有してそれぞれに所有し、かつ譲り合いもするというふうに端点が共有されている場合、その点を筆者は「共有点」と呼ぶ。

ある集まりに対してカット（切断）を入れて分けるには機械的な組み合わせでは、以下の4つのケースが考えられる（図9「デデキントの切断と中村の共有地」参照）。筆者が勝手に二つの集合を選んできて、それらの関係にはこれ

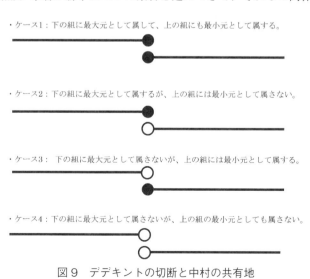

・ケース1：下の組に最大元として属して、上の組にも最小元として属する。

・ケース2：下の組に最大元として属するが、上の組には最小元として属さない。

・ケース3： 下の組に最大元として属さないが、上の組には最小元として属する。

・ケース4：下の組に最大元として属さないが、上の組の最小元としても属さない。

図9　デデキントの切断と中村の共有地

ら4つの場合があると提示することはできる。

　ところが筆者が勝手に二つの集合を選んできてそれらの関係を整理するのではなくて、実数[55]からなる集合を一つ与えられて、それを二分せよという場合には上記の4ケースの内の二つ（ケース2とケース3）しか（数学的にはありえ）ない。

　「半分こ」の長さ（二等分）になるように奪い合うのではなく、境目に相当する（数学的には境界ではない[56]）その一人が、どちらに属するか、つまり切り分けポイントの肝心な（メタファーな）点は、端っこの点を含むか、含まないかだ。

　デデキントの切断では、下の組（左の小さい側）と上の組（右の大きい側）とで、どこかで仕切りを入れることを考える。そこで唯一一人奪い合いになるのだが、その一人は「どちらにも所属します」とは言わないし、「どちらの所属もお断りします」とも言わない（人気の高いその一人を〇と●とで表現してある）。

　争奪戦の理由は、実は、実数からなる集合の密度が異常に高いことにある。稠密（分数程度）を超えて「連続体濃度」と言われる濃さだからだ。

　実数からなる集合を球技の集団と比べてみよう。球技のチームプレイで、一つの球を追いかけてチームメイト同士がぶつかってしまう同士打ちは実数のチームでは起こらない（両方に帰属することはない）。なぜならば、ぶつかるということは、ぶつかる前には離れていたのだ（間が空いていてできる個体識別）。ぎっちりと詰まっている実数たちはお互いに、予め初めから事前にぶつかっているのだ。それは、ぶつかることはありえずに当初から（プラトンの数学の世界の創始された時からずっと）くっついていたのだ。

　同じくチームメイト同士で「あの子がレシーブするだろう」とお互いに思い込むことがあったとしても、次の瞬間にそれが判断ミスと気づけば、回転レシーブで間に合ったということはバレーボールではありそうだ。勢いよく床に滑り込んでレシーブに間に合わせつつ、すぐに次の体勢を整えるために回転するのはTVで見ているだけでも感動的だ。一方、比較対象の実数からなる集合は、満員電車よりも混んでいるのだから、滑り込むことも回転することもできるほどの隙間は全くない。

4.　ふたつのつぼ：ルビンとクライン

　本第3章4.では、語りえぬモノへの認知科学的、認知言語学的なアプローチを行う。その中でさらに第3章4.（1）「ルビンのつぼ」とそれに続く第3章4.（2）「クラインのつぼ」は底流する。しかし、その共通する底は最も深い底ではない。その奥深くへともっと探究していくと、人間の進化を逆向きに手繰ることとなり、究極の根源がある。（1）項と（2）項の一方は共通する底を突き破り、二つの項は結果と原因の関係（因果関係）にあることが明らかとなる。

（1）ルビンのつぼ（英：Rubin' s vase）

　塗り分けると、見えないが境界があるような視覚的でない認知がされるようだ（図10「エッジ自体は描かれていないコントラスト（対照性）」参照）。しかし、「境界（線）」を内部・外部に共に含まれないと定義するなら（唯一の正しい定義ではないが、数学的にはこう定義する）図10には境界線はない。集合論の部分集合と補集合の関係だ。図示するときには部分集合か補集合のどちらかの境界線で描くが、数学的には境界線は描かれる幅（領域）を持たない。
　そこで部分集合か補集合の関係（両方の領域のどちらにも属さない緩衝地帯ではなく、実数のようにスパっと割った）を描いたのが図「エッジ自体は描かれていないコントラスト（対照性）」であり、二つの図（三角形と四角形）が隙間なしに在る。

このようにコントラストを成す静止画に対して、動きを感じてしまう我われのものの見方を紹介しよう。
　①掲示などの白い背景色の紙に黒色の字が書かれている貼紙（写真8）
　②ルビンのつぼ[57]（ただし、標準とは異なり光の当たる角度のためか、筆者には顔が向き合う前に左の顔が先に

図10　エッジ自体は描かれていない
　　コントラスト（対照性）

出現するように見るので、あえて掲載させていただいた、写真9)

　では①、②との違いはと言うと、①では黒い字があくまで図形（この場合は記号）として際立ってくるのであって、その逆転はすることは通常はない[58]だろう。つまり主役と脇役は下剋上がなく固定的で静止画らしく安定している。

　一方②では、つぼが主役を演じたかと思うと、今度は向かい合う顔たちが主役を奪うという反転が（経過時間は個人差があるだろうが）生じる。反転ができてしまうということは、一方を図として見る時にはもう一方を背景として退け、その逆も起きるということだ（反転図形[59]）。

　認知科学者にとっての境界の定義は、数学者による定義のような幅を持たないものではないのだろう。コントラスト（対照性）がなく、エッジが効いていなくて（エッジ自体を認識しているのか把握しているか分からないが）際立ったものでなければ図として認識できない。

　ある観察対象の色が、①淡いグレーの均質な一色場合と②異なる二色を使って、混じり気のない独立な縞模様を描いている場合では、それらを遠巻きに見て淡い一色として認知するか、それとも二色を識別して縞模様として見るかは、その観察者たる生物の認知能力にも依存するし、環境としてどれだけ離れていたところから観察したかというような条件も関わってくる。

　その時には曖昧性の問題とか変わってくるが認識できるということは区別するだけのエッジが効いて際立っているということなのだろう。この視覚的に見えているわけではないが、認知できてしまっているような認知の仕方を認知科学者は知っているだろう。

　ルビンはルビンのつぼに境界線があると言う。しかし線は目視確認できな

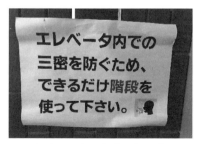

写真8　白い背景に黒の字

写真9　ルビンのつぼ

い。そしてその定義は数学的ですらある。プラトンの数学の世界の幅のない共通の境界線であるあるかのようだ。

　ルビンの「視覚的図形」から引用する。

　　"When two fields have a common border, and one is seen as figure and the other
　　as ground, the immediate perceptual experience is characterized by a shaping effect
　　which emerges from the common border of the fields and which operates only on
　　one field or operates more strongly on one than on the other[60]"（共通の境界線を持
　　つ２つの領域があり、一方を図、他方を地として見るとする。その結果、直接的
　　知覚的経験は両領域の共通の境界線から生じ、１つの領域のみに作用するか、ま
　　たは一方が他方よりも強く作用する行動形成効果に特徴付けられる）。

　上記から次の問いが起こる。すなわち、境界が認知されてそれによって仕切られて図と地に分けられると言うが、その共通な境界は以下の ①、②のどちらなのか。

　①両方ともの領域に含まれているのか。そうなら、筆者が定義する「**共有
　　地**」（第３章 3.（4）「デデキントの切断」で導入している）だ。

　そうではなく、

　②どちらにも含まれていない緩衝（中立）地帯なら、数学の「境界線」と同
　　じ定義だ（部分集合と補集合のスパッと分かれた接し方とは異なり架け橋
　　が要る）。内部と外部は対であるが、緩衝（中立）地帯である境界を隔て
　　て対立できる。

　覚めなければ夢ではなく、夢そのものは単独の現象ではありえず、現実という対立項が存在すればこそ成立する二項関係の一つの項だ。夢が存在しなければ現実も存在せず、その逆もしかり。

　まれに明晰夢を見て自分の好きなように夢をコントロールできる人もいる（夢という映画の監督も夢を見ている本人の脳のはたらきなので）が、たいていは、こわい夢を見ては逃げたり、心地よい夢を見ては覚めたら残念がったりする。つまり夢を見ている最中（夢の使用中）には夢だと気づいていない。

　しかし上記の事実は原理的に表現不可能なのだ。「夢を見ている最中には夢だと気づいていない」の言わんとすることは了解できるが、夢を見ている最中

には夢だと気づいていないのが本当だとすると、「見ている」という動詞の目的語は「夢」とは言えまい。夢だと認知していないので、「夢」と言語化できないから「夢を見ている最中には夢だと気づいていない」は文全体としては意味がわかるようで、「夢」は無意味な語だ。

　「夢を見る」という言い方に合致して、観客席から鑑賞するだけのタイプの夢もあるが、そうではなく視聴者参加型で、話をしたり空を飛んだりという言動を伴う夢もあり、夢を見ている最中は夢を見ているのではなく、現実を体験中だ（が、覚めてしまうと仮想現実だったと認識が改まり、現実ではなかったと訂正するが）。

　夢と現実の違いは、夢と現実とを対立させることによってのみ、浮き彫りとなる。単色だけの世界ではその一色さえも認知されず、色の概念を持つことができないだろう。右だけがあり、左のない世界もありえない。一生涯、夢を見続けている人にとっては、夢と呼ばずに現実と言ってもよいだろう。夢は覚めない内は夢と認知されず、覚めてから初めて夢であったと認識を改めて、過去にさかのぼって事実として認定する。どちらが本当なのかわからなくなり、胡蝶の夢を思い出す。

　これらの反転する例は夢だけではなく、詐欺（さぎ）にあっている間にも詐欺にあっている自覚はない。これらの他の例は次項の冒頭に記す。

　しかし、問い（境界が認知されてそれによって仕切られて図と地に分けられると言うが、その共通な境界は上記の①、②のどちらなのか？）の答えは、どちらでもない。筆者が意地悪して（機械的な）選択肢の４つの内の二つしか、本第３章 4.（1）〈ルビンのつぼ〉では登場させていないからだ。第３章 3.（4）「デデキントの切断」で紹介した図の中のケース１を参照願う。このように図などを用いなくとも詩的に文学的に表現された例を、上田閑照（しずてる）から引用する。

　　　我々にとって線に見える線であって、それは我々との相関をなして我々に現れ、したがってそれを越えるということはあり得ぬ仕方で我々の視野を境界づける[61]。

外界からの刺激に応じて起こる反応であるから、目を閉じて瞼（まぶた）の裏にある映像や睡眠中の夢の動画とは異なり、視覚的に見えているわけではない。しか

し境目として認知できてしまっている境界であり、脳内産物であろう。これは帯のように幅を持つものではない。当然、眼で見ているのではない。

(2) クラインのつぼ（独：Kleinsche Flasche^{クラインシェ フラッシェ}）

　無・無限大・無限小・空・悟り・無我夢中・心・生・世界・禅・言葉・愛・絵・時間・陶酔・失敗・現在地などなどが使用するか言及するかの一方しか同時にはできない例である。これらは対概念であり、人間には反転してしまい、一方しか同時に成立しない。真理の主張であるが、真理であっても言葉では表現できないことである。例えば、前の第3章4.（1）で挙げたように、夢を見ている最中には夢とは気づけないことは真理だが、「夢を見ている最中に」の「夢」は夢とは認知されないモノであるから、それを「夢」と呼んではおかしいだろう。一つしかない選択肢は選択の余地がないから「選択肢」と呼ばない。

　ちょうどよいを使用中は無自覚で「ちょうどよい」を発することはなく、「ノー・コメント」とさえ言わずに無言のままだ。例えば、座り心地がちょうどよい時には「ちょうどよい」とは言わない。「いかがですか、そのソファー？実際に座ってみて」。軽い痛みが去った時も、その瞬間を自覚できないだろう。何回もしゃっくりが繰り返されても、出なくなった回に無自覚であろう。治まったようで、もう一回しゃっくりが出れば、周期が変わって延びただけで、今はしゃっくりが出なくなった回ではなく、次またしゃっくりが出るまでの待ち時間なのだ。

　これらの無自覚なことの中から、現在地の使用と現在地への言及を一例に挙げて説明をしてみる。

- ・使用中のどんな語（例えば「りんご」「楽しみ」「距離空間」等など）でも表現中であるがままに生け捕りはできない。
- ・使用中の語を「その語は使用中である」と言及できない（言及しようとするとその言及された途端に使用中でなく言及された状態になる）。
- ・使用中の語が使用中であるということへ言及しようとしたり、使用と言及との同時両立は可能であるが同時両立している最中^{さいちゅう}へと言及しようと試みると、それらの事実は（瞬時にして）崩壊して、報告段階では事実ではなくなる。

　以上、三つの主張は真理だが、言葉では表現できないことを暗示している。

　さて、体を動かして写真10「メビウスのわたり棒」を体験してみよう。それが無理なら、頭の中で想像しつつ頭の中の指でなぞる[62]のでもよいし、または昆虫などを代理に立てて逆さになっても落ちないように歩いてもらう（しかし数学的視点は神の視座であろう）。考察対象を遠巻きに眺めるとかその内部にすっぽりと入ってみるという見方が不要に思える。頭の中で思考実験することはあっても、実践は省略可能なだけではなく、厳格には禁止である。認識することができてしまえば誤認なのである、と仄めかしておく。「ツカミはOKにするために導入段階では優しく分かった気分を味わってもらいますが、信頼関係ができ上がれば、たまには手加減なしのキツいことも言ってもよいですか？」。

　あなたは歩き始めれば、いつかそのうちにどこかからは、歩き始めた時とは違うところに辿り着くだろうと思っているだろう[63]。

　では出発点にあなたのオリジナルの目印を付けて、裏からスタートすることにしよう。やがて訪れるであろう表を予感しつつあなたは歩く。しかしあなたは裏と表との境に気づくことなしに不意にオリジナルの目印を見つけてしまう[64]。不思議な感じがするので、2周目を出発する。そして3周目、4周目を…（気力・体力が続く範囲内の有限回の省略）。

　あなたは裏かからスタートしたつもりだったが、この境目を発見できない体験（このような体験へと誘いながら、哲学では「radicalに（根本から）ちゃぶ台をひっくり返す」とよく言うのだが、それを超えた大どんでん返しを第3章5.「ちゃぶ台をひっくり返す」にて披露し、それまで疑うことのなかった多くの読者を谷底へと叩き落す。

　表裏の旅に出た側を「表」と呼んではいけなかったと考えを改めるのではないだろうか。筆者のことばの二分法説に同意してくれるならば、「表」と仮に呼べるのはやがて裏に遭遇して表・裏が対になってこそ初めて、仮称の「表」は「表」になれる（表を指示できる）

写真10　メビウスの帯のわたり棒

からだ。

　あなたの体を動かしての体験や頭を使った思考実験から、あなたを含めて我われは裏へから出発して裏へ戻って来た。いや、スタート地点が裏側にあったのなら、ずっと裏を歩んできたのだ。もしスタート地点が表側にあったと「表」という言葉を用いるのならば、我われはずっと表を歩いてきたわけだ。

　ということは、つまりメビウスの帯もクラインのつぼも**表裏一体**なのだ。表裏一体とは一面しかないこと。実際には表も裏も存在するのかもしれないが、それにもかかわらず「表裏一体」は無意味な表現とならざるを得ない。なぜならば、それは二分法である言葉では表現し切れないからだ。

　実際には（神の視座やある分野の専門家の判断からすれば）表も存在し裏も存在し、ただしその区別だけは付けることができない（次の第3章4．（3）「存在すれども区別なし」に登場する姉妹の例のように）としたら、ある時には「表面」と呼ばれ、また別の時には「裏面」と呼ばれたりする唯一の一繋がりの面があるのだ。

　そしてその一つの面は表としても在り、裏としても在ると筆者は仮定できるが、そう仮定し言語化しようと（できたつもりの出来具合に一見思えるが）した途端に無意味な語を書き並べてしまっている。

　というのは、そのような一つのものは**分割不可能**であり、二分法である言葉が仕切りを入れて二つの部分に言語化することができないからである。言い換えると、二つの別であると識別可能な何かが接着剤でぴったりとくっついているのですらない。雲母を剥がすように引きはがすこともできない。認識上、一つなのだから「剥がす」の対象ではない。

　その表裏の区別がつかないものの上を歩いて、もしかして裏からスタートして無自覚に表側へと越境してはフラフラと彷徨して、気が付くとスタート地点にゴールしたとしよう。この想定では、あなたがいつ境を跨いだのかが分からないから、二分法の言葉では「ここまでが表で、この境を越えたら裏になる」と表現できない。表裏一体とは一面だけあること。そのぴったりとくっついて二分できないものを「表」と呼ぶことはできないし、同様に「裏」と呼ぶこともできない。「裏⇔表」とか「（裏，表）」と対比的に表現したいところなのだが、「⇔」とか「，」という（価値）中立なレフリー役をこの対立すべき選手間に

見つけることができない。言語表現の限界を超えて、実際に二人の選手が実在していてもレフリーが認知されないリングでは、試合としては成立しない。
　一面のお花畑は筆者をうっとりさせつつも同時にその視野を覆い尽くす程に圧倒的な広大な光景である。全てが見えているから、何も見ていないのと同じだ。主役も脇役も区別のない筋書きのないドラマ。つぼも向き合う顔も浮かんでこない中村のつぼ。

　だから存在するという事実にもかかわらず、それを表現しようとする「一面のお花畑」という文字列は無意味な表現である（残念。言語の限界ゆえに）。一面全部が何か一つのものであるならば、それは「一つの宇宙」と言ってもよいし「一つの世界」と言ってもよいだろう。

　「一面」と言うくらいだから、一つなのだろうけど、並び立つ、比類する仲間やライバルが他にはいなくて、何の系列も成さないならば、「一面」の「一」は蛇足だろう（類例：天地創造の絶対の「一神」）。

　「一つ」と言われても、無限に広がる平面ではなく、たかだか500 km四方の正方形かもしれない。しかし認識する主体としては、無限に延長する平面かそれとも有界な正方形かを区別することは、「高々」と言ったが一辺が500キロメートルもあると見る（第3章6.（3）「〈語ること〉と〈見ること・買うこと〉」における「見る」の意味で）という仕方で認識して、無限に伸びる平面か有界な四角形かは分からないわけだ。

　さて、表裏一体に話題を戻して表面でもなく裏面でもない、単なる面を考えよう。その面は一つしかないが、「一面」とはあえて言わない。一面の花畑は筆者の視界を境界付けず、境界を感じさせないがゆえに一つとは数えないのと同様だ。

　表な面と裏の面がある。表な面と裏の面とは区別がつけられる。表と裏は対立する概念だが、両者共に面であり、対立関係にある、表を向いた面と裏向いた面に関して、面は表にも裏にも中立なレフリーであるはずである。

　面を我にメタファーして注を付しておいた[65]。

　少しずつだが、もっと抽象化して数学の世界に入っていこう。しかし、深入りする前に、遠巻きに数学の世界を眺めておこう。そうすることで筆者が理学部数学科から逃げるように卒業した（やっとのことで卒業させてもらった）数

学音痴であることを思い出しつつ、数学の外から数学についてメタ・レヴェルから語りたいし、数学の中からその考察対象についても語りたいのだ。と断ったうえで続けよう。

　数学は証明を行う。それが数学の使命と言ってもよいだろう。証明とはプロセスである。もちろんゲーデルの不完全性定理により、正しいからといって証明されるわけではない命題も存在する[66]。

　何かを出発点として何かをゴールとして証明という途中過程（の累積）がある。出発点は定義であり、ゴールは定理である。数学で意味のある・価値のあるところまで論理的に飛躍せずに推論を行って価値あるところまでたどり着く。例えば、証明した数学者の名前をつけて「何なにの定理」と言うところまで。

　しかしその過程が論理的なステップを一段一段積み重ねることであるならばそこは等（しく無）価値であり、三段論法の結果もそれらをいくつか並べた証明図の最終行も全部同じ価値しかない。証明の出発点である公理には真理のすべてが詰まっていて、それからの変形の途中か最終かの違いだけであるから。数学の証明は一種の遺伝であり、推論規則によって次のステップへと命題を表明する論理式を変形させ、その変形のために推論規則だけではなく、公理自体を推論規則のように使ってもよい。そして公理と推論規則も併用して次の段階を作っていく。

　要するに出発点において知っていたことが、やがて証明されれば、形を変わって「定理」と呼ばれるだけであって、数学の真理の数は原理的に証明以前の公理を掲げた段階で決定されているわけだ[67]。それだけ巧妙に厳密に公理において規定されている。

　しかし、公理は必ずしも一意に解釈できるわけではない。というのは、公理は図式（schema）として与えられて[68]、分かる人には分かるし、そうでない人には残念だ。しかし分かる人も分かった気になっているだけなのかもしれない。見てとるしかないはずだ。公理は隠伏的に定義されているからだ。多義的であり、それらの中から一意に解釈を与えることはできない。もし一意に解釈を与えようとしたならば、そう解釈できるだけの制約文を追記したわけで、読み手に解釈を任せずに一意に指定したからには、（暗号）読解するために「制

約文中のこの語の意味を教えてください」とまた質問を受けることになってしまう。

遺伝にメタファーすると、定理であると証明された（証明されたがゆえに定理となるという対概念）立派な子孫を生み出せるようにフィードバックをかけて、つまり世代を 遡^{さかのぼ}って、そのような定理を生み出せるような祖先を選んだのだ。ヒルベルト流の数学の形式化・〈集合と論理から数学を構築してみせるという、論理で割り切る崇高^{すうこう}なプログラム〉は、偉大な子孫を輩出できるようにそれに見合っただけの立派な祖先を描くという家系図作成作業でもあったわけだ。ゴールである子孫を描いて、上流へと遡り、まだない先祖へ向かって遺伝順序を逆流して、上流へと昇る。公理は、遡ることを免除された存在であり、語義・定義に則って、公理こそが源流と定められる。

公理化とは、家系図上に先に子孫を描いて後で先祖様を描くという作業だったのだ。そして突然変異は起こりえない。どこの馬の骨か分からないなら、ご先祖様を超えてしまうような有能な若者であっても、この家系図に載れない。もしかしたら、その有能な若者の出現で（プラトンの純粋数学の世界の登場人物だと直観的に数学者が判断すれば）ご先祖様を据え変えることになるのだろう。

生物は長い年月をかけて進化するが、各世代間では遺伝する。もし環境適応やライバル達との競争に有利な突然変異が起これば、その突然変異の優れた個体のDNAを記録しておいて、その生物体系を丸ごと作り損ねと評価して廃棄してしまう。そんな進化など最初からなかったことにして、先に記録した優れた個体が突然変異でなく、新－生物体系の中から予定通りの遺伝によって生まれてくるように設計し直して、改めて原始的な生物の種を蒔^まき（公理を選定し）、計画どおりに例の優れた個体（旧－生物体系では証明されなかった論理的に飛躍した変異定理）を産み出す。

生物の進化へとメタファーが過ぎたので、喩^{たと}えずに具体的に書こう。上記のような見直しの発端^{ほったん}は、「人間の」というか数学者の直観を拠り所にしてきた数学（直観的数学）が、無限小解析・微積分の根拠を論理⁶⁹に求めることになったからであった。そのようにして、実数は再構築された。既に知られた性質を持つように杉浦光夫^{みつお}は、17個の公理を打ち立てた。実数は出発点である

公理によってその性質が明確に完全に規定されている[70]。

　1だけを考えることはできない。1，2，たくさん、…と並び立つ、比類する、〈1の他者たち〉がいるからこそ、1よりも後を考えないことにして初めて、「唯一無二」「比類ない」というふうに、わざわざ2以降の存在を否定してまで1しかない単独性を言おうとするのだ[71]。

　類例を二つ挙げよう。筆者に感銘を与えるシルヴェスター・スタローンの『ロッキー』という映画がある。そしてその2作目は『ロッキー2』と呼ばれる。しかし、さかのぼって『ロッキー1』とは呼び直すこともなければ、当然、いきなり『ロッキー1』と言われる映画はない。『ロッキー』シリーズという一つの系列の中で通番が振られるのは自然数と同じだ[72]。

　次の例はこうだ。今本書の原稿『ver442_原稿2021年11月25日（木）【千栄子の手書き画像挿入_四章にまとめる倫理←論理の後に【pcWk（6−n）】自作図_ver442】』（長いので、以下は『原稿_ver442』と略す）をヴァージョン・アップして、2021年12月に完成・提出（脱稿）を果たすべく、Microsoft社製のアプリケーション・ソフトウェアのWordで書いているので、本書の出版も近いはずだ。

　執筆しながらもその原稿をWordで自動音声読み上げ（「選択したテキストを読み上げます」という機能）してもらって、悦に入りながら、疲れてしょぼしょぼとなった眼での誤字脱字チェックを補うべく、耳でもチェックに余念がない。

　読み上げたいテキストを選択するために、2枚目のウィンドウを表示させる。すると、『原稿_ver442』とは表示されなくなって、その代わりに『原稿_ver442_ver442：1』と『原稿_ver442_ver442：2』が現れる。

　一つ目には「一つ目」という表示は不要であったが、二つ目が出現するときに、二つを区別できるように（一つしかない場合、それが何であれ、それはそれ自身と同一だから、区別しないし、区別できようもないかもしれない）、初めて元からあったもの（ウィンドウと言うよりもファイルと同一視している。ファイルを開いて表示させているから）は「一つ目」と呼ばれ、次の新しいウィンドウは「二つ目」と呼ばれるようになる。

　『ロッキー』シリーズ、『原稿_ver442』の分身の術からも分かるように、方

向性を持って流れ、継続する系列の中でのみ、＋1（1を加える）や次の数が意味を持つのだ。

　自然数の話題から表裏の話題に移ろう。日常的な感覚を活かして表裏と内外についてマスクから学んでみることとする。2次元平面の部分集合としてマスクがある（マスク本人はそうとは自覚していないだろうが、そうともとれる）。これから着用するので、まだ平（たい）らだ。装着するにあたっては、どちらが表なのか裏なのかの見極めが要る。ひだで判断することができるのかというと、どこのメーカーも上から下に向かって重なり合っているわけではないので、分かりづらい筆者にとっての目印は、耳に当てるゴムが接着されている面を顔に接触する側と判定している。その時すでに顔と接する方が裏側で人様に見てもらう側が表というふうに表裏の概念を用いている。

　そして次は上下を決めないといけない。上というのは鼻に当てる方で、下というのは顎（あご）の下に伸びる方だ。そして手で触ってみて針金製の鼻当てを見つけたら、そちらを上に向けて、左右からの中央を目測（もくそく）で決めてそこを軸に左右を折り曲げて少し丸めて凸型にしてみる。

　すると丸みを帯びるので、2次元曲面となる。平らから曲がったが、次元は2次元のままである。このように丸みを帯びてくると、顔に当たる側が単に裏面というだけではなく顔を覆（おお）う構造から、内部とも考えられる。顔を覆って人様に向いている表側が外部であるような内部・外部の感覚も生じてくるのではないだろうか

　数学では境界というニュートラル・コーナーによって内部と外部を仕切る。ところが数学の概念で反転して境界がなく二つの部分に分けることができるものがある。

　それらから二つの例を上げると、一つ目は「何なには何なにである」という肯定型の命題と「そうではない」という否定型の命題だ。

　二つ目は（全体集合の中の）注目する集合（部分集合）とそれを全体集合から除いて残った余白（補集合）。部分集合が閉じた集合であれば補集合は開いた集合となっていて、逆に、部分集合が開いた集合であれば補集合は閉じた集合となっている。

　境界なるニュートラルな仕切り線はなく二つのパーツに分けられることはデ

写真 11　クラインの壺のジャングル
　ジム

デキントの切断から類推されよう。

　また、2 次元曲面で閉じていようが、そうではなく開いていようが、裏表の区別が付かない図がある。

　①メビウスの帯は開いているが、裏表の区別が付かない（67 頁写真 10）。

　②クラインのつぼは閉じているが、裏表の区別が付かない（写真 11）。

　写真 10・11 から、身体運動を通じて子供たちがメビウスの帯・クラインのつぼを身近な存在として感じていることが察せられよう。それは厚みを持ち、子供たちは握ったり、潜ることもできる。これは数学的対象の分かりやすい体験であるが、純粋数学の対象であるところのメビウスの帯・クラインのつぼは 2 次元曲面だから、厚みもなければ子供の体重を支えるだけの強度もない。

　そこで真相に迫るために、抽象化してみる。つまり、その純粋数学の対象を感覚的にではなく、方程式で表現してみる。クラインのつぼの方程式を引用する[73]。

　　（クラインの壺のパラメータ表示）.
　　クラインの壺𝕂上の点は、$(x, y, z, w) = (\cos r \cos\theta, \cos r \sin\theta, \sin r \cos 2\theta, \sin r \sin 2\theta)$ $(0 \leq \theta < 2\pi, -\pi/2 \leq r < 3/2\pi)$。
　　(x, y, z, w) の 4 変数をパラメータ表示にて 4 次元でなら表現できる。パラメータを消去して方程式にすると、
　　　K に属する (x, y, z, w) は
　　　$w(x^2 - y^2) = 2xyz$　　　　　　（12）
　　　$x^2 + y^2 + z^2 + w^2 = 1$　　　　（13）

　上記引用から分かるように、クラインのつぼという 2 次元曲面自体は 4 個の変数を用いて方程式で表現可能である。それは言葉で書けるし、記述もできる。

　しかし一方、①の性質は、言葉で書けないし、記述もできないし、顔を突き合わせて目と目とを見つめ合って口頭で話そうとしても、言語にはその表現能

力がない。①の性質は、言葉では言えないことだ！

　言葉は二分法だから、「表」と呼べないなら、それと対を成して初めて「裏」と呼ばれる存在も表現されない（表でも裏でもない一つの存在・実体は存在するだろう）[74]。

　このように4個の独立変数を用いれば、無理に3次元にはめ込むことなしに4次元では表現できる。だから、クラインのつぼそのものは表現できるが、クラインのつぼの上で「どこからが表で、どこからが裏である」かというの特定ができないのだ。仮に「表」とか「裏」という言葉を使ったがそれらはスベったことに無自覚な言い回しであり、それを表現できたとか、それを使って意味が伝達できたつもりになってきたが、極端ニストである著者にとってみれば、失敗していると言わざるを得ない。

　なぜならば、①と②の擬似的な文における文脈では「表」も「裏」も無意味な文字列である。表と裏とは区別が付けられないなら、それは存在はしているが、表現不可能であり、それらの内のどちらも「表」とも「裏」とも呼べない。表と裏とは対概念であり、（表，裏）とか表⇔裏というふうに決闘しているのである。日常的には正式な立会人である中立記号（「，」や「⇔」）を省略することが多い。しかしこのように厳密に記述する際に明示される中立記号によって仕切りを入れることのできない性質・関係を言語は表現不可能なのだ。

　存在すれども、両者の間を認知できないことを認めているのだから、その両者のどっちがどっちなのかを区別を付けることができないのだ。その呼びようのない存在を、もし仮に「裏」と呼びたいなら、そう呼び続ければよい。別に矛盾は生じない。そこからスタートして何周しても、メビウスの帯なり、クラインのつぼなりの裏一面を彷徨（ほうこう）しているだけだ。ずっと裏街道を歩いている。

　その呼びようのない存在を、もし仮に「表」と呼んだなら、ずっと表街道を歩くことしかできない。

　メビウスの帯もクラインのつぼも裏表の区別が付かないが、その（メビウスの帯もクラインのつぼも裏表の区別が付かない）ことは言葉に成し得ない。では、その文字列「メビウスの帯もクラインのつぼも裏表の区別が付かない」はいったい何を表現しているのか？　何も表現してはいない。表現はできていないが、言語の限界を暗示しているだろう。

言葉で書くこともできないし、言葉で呼びかけても振り向かない。本名がなく、仕方がないから通り名を答えておくと、「語り得ぬもの」だ。「語り得ぬもの」は無意味だが、本書における「語り得ぬもの」は、そう呼んだところで、やはり無意味でしかないというニュアンスを込めたい。意味を込めることができない無意味な文字列でも、無意味なニュアンスだけなら込めることができただろうか？　原理的な不可能性は感じていない。あなたという読者と私という筆者との関係に依存して、伝達できたり、できなかったりするような気がする。

(3) 存在すれども区別なし

　ルビンのつぼは、表も裏もないのではなく、表も裏もあるのだが、区別がつかないのだ。表から裏へ逆に、裏から表へと移動・変化・通過する時に、どこからが裏（表）なのかを特定できないのだ。

　表裏に関して、以下を参照してみよう。空間内のある部分を囲んでいる曲面には表裏の区別がある。

　例：球面、楕円面、トーラス（ドーナッツ型の表面）など[75]。

　球面の場合は数学的に表裏が存在する（人間の認知力が表と裏を区別できるかと言う認知のレベルではなくて純粋数学の真理として）。

　ところが、メビウスの帯もクラインのつぼの場合も、表裏の区別がない。しかし、表もなく裏もないのではない。表もあって裏もある（一方（片方）だけしかないなら、「一方（片方）」とも呼べない）が、表裏の区別がないだけだ。

　それをこう喩えよう。ある学生がある時にはこちらから挨拶すると挨拶し返してくれる。しかしその学生が別の時には挨拶をしてもキョトンとした知らない顔をしている。「今日は機嫌が悪いのかな？　私の顔を忘れたかな？」と思っていた。しかしその学生が二人も私の前に現れた。受講生の方をＡさんと呼ぶことにして、受講生ではない方をＡ′さんと呼ぶことにする。

　二人揃って「私たち、双子の姉妹なんです」に続いて、それぞれが下の名前を名乗ってくれた。そういうことか⁉　しかし私はＡさんとＡ′さんとの区別がつかない。区別がつかないからといってＡさんとＡ′さんもいないなどとは思わない。二人とも存在していて、しかしどちらがどちらなのかが分から

ないだけだ。

　メビウスの帯もクラインのつぼの場合も表裏の区別がないという性質は、数学において特徴づけられることであって、人間の認知能力では手に負えないことに由来するのではないということだ。さらに筆者が数学の上で峻別（しゅんべつ）したいことは、数学的に区別が存在しないのか、それともどこかに区別は存在するにもかかわらずその区別の特定ができないだけなのか、ということだ。

　さらには、それが人間全般の認知能力の限界なのか、それともほとんどの人はできることなのに、筆者の無能ゆえにできない固有の問題なのか、ということである。

　（2 次元）球面は驚嘆すべきことに、3 次元空間内において自己交叉（こうさ）することを許せば、通常の球面を一切の切れ目を入れることなく裏返す（表も裏も存在し、それを反転する）ことができる。この一連の方法は 球の裏返し（sphere eversion）と呼ばれる。

　一方、向きづけ不可能な（単側とも言う）曲面もあり、例は先ほどからのメビウスの帯やクラインのつぼである。

　表裏は（相対的）位置関係であり、唯一の社長席と歴代の社長たちの顔写真との違いとメタファーできる。社長席は変数であり、歴代の各社長は、変数として待っている社長席へと代入される個々の定数である。

　ひっくり返されるということはまたひっくり返されて元に戻りうる。胡蝶（こちょう）の夢を彷彿（ほうふつ）させる。人間が蝶になった夢を見て覚めて人間に戻っているのか？それとも本当は蝶でたまたま人間になっている夢を見て、それが覚めてひっくり返されて再度反転して蝶に戻ったのか。

　反転を上下関係に適用すると、上下反転となる。例えば、下克上（げこくじょう）が起こるが、どちらが本来の上なのかが筆者にはわからない。ひっくり返って逆転中なのか、それともひっくり返ったのひっくりがまた返されて一往復で元に戻ったのだろうか。

　表であるべきという誰かの思いから、間違って裏にすると破損したりすることを防止するために「こちらが天井面である」というふうに表であることを箱に表示することがある。つまり「表」と書かれているわけだ。しかしひっくり返されることも可能であるがゆえにそれを禁止している。万有引力の法則は禁

止されることがない。かつ、逆に「今日は日曜日なので、重力に従って引っ張られることもお休みにします」と怠けることもない。

　なんと球面は切り裂くことなしに裏返すことができるとさきほど紹介した。これまで表扱いであったものが今では裏となる。では、運搬される荷物のように「表」と書いておこうか。そうすれば、ひっくり返されるまでは表と言われる。そうしてひっくり返されれば、裏だと言われるだろう。

　つまり表か裏かは 覆 され、また覆され返される反転する関係であり一つの状態である。リバーシブルの服と同じように、それでは人の好みによって「こちらが表」と思っていれば、その裏は裏で、「こちらが裏」と思っていれば、その裏は表だということになるのだろう。しかし数学を用いればそういうことは、個々人の主観を離れて客観的に評価できる。

　「君の今の内積[76]はいくらだ？」「－１です」。「では今は君は裏だ」。「表」という名前で呼ばれようが、別の名前で呼ばれようが、誰かがそう呼ぼうと決めただけのことだ。内積という値を付与されても、一つの評価方法を決めただけだ。表側にはプラスの値を対応させるようなイメージがあるが、別にそうしなくてもよい。ある側にプラスを割り当てるように内積を計算してから－１をかけて二重の入れ子関数によって、それを総合評価として表側にマイナスを割り当てても、別によいだろう。

　表とマイナスとを同一視するような対応付けが繰り返されれば、表のよい印象によってマイナスまで従来のプラスのような印象に変わるかもしれないし、従来のマイナス・イメージに引きずられて表の評判も下がるかもしれない。

　知覚心理学者ストラットンの逆転メガネをかけて上下左右を逆転させても、やがて脳は正立を作り出すし、そのメガネを外しても、やはり正立を作り出す。何が正しいのか、どのポーズを立っていると呼べばよいのか。

　本来・元来において元祖の表であっても、今となっては内積（－１）を付与されるような状態になっているのならば、現在の数学の規約によって現在は裏面と呼ばなければいけないだろう。そしてあたかも裏であるかのような立場に追い詰められてしまっているけれども、表裏をひっくり返す数学者がいるから、捲土重来式に表に返り咲くこともあろう。

　本来・元来において元祖の表であるという証拠はない。数学の対象である以

上、無色透明無味無臭であり、表であることを示すような目印もない。本質的にはどちらが表でどちらが裏でもよいわけで、今の状態でしかないのだ。ただし「今の」という条件は要る。

　表は、表という性質しか持たない。それが唯一最大の特徴であり、1個しかない性質だ。表は表であるという唯一の性質しか持たないことは、表を表づけているか？

　表だからと言って、輝いていたり賑（にぎ）わっていたりするわけではないのだ。リバーシブルの洋服と同じで、反対の面へと返しても切れるが、今が裏なのか、それとも今は表なのかが筆者には分からない（写真12「表裏判定不可能な対象」参照）のだ。

　したがって、境界の（区別が）ないという点が同じでも、そのような共通点を持っていても、境界の有無は切り分けポイントではない。

　・球面の場合は数学的に表裏が存在する。そのことは人間が表と裏を区別できるかという認知力とは独立に純粋数学としての真理だ。

　・メビウスの帯もクラインのつぼも表裏の区別がない。それは言い換えると、「向き付け不可能」とも言う。メビウスの帯もクラインのつぼも表裏の区別がないのだが（2次元）球面は、ひっくり返せる（裏返しができる）そうなので当然、表も裏も在るわけだ。

　以下のように状態遷移を見ていこう。

　【状態1】において表の面と裏の面とが面を境に対立して存在している。だが面はどちらかの面を表面とすると、もう一方の面は裏面だ。でも裏面もあれば表面もあるけれども、どちらを「表」と呼ぶかは、恣意（し）的で規約的だ。

　【状態2】においては、状態1では裏面であった面が、切れ目を入れることがなく（切れ目を入れれば、そこが突破口となり境界になるのであろうが、その切れ目を入れることなしに）裏返せる。

　裏返すという行為はこれまで裏と認知されてきた面を表に変えることだ。これまで陽（ひ）の目を浴びない裏面であった面が、今度は表面になる。メタファーすると、社長というポジションは一つしかないが、その座（ざ）に座（すわ）る人は交代する。このように球面において表面と裏面とは相互に入れ替わり、それは社長になる人がAさんとBさんがいて交代制で入れ替わり、今のところの裏面とさっきま

での裏面というふうに、入れ替わる人たち（今のところの社長と先代の社長）に対して役職としての社長とは区別されるものである。

　それぞれの定数のような代入する側（入っていく立場の固有値）と、それとは区別されるべき変数のような代入される側（受け入れる立場のポジション）の違いがあるのではないか。

　【状態3】球面という会社の社長はAさん、Bさん、Cさん…と三人以上がそのポジションにつくのではなく、AさんとBさんの二人だけの交代制であると【状態2】で仮定した。よってA→B→A→B→A→B…（有限の交代回数。括弧書きで補足するのは筆者が極端ニストであるから）またはB→A→B→A→B→A…（こちらの系列も有限の交代回数）と変わる。そして【状態3】においてはまた【状態1】に戻る。状態1ではAさんが社長であり、状態2でBさんが社長になり、状態3でまたAさんが社長に戻ってくる。ルビンのつぼのように反転していると感じるが、裏から見れば、表から裏を見てかつ裏の立場になり言ったつもりで表を見返すのだが、それは第1章「根源的な付け根」に出てくるブーメランだ。

　あなたから見て裏であるところを今度は基準にするけれども、あなたから見たところを基準と基準付けているのは、あなたの見方だ。やはりあなたが情報の発信源でありブーメランを放つ場所でありかつブーメランは経由するがあなたに戻ってくるのだ。あなたと言わず私か歴代の定数としての社長とその社長たちを代入する先の社長の椅子。

　歴代のチャンピオンとチャンピオンベルトを巻く選手。チャンピオンが敗れた昨日までいや今日のこの瞬間までチャンピオンだった選手がチャンピオンでなくなる。しかしチャンピオンは脈々とベルトを巻いているし、チャンピオンは破れようがない。勝っているその選手がチャンピオンなのだから。これらの例は逆理に陥ってしまうようだが、それは固有値としての個々のチャンピオンとチャンピオンベルトを巻いている選手と混同して使用しているからだ。

　どういうふうに表か裏かと言うのか？勝敗によってチャンピオンが入れ替わるように、表と裏もその時々の表裏な面とそれら固有値定数が代入される先の変数としてのメタファーの社長の椅子やチャンピオンベルトとは区別すべきだ。

境の幅（ゼロならプラトンの数学の世界、ゼロよりは大きいなら現実世界の）、言い換えると、その何かもともと一つのものを両者へと仕切って二分割してしまうパーティションにこだわると、ブフトンの数学の世界ではなくて、我われの現実世界の、それも認知レヴェルの以下のことも気にかかる。

クラインのつぼには表もあれば裏もあるにもかかわらず、表・裏の区別がないことをルート・トレース（経路の手繰り寄せ）で確認してみよう。高次元のクラインのつぼを 3 次元で無理に表現しようとすると、自己交差させるしかない。2 次元平面が滑らかに（角が立ったり折れ曲がったりせずに）丸まり、円柱状（ただし上下のフタはない）になる。そして下部がしなやかに象の鼻のように上を向く。そしてなんと！上部を突き刺し、その内部に侵入し、上昇し（円柱で言うところの上底面に）達し、そこにはフタはなく、その高さを越えては自らにフタをするように閉じる（閉じた [77] 2 次元曲面）。閉じたと言っても、2 次元曲面（管か膜のような）であり、内部 [78]（不透明だとすれば隠れている部分）は空間であって中身は詰まっていない。できあがると、取っ手の付いたつぼのような形になるが、本体と取っ手というように分離されていなくてひとつながり [79] だから、「管」と言ったほうがよさそうだ [80]。

クラインのつぼ関しては、Whitney の埋め込み（embedding）定理によって、滑らかな n 次元多様体は 2n 次元ユークリッド空間に埋め込める [81]。クラインのつぼはその作図過程の初めの段階では素直に見たまま 2 次元平面なので滑らかな 2 次元多様体であるから、4 次元ユークリッド空間に自己交差なしに埋め込める [82]。そのクラインのつぼを 3 次元で表現しようとすると、自己交差を許してはめ込む（immerse）ことによって初めて実現する [83]。

筆者はいろいろな分野の音痴で、数学音痴でもある。しかし数学は下手なのに好きで、苦手科目なのに関心が強い。だから他の音痴な分野は人様にお任せして筆者は引っ込んでいるが、数学には出しゃばるのだ。異端の数学論を展開して、数学の復習ではなく、復讐に転じたのかもしれない。巨大な正義に立ち向かうとは、何たる無謀。

一旦この袋から出して手を滑らせて紙を落としてしまったら筆者には終わりなのである。微妙な色の差では区別がつかないし、手触りでもわからないし、指に挟んで強く擦り合わせて音を出してもわからない。何が分からないのかと

言うと、どちらが表でどちらが裏かという表裏判定問題だ。

　写真12の「こちらが印字面です」と書かれた下の注意事項を読むと「裏面に印刷した場合、きれいに仕上がらないことがあります」と書かれている。印刷の質はこの際は置いておいて、印字面でない側が裏面と呼ばれていることが分かる（制作者は暗黙に二値論理を仮定しているようだ）。そうだから、つまり印字面が表なので、この紙の場合、表面は印刷面で裏はそうではないというふうに機能分担がなされている。

　しかし数学でいう表面は表という性質だけで、表面の方が華やかで賑やかなわけでもなければ、明るいわけでもなければ鮮明な色が塗られているわけでもなければ、良い香りがするわけでもない。

　つまり、表は裏との対比する関係の一項であって、表という特徴しか持たない。表面というのは裏面との対立関係の上に成り立つだけであり、それ以外の性質、例えば暖かいとか公式であるとかなどのプロパティ（属性）を持たないのだ。

　表は裏と対比する関係の一項であって、表だからこんな性質を必ず帯びているということはない。無理に言えば、裏と対比するのだが、これは表の帯びている性質ではない。関係だ。表は表という属性しか持たない。これは同一性の主張であり、表は何ら属性を持たない。〈今のところ〉表も〈今のところ〉裏も、これと言った特徴がなく、〈今のところ〉という移ろいやすい特徴しかない。表は〈先ほどまでは〉裏であったし、〈今のところ〉裏は〈先ほどまでは〉表であったのだから、一つの面が反転しているだけではないか。一方を「表」と呼べば、もう一方は「裏」と呼ぶことになるという呼び名の区別があるだけで。

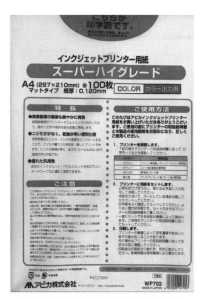

写真12　表裏判定不可能な対象

（4）数学的メスの切れ味は連続する実数を切断する

　筆者の数学史を概観する。若く多感にして鈍感な時代に数学を習い始めるが、学校の先生の授業を聞き、教科書・参考書を読んだり問題集に取り組んだりしていた。それらの中でも、『難問題の系統とその解き方』（ニュートンプレス）、月刊・臨時増刊の『大学への数学』（東京出版）、『なべつぐのあすなろ数学』（渡辺次男著 旺文社）、『数学入試問題集』・『教科書傍用 4 STEP 数学III』（数研出版）は思い出深い。

　文部省（現 文部科学省）など大人たちの権威により「これが数学である」と信じていたのだろう。公式や定理と呼ばれる真理がある。それはどうして真理なのか？　定理には証明が付いていたが、公式には稀（まれ）なことであった。数学はまだマシなほうで、理科だと説明が略されていて「〜であることが知られている」という周知連絡だけのこともあった。

　その証明によって保証されているが、さらにその保証を疑わなかった。それは暗黙に、やはり権威に対する信頼であったであろう。

　ませてきて、微分・積分を習うと「なんでこんな解法を思いつくのか？！」「私は思いつけないから、解くためには覚えるしかないのか？」と数学の受験勉強に嫌気が差してくる。せめてその時に、公理化・形式化して論理と集合から数学を基礎づける運動までは教えてくれなくても、せめて直観的な無限小の概念でよいから、任意（だから、とてつもなく大きくてもよい。いやむしろ大きいことが期待されている）正の整数nに対して、$0 < \alpha < 1/n$ を満たす（ほど小さい）α を無限小と言う、と教えて欲しかった。

　そうしてくれれば、テクニカルな微積分の問題などに関わり合わずに、無限大の彼方だけでなく無限小の概念に関心を持ち、自ら内発的に数学の基礎の危うさを感じ取れたであろう。そして ゼノンのパラドックスにも関心があったのだから、無限小の問題に数学的アプローチするだけでなく、物理学的にはこれ以上は分割不可能という考えがもっと早く浮かんだように思う（などと都合よく記憶を上書き修正しているようだ）。

　大人になって実務（電気通信網の効率的な運用・保守とそのための柔軟な経路選択の研究）に就いて、もうこんな基礎的なことから解放されたはずが、気になって仕方ない。どうしてあんないい所を去ってしまったのだろう。大学を

出なければよかった。出ないでずっと大学の中にいればよかった。悪夢だ。夢なんだろう？　醒めてほしい。と起きたまま悪夢を見てきた。過剰な幸せに包まれつつもそれを拒み、その拒否の望みが叶うと今度は、無い物強請りをするのだ。

　「数学とは？」「証明とは何なのか？」と。数の性質を明らかにしようという数学の中の立場ではなく今度はその「数学」「証明」という言葉や概念に言及するようになったのだ。

　そして数学基礎論や数理論理学の入門書から学べばそこに答えは書いてあるが、多くある中から、筆者は読者に前原昭二［1977］『数学基礎論入門』を勧める。その理由は前原が前原［1977］を著した理由と一致している。すなわち、ゲーデルの原論文Gödel〔1931〕のタイトル"Über formal unentscheidbare Sätze der *Principia Mathematica* und verwandter Systeme, I"[84] にあるように形式的体系として *Principia Mathematica*（PM）を選び、PMがType Theory（型の理論）を採用しているので、型の理論を避ける風潮に反して、ゲーデルの精緻な証明を丁寧に追っているからだ[85]。

　この本から「証明」とは、こうだ。ということ習う。すでに定義をした語を使って次々と新たな語を順次定義していく明快さを筆者は1992年読書当時、堪能させていただいた。一部引用と要約を交えて紹介していこう。

　　　最も基本的な対象として自然数 0, 1, 2, …[86] を考え．各自然数を **1階**[87] **の対象**（object of type 1）とよぶ（**太字**は前原による）．

　　　次に形式的体系で用いる記号を列記する：内訳（構成要因）の列挙に筆者が丸囲み数字を付与して、① **対象記号**：[88]**0**（[89]）　② **関数記号**：′[90]　③ **関係記号**：∈　④ **論理記号**[91]：¬，→，∀　⑤ **括弧**：(,)[92]　⑥ **変数**[93]　を挙げる。
そして⑦ **対象式**（**1階の対象式**[94]と **2階以上のn階の対象式**[95]）　⑧ **論理式**の順に定義し、その論理式たちの中からいくつかの論理式を取り出して　⑨ **公理** として指定する。これらの定義から始まり…以上で‘論理式が証明できる’ということの意味が確定し，これによって1つの形式的体系が完全に与えられたことになる．

というふうに形式的体系の構築のゴールである「証明可能性」の定義が、ゲーデルの原論文において概念の積み上げによって明確に厳密に行われるのである。

　注を付けて一部引用や解説を行ったところもあるが、ここで、論理式と公理は特に重要なので本文中に少し簡略化して引用的に紹介する。論理式の定義の仕方はこうだ。

1) 　sがn階の対象式でtがn + 1階の対象式であれば、s ∈ t は論理式であるとする．

　　これは**基本論理式**（prime formula, atomic formula）と呼ばれるが、それを構成するにあたって⑦「n階の対象式」も③関係記号「∈」もすでに導入されていることは筆者でも分かる。

2) 　Aが論理式ならば¬（A）は論理式である。すでに導入されている④論理記号：¬と⑤括弧を使用していて疑問を挟む余地はないだろう。

3) 　AとBが論理式ならば（A）→（B）は論理式である。④論理記号：→を使っているので、記号の意味を知らないままでも、論理式どうしが、既知（意味を知って納得済み）ではなくとも、既に導入された記号で連結されても、それもまた論理式というのだから、文句はないだろう。

4) 　Aが論理式でxが変数ならば∀xAは論理式である．

　　xがn階の変数であるときには，論理式∀xAは'n階の任意の対象xに対して成り立つ'という命題を意味する。

　以上の1）〜4）に異論がなくても、いつかは自分だって一本釣りで論理式の仲間に入れてもらえると思っていた記号（列）は、がっかりだ。自分を除いた彼らはすでに選抜されている。それも精鋭中の精鋭だ。特殊任務班を編成するのだから、すでに指名された彼が何の専門家なのかは知らないが、例えば、狙撃、銃火器、爆弾、毒薬、丸腰で潜入しても現地調達で何でも武器に変える名人かは知らないが、伏せられた何らかの選抜基準があって、自分に適合した任務を全うすべき待っていたとしよう。下の5）を読む前までは、最後こそ、一番の大物指名で自分の名前が呼ばれるかと思っていたら、

　5）上の1）に述べたような基本論理式をもとにして、2）〜4）に挙げた操作を任意の順序で繰り返し適用して得られるものはすべて論理式であり〔筆者割り込み：学会員の推薦がなければ入会できない制度では、推薦してもらえるだけの間柄にまでなれば、推薦を経て学会の外から内へと入れるが、論理式の仲間は閉じてはいるのだ。でも仲間内でどんどん論理式を増殖させることがで

きるのだ〕、あと一つだけ未発表な論理式があるらしい。それに一縷の望みを
託そう。その続きは以下の通りだ。

　　　われわれの体系では，そのような論理式だけを考えるものとする。

　終了宣言の一文が未発表だっただけでけで、自分が加盟できなかったことが
分かっただけでなく、完全に排除されたことをも知らされた。結果的に選ばれ
なかったわけだ。一般的に必要かつ十分な条件を満たす場合には、広く網を投
げてふるいにかけて選抜して、一次試験を勝ち抜いたら、二次試験。それを勝
ち抜いたら面接があって一次、二次の面接となって役員による最終面接があっ
て、というふうに絞っていき、最終合格者が入社条件を満たすということにな
る。
　しかし自分はマラソンの招待選手であったり、野球のシード校であったり、
学会で言えば基調講演に呼ばれたり、招待論文として査読なしに掲載されるも
のと思っていたところ、自分は選ばれなかったのだ。締め出されてしまったの
だ。
　内包的な（内包の公理は前掲書（前原［1977］）に紹介があったが、筆者は
本書に論理式だけ引用した）誰が合格して誰が採用されるのかという基準は公
言されていないのではないか。一つひとつの論理式が一本釣りされ、そして以
上であるとシャット・アウトして定義の完結を宣言される。これでは、論理式
の全体と個々の論理式が包含関係にあることはわかるが、どんな条件を満たす
とか、どのような性質を持つものが選ばれたのかがわからない。
　前原昭二［1977］とは違って以下のような意地悪な定義を読者に筆者が与
えたら、どうだろうか。
　「ひる」を以下のように定義する。
　①プロアは、ひるである。
　②ろうがは、ひるである。
　③ドイレは、ひるである。
　④びしょうくちは、ひるである。
　⑤以上の①から④を組み合わせて設計、建築、居住してもよいが、その構成

要素は以上に限定する。

「証明可能性」も、こんなふうに定義・宣言されているように感じられてならない。これは証明でありかつこれを越えて証明はないと規定されるから、証明の必要かつ十分な条件を与えられる。規約により真理なのだ。

では、そこで言われる特権を持つ公理とは何なのか？公理は証明を逃れている。「なんの仮定もなしに公理は証明できる[96]」「ここを出発点として数学の証明を始めましょう」という要請か提唱があり、それに応じて賛同する人は、一緒に証明の流れの波に乗ることになるし、賛同しないのであればそこは決別することになる。唯一の公理系に標準化されたわけではなく、いくつかあるので紹介する。

ホワイトヘッド＆ラッセルの公理系PM（Principia Mathematica　プリンキピア　マテマティカ）、ヒルベルト＆アッケルマンの公理系HA（Hilbert & Ackermann）、ツェルメロ＝フレンケルの集合論（ZFC）[97]、ベルナイス（が構築し）＆ゲーデル（が使用した）[98] の公理系、ゲンツェツの公理系などが知られている。

それぞれの体系で公理の数は異なるが、言えることは、公理と推論規則の数はトレード・オフということだ。公理の数が多いと推論規則は少なくて済み、推論規則が多いと公理は少なくて済む。証明力が同じであれば公理の数も推論規則の数も少ない方が、シンプルでコンパクトで賢くかっこいい。

しかし公理の数を減らすと推論規則の数が増えてしまい、推論規則の数を抑えると公理の数が多くなってしまう。例えば、上記のホワイトヘッド＆ラッセルの公理系PMでは、公理系の数は5個（後に独立なのは4個と証明される）[99] で推論規則が2個。ヒルベルト＆アッケルマンの公理系HAでは、公理系の数は8パターン（論理式AとBの対称な入れ替えを区別して数えれば10個）で推論規則が1個[100]、といった具合だ。

公理系に関して「先生の公理系は10個の公理からなるけれど、私流の4個に意気投合しませんか？」というはたらきかけはない。形式主義者ヒルベルトと直観主義者ブラウアのような、主義をまたがっての排中律を巡る争いの類いは起きない。

統一理論へとは向かわず、それぞれの公理系が独立国家として共存する。証明力は同じなのだろう（ブラウアーの直観主義論理では排中律を認めない立場

ゆえに証明できる範囲は制約を受けるが)。

　論理学（的な賢）者は、どうしてそのような戦術をとったかを商売ネタにしない。彼らは、まかない料理が上手らしい。それを食べることができるのは、同じ店の仲間（従業員）だけなので、筆者は食べたことがない（店の常連になればメニューにない裏メニューから注文できるが、それはやはり客に出す料理だ）。これだけうまいまかない料理が作れるということは、お客様に出す料理もさぞかしおいしいのだろう。

　論理学的研究成果を出力するための手段として、まかない料理をうまく作ろうと努力するのではないだろう。寿司職人は卵焼きを上手に作れるようになると、一人前だそうだが、この場合うまい寿司を握れるようになりたいという修行の目的があって、手段と目的の関係になっているのだろう（もしかしたら、相関関係はあるが、因果関係はないのかもしれないし、もっともしかしたら、ひょっとして卵焼きを上手に作ること自体が、それ自体が目的であり、何かのためにとか何かと比べてではなく、価値を有するという価値観であれば、絶対的価値観として筆者は高く評価したい）。

　立派な論理学的業績を出すためには、自然とまかない食もうまく作るようになるのだろう。それでこそ筆者が憧れる論理学（的な賢）者だ。そのような**非売品の哲学**を内面に秘めていることは察しがつくのだが、それを論文化などして発表はしない。

　哲学者ではなく数学基礎論者が、秘めたる〈数学の哲学〉を持っているからこそ数学を発展させるのであろう。それは数学を基礎づけるから地下に埋まっている。哲学者の論文や著作のテーマたる数学の哲学とは異なるのだろう。

　さて数学を正当化するうえで無限背進してしまうことを回避するために、数学の形式的な体系を構築するような優れた数学者 兼 論理学者がとった戦術はどんなものだったのか。そのために、無定義術語と公理との違いについて述べておこう。無定義術語はそれ以上遡ってしまうと、無限退行か循環論法に陥ってしまうので、どうしようもなくそこを源流とするものである。一方、公理は証明をするときに証明する側が、今度は証明される側として言及される時にどこかに源流を定めればならないもので、用語レヴェルと証明レヴェルの差がある。

(5) 定義式内の使用・言及の共存と崩壊

　筆者は勤務する大学のトイレを使わせてもらっているし、エレヴェーターもそうだ。つまりそれらの使用者（ユーザ）の立場でもある。しかしトイレは毎日掃除してもらい、エレヴェーターも定期点検を受けている。

　ここに使用と言及（メンテナンスと喩えよう）の対立がある。手が荒れる作業をする（手の使用）が、手荒れ予防・回復のためにクリームを塗る（手のメンテナンス）。包丁で食材を切るが、たまには砥ぎ石で包丁を砥ぐ（ことは筆者は小学校以来しなくなったが）。

　24 時間 365 日無料で使用できる道具も、たまには新しいことばが使えるように自分の言語体系に取り入れたり、気取ったりでなく洗練された大人のことばを使えるようにことばをブラッシュアップしたほうがよいだろう。例えば、「「正反対」を最近の若者は「真逆」と言う」は、対象化された言語（対象言語）である「正反対」をメタ言語レヴェルから解説している。

　以上、あることばを使用しながら言及することはだいたいの場合は両立しない。トイレで用を足しているのにその最中に強制退室させて掃除はしないだろう。

　さて物を食べながら人に向かって話すことは相手に失礼なのでしないことにしているが物を食べながら歯磨きをすることはできるだろうか。ちょっとしたくないことに思われるだろうが、こうすればよい。歯磨きガムを噛めばよいのだ。ガムを噛むために歯を使用しつつも、ガムによって歯をメンテナンスするのだ。歯磨きをする時間がなくて、その代用のためだけに仕方なくこのガムを噛むのではなくて、ちゃんと味がついていて味わう目的もある。歯磨きをした後で口寂しくなった時にも役立つ[101]。つまりメンテナンス専用のものではない。

　指す側と指される側の対立関係は共存関係で、指してくれないと指されることはできないし、指されてくれないと指すことはできない。時代劇の切り役と切られ役のようにお互いに相手を頼りにしている。どんな記述文でも、指すと指されるとの相互依存がある。

　定義文中には定義項と被定義項との間に、どちらにも味方しない中立の立場の審判（Referee）がいる。それが二つの項の架け橋となり、logical connection（論理的結合子）となっている。

　使用と言及とは、定義式内での緩衝地帯である中立記号を橋渡しとして共存する。その事実は定義式では明確に示されている。使用・言及が対立しつつ混在しているが、それは言えない。使用していると言及したら、使用から言及に状態が強制的に遷移するから[102]。

　左の被定義項を右の定義項が指す、この混在。さて数学的にはどうだろうか。

　部分集合と補集合との関係・デデキントの切断の切れ味、つまり共有地はなく、お互いに一方にだけ属するのか、それとも内部・外部を仕切る境界（緩衝地帯）となるのか？

　以下に中立記号を挙げる。

　等号「＝」も縦棒「｜[103]」も中立の立場のレフリーだ。等号もお馴染みだが、「｜」は中学時代以来かもしれないので、用法を例示する。

　　例1：｜n｜nは自然数｜、｜x｜0＜x＜1、xは実数｜　と集まるものたちに共通する性質を述べる定義の仕方を集合の「内包的定義」と言う。

　　例2：｜1, 2, 3, 4, 5, 6, 7, 8, 9, 10｜　式に構成要素を列挙する定義の仕方を集合の「外延的定義」と言う。

　数学での用法に続き、物理学での用法を見ていく。定義し左辺の下限値を定めている（ハイゼンベルクの式に対して多項式を追加して補正することで精度を高めた多項式にしても）つもりであるが[104]、右辺が無理数である以上、計算は収束しない。不等式の右辺が無理数の円周率[105]を含んでいるからだ。その無理数πをちょうど4倍した4πも無理数だということはわかっているが、だからといってその値は今なお計算中だ。現実は理想に追いつけるのか。

　物理学とは関連づけずに、純粋数学において、円周率を求める式（ニュートンの近似式など）があり、直径も円周もすでに（少なくともプラトンの数学の世界には）存在しているから。一つの円を選べば、その直径の長さも円周の長さも確定している。伸びも縮みもしない対象として（プラトンの数学の世界には）存在する。測る前からも一つの固定な長さを持っているはずだ。その固定した円周の長さを掛け算で計算しようとすると、計算機は止まらない。計算（機）が停止しないのは怠けているのでは全くなく（ごめん、テューリング）、

実際にそこに存在しているのでその長さは実測できるであろうが、計算しよう
とすると計算が収まらないということはどういうことなのだ。

　実測値を得ることができるように思う。しかし計算が止まらない（求めつつ
もそれが完了しない）ということは止まらないのが正解で、停止したなら間
違った値を得ているのだろう。ある計算を途中で止めたり、強制終了したり、
ニュートンの近似式を有限個の多項式で求めてしまえば、それは近似でしかな
くなってしまう。だから答えは永遠に出ないというのが正確な答えなのだが、
二つの方法（一つは実測、もう一つは理論値）で、二つのアプローチする方法
によって違う答えが出てしまったら、どちらが正しいのか？実測は確定値を出
力し、理論はいつまで待っても計算中。以下の例からは、やはり計算機の方に
軍配が上がりそうだが、そうとも断定しかねる。

　測ったけど三角形の内角の和が180度より大きかったり小さかったりした
ら、やはり測定の方が誤差のせいでおかしいのだろうから。

　そうだとしたら現にある直径を与えて対応する円周が固定な長さを持ってい
ても、逆算して（円周）＝（直径）×（円周率）を求めようとしても、その円
周の長さを確定した値として人間が見届けることが不可能な無限の彼方にしか
ないということなのか。

　（円周率）＝（円周）÷（直径）と割り算を用いて公式として等式で表現するが、
割り切ることはスーパーコンピューターでも無限大の時間をかけても計算が完
了しない（テューリング・マシーンが永遠に停止しない）のであって、もしも
切りがついたとしたら、それは近似解（近いが丁度の値ではない）でしかない。

　無限の彼方において、そこに筆者は到達できないけれども、もしそこに収束
するなら、最大値としては含まないが上限としてその値を計算中のテューリン
グ・マシーンがそれに向かって今日もそしてさらに今も精度を少し増している
頃だ。そのような前進しつつある未確定な部分をを不等式（ハイゼンベルクが
提唱した不確定性原理の式）に含んでいても、現実が到達できるのだろうかが
疑問なのだ。

　定義には使用と言及が共存しているが、被定義項である左辺は形而下学に属
し、定義項の右辺は形而上学に属している。

　ある語が、いや特定の語ではなくどんな語であっても、その一語が使用され

つつ言及されることはない（**語の反転仮説：一語の使用と言及との同時成立不可能性**）。

　しかし、記述文（「かくかくは、しかじかである」式の文。命令文や感嘆文などではない）においては、使用と言及とが混在している。自然言語ではどこが言及されていて、どこが使用されているかは区切りがつきにくいが

　定義文（特に等号「＝」を用いた数式）においては、「＝」は使用中でもなく言及中でもなく、中立的に両者の架け橋となるので、使用と言及が共存していることがわかりやく見てとれる（**文内の共存仮説：一文内の使用中の語と言及中の別の語との共存**）。

　しかし残念なことに、文内の共存仮説を言語により表現することの不可能性は不可能なのだ（使用・言及の共存の表現不可能性）。

　「定義」の定義を試みると、文内の使用と言及との分担・協調・相互依存・共存の関係が崩れてしまい、言及中へと強制的に状態遷移する。

　使用と言及の両立の例文を提示する。

これら全体（制作者・制作過程・制作された絵）も対象化されると、それも作品になる。

対象化された絵も作品だが

写真 13　ポロックの制作過程とその絵
出典：http://scraphacker.com/diy-pollock/

　筆者は句点「。」を使用する。

　使用と言及の両立は、人目にさらされることなく、その機能を実践していたが、無断で撮影カメラが入ってきて暴露されるかのように言及されているので、生け捕りされずに使用するは「使用されていた」と過去形となってしまう。

　その例を挙げよう。定義式以外にも使用と言及とが視覚言語によって共存する例を抽象表現主義の画家ジャクソン・ポロックを挙げて説明しよう（ジャクソン・ポロックのドロッピング（dropping）という絵具を飛び散らかすアクションペインティングの技法に関しては注 159 を参照せよ）。

　ポロックのドリッピングされた絵は作品として出力されて我われは鑑賞できる。それは絵として対象化されて我われはそれに言及する。

　そしてその絵は時には使用中でなく言及されている。その絵を、彼の体までも道具として制作しているプロセスというものがある。彼は全身を使用している最中だ。彼の体は絵の具か絵筆のように道具として使用されている最中である。

　しかしその作成過程までも含めて作品とも考えられ、その制作過程も事件もして報じられ、対象化されてしまうと、その一つの事件が一つの作品となる。使用中から言及中へと強制的に状態遷移する。

　画家エッシャーによる『描く手』（写真 14）は両手が相互に描いていることで右手は使用中で左手に言及しているし、かつ左手は使用中で右手に言及している。よって、両手の描きは完結していているようで、実は描かれていないが両手を描いている使用中の画家の手の存在を暗示している。

　エッシャーの『描く手』にも使用と言及とが、共存している。ところが、上記のポロックの事件とも言われる制作も言及されると作品と化してしまうのであった。同様にエッシャーの『描く手』においても、お互いを描く両手どうしをさらに描く第三の手（画家のメタ描く手）が描かれてしまうと、ポロックの制作過程が作品化されたのと同様に言及されてしまい、右手も左手も描いている使用中の手ではなくなり、描かれているという受け身に状態が遷移してしまう。

　つまり使用中のモノは描かれてはならないのだ。対象化され言及されては使用中ではなくなる。使用中であることは暗示されるのみなのである。

　音楽の分野ではどうか？　歌を使用することと歌に言及することの区別を付けてみよう。筆者が高校時代であったか聞いた泰葉の歌「フライディ・チャイナタウン」をMs. OOjaがcover

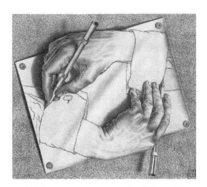

写真 14　エッシャーの『描く手』
出典：http://ec2.images-amazon.com/
images/I/41HXGa1YwvL._SL500_AA300
_.jpg

している（ピアニストは、よみぃ）。歌っている時のMs. OOjaは近寄り難くかっこいい（歌を使用中）。かつ、踊りという身体言語も伴い、物語（記述された自然言語）への挿絵の効果がある。その歌を使用中の状態から、天に向かって拳を突き上げるガッツポーズの時には、歌を使用する状態vs. 歌に言及する状態との中立の瞬間であっただろう。

　そして音も出ない程度に軽く拍手をしている時、ピアニストにお礼を述べ感謝の意を表していると共に、自分の歌に対しても「よくやった。いい出来であった」と自分を褒めていると筆者は感じた。もしこの解釈が本当ならば、ガッツポーズの直前までは歌を使用していたのだがその次の瞬間彼女は歌に言及しているのだ[106]。

　メタファーをメタファーと指摘したり、ドキュメンタリーをドキュメンタリーと指摘したりするのと同様である。

　懐かしい二元一次方程式を解いてみよう。名前は厳めしいが、「二元」の由来はxとyの二つの変数が固有のどんな値なのかを求めるのからで、二つの独立な方程式を連立させて協調してもらわないと解くことができない。だから方程式が二つ出てくることになる。ここが登場してもらった目的だ（「一次」の由来は、xとyのそれぞれの変数の右肩の勲章の数が1個だからで、省略なしに書くと「x^1」「y^1」だからで、今は重要ではない）。

　解いていく中で何度も登場してもらう二つの方程式を毎回書き写す[107]のは面倒だし、名付けてフルネームで呼ぶのは冗長なので、簡略化して指し示す方法を採る[108]。

　指示語を使って「この方程式」とか「あの方程式」という呼び方では、言った本人はきちんと指示したつもりでも、曖昧性が残る。そこで以下のように、丸囲み数字を使用する。大事なのは、そう、使用中なことだ。ただし筆者が「そう、使用中だ」と言及するまで。問題提起の明確化はここからだ。

　他の二つの方程式は全く同じものは見たことがないとしても、中学校時代に見たことがあるような（悪い思い出だとしても）懐かしいのではないだろうか（筆者も解かされるばかりで、今回初めて作ってみたが、プロセスである解法と結果である解は注[109]に書いておいた）。

　　　x ＋ y ＝ 3　　　　…①

$$2x + y = 5 \qquad \cdots ②$$

　問題としたいのは、通番を付与された方程式という表現は使用中であるか、それとも言及されているのではないか？！ということなのだ。しかし、我われはあまりにもこのような記法に見慣れ過ぎていて、あなたは筆者の問題意識がピンとこないだろう。そこで自然言語で書かれたものを見てもらうこととする。

　　　私は中村直行です。　　　　　　　　　　…①′ [110]

　　　私の名前は「中村直行」です。　　　[111]…②′

　①′では「中村直行」は使用中で [112]、その証（あかし）に〈使用 対 言及〉の区別をつけるべく言及されているなら、業界の作法に従って当然、左右にセットで施すべき引用符：[113]「　」がないからだ。それに対して②′では左右にセットで引用符を施されているから、言及中である [114]。

　確かに事実はそう [115] だ。だが、それは見て取ることであって、言えないことなのだ。拙著博士論文より引用する。

　　　ウィトゲンシュタインは、"sagen"（「語る」）と"zeigen"（「示す」）の区別を強調したが、黒崎は、その"zeigen"を4通りに分類している。「ウィトゲンシュタインが自覚的に書き連ねた無意味な命題の集団である『論考』全体が示すところの『示す』は『示す₁』であり、『示す₁』は、『解明』であり、『照明』（"erläutern"）である。『論考』は眼から鱗を落としてくれる著作である」と評している。

続いて黒崎の読解（どっかい）を引用しよう。

　　　我々が現に立っている見地 ——— 言語の論理を理解していない見地 ——— から、世界が正しく見える見地 ——— 言語の論理を理解している見地 ——— へは、そもそも論理的に進むことが不可能であるから、（…）可能なことはただ一つ、（…）論理的にではなく、したがってまた理論的にでもなく、いわば実践的に、言語の正しい論理に気付かせ、世界が正しく見える見地にまで導いてくること、である。それは、いわば、眼から鱗を落とす作業をすること、なのである。
　　　[哲学は、理論ではなく、活動である、]（四・一一二）
　と言われるゆえんである。そして、だからこそ、『論考』の諸命題は無意味でもあ

り得たのである。もし哲学が、実践活動ではなく、理論であったとすれば、(…)『論考』自体が全く無意味な著作であることを意味しよう。ところが勿論、『論考』自体は決して無意味な著作ではない（黒崎［1980］pp.162-3、傍点は黒崎による）。

「McGinn の解明的解釈とは、[『論考』の無意味な命題は、世界や言語の本質に関する真理を伝えるのではなく、認識の変化をもたらす]という解釈であった。そして、McGinn の解釈は、黒崎の言う、眼から鱗が落ちることと同じ結論に至っているのである。両解明的解釈は、世界に対する見方が変わるという点で同じである」[116]。

第1章「根源的な付け根」では、しいたけはひっそりと生息していた想定であった。しかしひっそりだから、「ひっそり」ともしていなかったのだ（またもや禅問答か公案か）。

2022年1月27日午前7時6分、金沢学院大学のキャンパスにて。静か過ぎる。音量が小さ過ぎるのか、音量がゼロなのか、音量が0を通り越してマイナス方向に鳴っているのだろうか。雪が音を吸い取っているからなのだろうが。

脳は盲点を補正してくれて、無→有へと作り出してくれるように、無音もあり得ないのか、あってはならぬのか。音に対して色付けしてくれて「しーん」と聞こえた。

筆者の言葉の感覚（語感）では、そう聞こえた。痛い時でも結果的に痛くなくても、ぶつけた時に、声を出したり、声が出たりする。「いたっ」と息詰まる場合もあれば、「いたー」と長母音で表現する場合もある。また人によっては"ouch"、"ow"、"ugh"などと言ったりすることもある[117]。

無音な状態や現象を誰が「しーん」と言っているのか？ 私であり、あなたである。しーん、としているのだが、言語の使用者が「しーん」と形容しているのであって、自然はしーんとしていて、「しーん」と言われるまでもない。筆者がこの無音世界の一部であり、混然一体となってこの風景に溶け込んでいたら、「しーん」などと発することはないだろう。しかし筆者は、静寂に寂黙に感動し、ことばにして残したいし、あなたにことばにして伝えたい。

言えぬことを言おうと試みてしまうと、ミイラ取りがミイラになってしまう

のである。しかしだからこそ、ミイラ取りがミイラになる実験を本書で行い、検証をとることで、やはり、ミイラ取りはミイラになることを示すことは無駄でも無意味でもあるまい。潜入捜査させて戻って来ないということは、潜入先が怪しいことの証拠だ。

　　　　私は中村直行です。　　　　　…[118]①′

　①′は使用中ではない！　①′と呼ばれている文は使用中ではないのだ。「文」と呼ばれているくらいだから、言及されている。筆者が「『文』と呼ばれているから」と言及する遥か以前から言及され続けている。いつからか？　「…①′」と番号を付与されて、名指された時から。

　より露骨に明示するために自然言語の記述文と視覚言語とを融合させて、以下のように書き改めよう。

　　　　┌─────────────┐
　　　　│　私は中村直行です。　│　　　　☜①′
　　　　└─────────────┘

　ホフスタッターは『ゲーデル・エッシャー・バッハ』の中でframe effect（額縁効果）を述べている。自然言語の記述文で引用符を用いて使用 対 言及の区別をするように、視覚言語ではその効果を額縁で縁取ることで行っていると筆者は理解している。額縁効果を狙ってこう書き換えてみよう。

　持ち物シールとして貼っているのであれば、中村直行の所有を主張し使用中であるし、名札を付けているのであれば、付けている人が中村直行であることが分かり使用中である。しかし「額縁効果（横書き）」や「額縁効果（縦書き）」のように額縁を施されると、その額縁効果によって対象化されてしまう。すでに使用中ではなく、言及されていることが分かる。

額縁効果（横書き）

　以上のように筆者が率先してミイラになる実験により、①′と名指され対象化された文は使用中ではないことが分かっただろう。

　ここまで露骨に示すこともなかったのかもしれないが、使用中であることを言葉で言わんとするときに、それはできな

額縁効果（縦書き）

私は中村直行です
中村直行作

いはずなのに、タネや仕掛けが隠ぺいされていることがあるので、それを指摘しておきたい。隠ぺいされているが、本人も無自覚なのか、それとも意図的に仕掛けているのかは筆者には分からない。

　彼の目つきは氷だ。その通りだ。何事にも無関心なあんな冷たい目つきは今まで見たことがない。そうだ、語れ。物に、人に、状態に、出来事に、現象について。宇宙の始まりやその構成やその未来について語るに語るがよい。振り返るな。一旦口にしたことばについて語るな。語ると、どうなるか？　無駄を示す実験は無駄ではなかった。やってみよう。

　彼の目つきは氷だ[119]。

筆者：「『上記はメタファー（隠喩）だ』とメタファーの実例として紹介して『メタファー』の意味・用法を例示しようとしたら、メタファーではなく、直喩（ちょくゆ）になってしまう」。

まともな論者：「いや、それは逆だ。『氷「のよう」だ』と言うのが直喩だというように形式的に判定ができる類いの問題であって、その判定方法によって、上記はメタファーだ」。

筆者（核心を突かず一旦はぐらかしにかかる）：「彼は狂っている」はメタファーで「彼は狂っているようだ」は直喩なのではないか。

まともな論者：「程度問題であって、喩え方の話題から逸（そ）れてきたよ」。「彼は狂っている」は真か偽の値をとる。真なら本当に狂っている。その場合「彼は狂っているようだ」よりも深刻だという程度の差があるが、ことばの表現の問題ではないだろう」。

筆者：「君も知っているだろう。短い引用文は引用符で囲むが、頁をまたがるような引用はインデント（字下げ）を入れるよね。

　あの文（番号も※印も何も付与されていない文なので指示語で指したよ）は、もうインデントを入れてあるよね。しかも「上記」と他の言葉から指示されている。いや逆だ。指示されるためにインデントを予め入れて準備していて、指示されるのを待っていたのだ。

　したがって、インデント抜きなら「彼の目つきは氷だ。」と引用符を付けて書かれるべき慣（なら）わしだ。

　ここにおいて、その主張を見て取ることが肝要である。観察しても観察対象

を歪めないでそのままの生態を観察結果として受け取るには余計な講釈はあってはならない。メタファーという表現は使用中でなくてはメタファーとして機能しないのだ。

　しかし、無自覚に意図せずにミイラになってしまっている例を挙げよう（各英原文の下段または横のかっこ書きの和文は翻訳であり、〔　〕内では語を補っている。いずれの和訳も、その文責は筆者にある）。

　　Use and Mention（使用と言及）

　Many logical fallacies arise due to the confusion of use and mention, even though the topic is pretty simple. It's a good distinction to master. It shows up in programming, too, and by the way, plays a central role in Gödel's Incompleteness Theorem due to the fact that it allows the construction of a particular kind of self-referential statement.

　（話題がとても単純であっても〔その話題の中に出てくる語を〕使用しているのかそれとも言及しているのかを混乱してしまうと、論理上の誤りがたくさん起こる。それ〔使用と言及との区別〕は習得すべき重要なものです。それ〔区別をしないと混乱してしまうということ〕はプログラミングにも現れますが、ゲーデルの不完全性定理〔の証明中〕において、ある入念な類いの自己言及文の作成を許可するという事実によって、中心的な役割を果たします）。

　　CONTENTS（目次）

　What's the Difference? • Quining • Use-Mention in Programming
（違いは何だ？・クワイニング [120]・プログラミングにおける使用と言及〔との区別〕）

　What's the Difference?（違いは何だ？）

　Go through the following sentences, making sure you understand them. (Some sentences were borrowed from Smullyan's Satan, Cantor, and Infinity.)
（次の文章を読み、理解していることを確認してください。一部の文は〔論理学者〕スマリヤン著『悪魔、カントール [121]、無限』から借りたものです）。

● Ice is frozen water.（氷は凍った水です）。

● ~~Ice has three letters.~~ FAIL（氷は 3 文字で構成されています。不合格）
　※筆者「取消線は原文のまま」。

● "Ice" has three letters.（"Ice" は〔アルファベット〕3 文字〔「氷」は漢字一文字〕
　で構成されています）。

● This sentence has five words.（この文は 5 つの単語で構成されています）。
　筆者作の図「"This" の指示範囲その 1」を参照せよ。

● "This sentence" has two words.（「この文」は 2 つの単語で構成されています）。
　筆者作の図「"This" の指示範囲その 2」を参照せよ。

● Alice is reading Hofstadter's book.（アリスはホフスタッターの〔書いた分厚
　い〕本を読んでいます）。

● Alice is reading "Hofstadter's book".（アリスは「ホフスタッターの本」〔と
　いう 16 個のアルファベット（の他に space も含めたら 17 個）の文字列〕を
　読んでいます）。

● It takes longer to read Hofstadter's book than to read "Hofstadter's book".（「ホ
　フスタッターの本」を読むよりも、ホフスタッターの本を読む方が時間がか
　かります）。

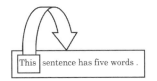
"This" の指示範囲 その 1 by 中村 直行

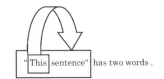
"This" の指示範囲 その 2 by 中村 直行

　以上の 8 文は、使用 vs. 言及の区別を例示してくれて、有益でこそあれ、害
はない。しかしそれに続くこれから引用する一文は蛇足といよりも、台無しに
する。「何が」か、と言うと、使用中の状態のモノ（「文」と言ってしまうと、
筆者も同じ失敗をすることになるので、「モノ」と言って誤魔化す）を、引用
符で意図的に囲んで言及中だと明記した文中の語（例えば "Hofstadter's book"
など）と同列に言及中の状態へと強制的に引きずり下ろしてしまうのだ。

The uses are unquoted** and **the mentions are quoted[122].

　（使用〔中の用法〕は引用符を施されてされていないが、言及〔中の用法〕

は引用符を施されてされている）

　この一文（と筆者が呼んでは、その使用中の力を奪ってしまうが、その前から点を打って箇条書きになっていた）による強制的な言及力によって、以下のように書かなければならない習わしだが、それまで徹底しているのは執拗な筆者くらいではなかろうか。

　　　"Alice is reading Hofstadter's book."
　　　（「アリスはホフスタッターの〔書いた分厚い〕本を読んでいます。」）

　　　"Alice is reading "Hofstadter's book".".
　　　（「アリスは「ホフスタッターの本」〔という 17 個のアルファベットの文字列〕を
　　　読んでいます。」）

　上記はまともな解説となっている。クワイン、ホフスタッターの言うこと（言葉で言い表すことができる程度のことしか主張していない点で賢くかつ怪しくもない）を正しく理解した標準的な解説だ。しかし使用 vs. 言及の関係を**生け捕り**にできているつもりなのではないだろうか？　それができないことを筆者は主張したい。そしてそれは怪しいと思う人には（そのような人は数学が好きだったり得意だったりするから、数学的な装置を発明して使用中の状態のままの言葉を生け捕りはできないことを理知的に強調する。

　数学基礎論者が試みるように「定義」の定義を試みることも上記も生け捕りの一種なので、そう試みることは、定義式内の使用と言及との間の（橋渡し・仲立ち役は**中立記号**「≡」などが担う）分担・相互依存・共存・協調の関係を崩してしまうことになるのだ。そう結論付けたくて、以下に説明を続ける。

　これは非常に微妙な議論のように思われるだろう。例えば、故意に「ドン」とど突かれるのとスリに懐を狙われるのとでは圧力も接触感も全く異なるだろう。キーボードの軽快な打ち心地　羽が触れても作動する引き金のフェザー・タッチやフェザー・タッチ・トリガーのライフル銃よりも過敏な議論のように感じる読者もおられよう。感じる人だけは感じ取れて、感じられない人には感じないような第六感に喩えられるだろう。ある人には存在してその存在を感じ取れるが、そうではない圧倒的に多くの人はそんな存在を感じられない。

　だって感覚器官は五つしかないのに、それを超えて六番目の感覚があるのは

おかしい（感ではなく勘だろう）と怪しまれるのも無理はない。検証不可能というわけでウィーン学団（Der Wiener Kreis）からは無意味だと切り捨てられてcleverな彼らには筆者が何を言いたいのか全然理解されずに相手にさえされないだろう。「職人気質は頑固で、何に対してそうこだわっているのか、さっぱり分からないなぁ。そんなのいいから、昔ながらの職人技の中から、イマドキのAIに任せられる大部分の機能だけ代行させれば、それでいいよ」と経営者からは、こだわりが理解されないようだ。

　上記を踏まえた上で、かつ筆者は神秘主義に逃げ込みたくはないし、煙に巻くことだけはしたくない。もちろん論理だけに従って事実だけを記述命題で表現すれば、cleverなのだと人からはそう思われるのだろうが、筆者には無内容sinnlosな海岸線で縁取られる陸地よりも大海原こそが絶対的な価値を有する語り得ぬものなのだ（その発想・着想の独創性はウィトゲンシュタインにあるが）。

　使用と言及との共存関係を見て取るに留めるべきところを、その共存中の状態に言及してしまうと、崩壊させてしまう。その理解の導入になるのが、第3章2.（2）4）「見慣れた風景に包まれながら風変わりな迷子になる」だ。そこから再掲する。「本物の5号館の写像度は0で（真実であるが、言語へと写像したので写像度は1になっている）、案内板に描かれた絵の中の5号館の写像度は1であった。そして撮影によって、それぞれの写像度は1ずつ増えて、本物の5号館の写像度は0→1に、絵の中の5号館の（合成）写像度は1→2になってしまった」。写像とは移動とは異なり、原本は依然と残してその像を作る行為だ（数学では同型写像を定義すれば、自分自身へと重なるように写像を定義できるが）。言葉による言及も原本へと言葉で語り、その言葉に写し取った像を作る。音列は空気振動しては減衰しやがて消え、録音すれば残るが、それはさらに写像度が＋1された次なる像を結ぶ。文字列も写像でそれなりに保存される。つまり言及は写像の一種だ。

　そこで、写像されると写像度が一個ずつ＋1されるところを今参照したとことなので、類推して同様に言及の場合も、言及と使用とが共存する構造を保持していても、使用中の言葉が言及されてしまうと、その使用中の言葉の言及度が0→1に上がることで共存する構造は崩壊することが分かるだろう。

　だから、筆者はあなたにどうして欲しいのかと言うと、使用と言及とのひっそりとした共存関係をそっと眺めるのはよいが、ただし、言及しないだけでなく、観察している視線すら気づかれないようにして欲しいのである。

　さて、森の中の妖精をそっと眺めてもよいけれど、話しかけてはいけないというような怪しげなことを言ってしまった。そこで、理知的に理解してもらうために、と予告したとおりにさりげない<ruby>ジャブを打っていたこと<rt>意図せぬ方向へ行かぬように牽制していた</rt></ruby>告白して明示的に導入をする。

　以下のように言及度を導入して数値化表現してみると、写像度の類推で理解しやすくなるだろう。定義式内において使用と言及とは共存して役割分担をしているのだが、その共存のバランスについて言及しようとすると、その直前までは使用中は言及度 0 であり、言及中はその言及度が 1 であった。しかし、それらのバランスつまり共存について言及してしまうと、使用中は言及度 1 へと登ってしまい、一方言及中はその言及度が 1 から 2 へと上がってしまう。両方とも言及度 1 以上であり、言及されているのであって、元使用中も言及中に変わってしまっているのだ！

　その変化とそれを表現する方法は次の言い方が分かりやすいだろう。速度 0m/s での運動は静止しているが。0m/s を超えるとほんのちょっとの速度であっても、やはりそれは動いているのだ。

　モデル（原本）と写像の関係：写像度 0 だけが原本であり、写像度 1 以上は写しであり本物ではなく、写像でしかない。

　使用と言及との関係：言及度 0 だけが使用中で、言及度 1 以上は言及されていて使用中ではない。合成されて言及に言及が<ruby>堆積<rt>たいせき</rt></ruby>されている場合もある。コピーをさらにコピーして質が劣化したことを連想してもらえればよい（ただし劣化しない場合もある。0.999…の n 乗は、だんだんますます 1 より小さくなるが、1.000 の n 乗は 1 を保つように）。

　使用と言及とが定義式の中で緩衝地帯の中立記号を橋渡しとして両立する共存関係に言及されると、言及度が＋ 1 されてしまい、使用中は消滅し、この共存関係は崩壊する。

　言葉は何事かについて語る。言及する（<ruby>mention<rt>メンション</rt></ruby>）するのだ。その対象が物や事柄である場合もあれば言葉であることもある。言及するとは何かを言葉の

世界に写し取ることである。言語化は写像化の一つである。

　第1章で既に写像度の概念を導入し、「写像度」を定義した。写像度の一種である言及度を導入し、定義すると定義式の中には使用と言及とが共存している。その斬り役と斬られ役のように互いの役割を協調している共存状態について言及することにより、定義を定義するつもりが、定義について言及することであり、定義中にひっそりと成立する使用と言及との共存する協調している関係について語ろうとするのだ。

　そのように語ろうとすることにより、使用中の語は言及度0で本物の使用中の状態にあったが、言及している側は言及度1の状態にあり、このように〈語る〉と〈語られる〉とは言及度0と言及度1との混在している状態なのである。その状態はそっと見て、見守らなければいけないのだ。

　ところが、数学基礎論者は「定義」の定義に挑戦を始めた。筆者は「定義」と括弧で括っているが、括られてしまったら、その前の状態での使用と言及との共存状態について語ろうと試みてはいるのだが、そうすると使用中の語は本当に働いている一心不乱な状態から言葉に移しとられて我に返ってしまい、写像度が0から1へと上がってしまう。

　つまり言葉によって写し取られて言葉の世界に像を結ぶ。言及中の言葉は言及度1から2へと上がる。よってここに言及度0と言及度1との共存状態は消滅し、使用と言及との関係は崩壊してしまう。言葉を使って語ろうとすれば、このように言葉の世界へと写像させることとなり、消滅してしまうものがあることに無自覚であってはならない。

　以上のことより、数学の天才に恵まれていても数学の天才であってもプラトンであってさえも、言及度0と言及度1との共存関係を言語で生け捕りにして表現することは、不可能である。その不可能性は言語の仕様に基づき、根本的には言語表現を含む表現一般の限界に由来する。

　写像度1以上のものは写像であり、写しでしかないと見て取ることは、成し遂げられるとは限らない。

　普通自動車運転免許を持っていれば原動機付自転車にも乗れるように、大は小を兼ねる式に成し遂げられるとは限らないのである。もちろんそれらの異質

な能力の両方の才能を併せ持つ（例えばウィトゲンシュタインのような）読者もいらっしゃるだろう。

写真 15　数える札と数えられる札

　無自覚で無邪気で天然のままでならなくてはならない。自己言及文を作成したり考案したり思いついたり、無言であっても心の中でさえも、声なき声にしてもいけない。

　「みんながそう言ってくれるくらいだから、私って謙虚なのかなぁ」と思ってしまったら、その直前までこの人は本当に謙虚であったのだが、そのことに気づいてしまったゆえに思考し、発言してしまったゆえに今では謙虚ではなくなってしまっている。

　自己言及文が成立するには、それを発見する認識者とその認識者による擬人的認識力も存在していなければならない。一番外側にある私を含めて束として全体で 10 万円ある。

　私は内側の札が 9 枚あることを暗示・保証しつつ、私自身もが札であるとあなた（私を数えてくれる者）に認識され、私という一枚も含めて全体で 10 枚あることをあなたが気づくことを期待して包んでいる。

　カウンター（数える役割）として働きつつ自身を含む全体に言及している（自己言及的包含関係を持つ部分と全体）。

　さらに禅の領域へと踏み込む。禅を使用することと「禅」へと言及することとが、身体言語と自然言語によって共存する実例（数冊の著作[123]や筆者が拝聴したパネル・ディスカッション[124]でも披露しておられる）を上田閑照からインデントを入れて引用する。

　　これは西谷啓治先生が「我が師西田幾多郎を語る」の中で書いておられることですが、ある時、西田先生のお宅で大拙先生が見えていてそこに西谷先生も同席しているという場面です。大拙先生が禅とは要するにこういうもん（まま）だと言って前のテーブルを、ガタガタと動かしたというのです。君もいたから知っているだろう、大拙の言ったことだけれどもでも禅とは要するにこういうもん（まま）だとでも自分でもガタガタとテーブルを動かしたというのです。（略）大拙がガタガタした時と西田がガタガタした時とケルケゴールのいう「同時性」的に一

つのガタガタことです。(略)

　ガタガタとして、あらゆる既成の枠組みのようなもの、それをいったんそこで打ち壊してしまう。すべての枠組みがガタガタと壊されて、限りない開けが開かれて、同時にそのガタガタが、限りない開けの中での新しい出発の原音のような、世界が壊される音であると同時に新しく世界が現れ出るその最初の音だというように思われます。そして、大拙がガタガタとした時、西田も西谷も思わずそのガタガタに巻き込まれているわけでしょう。西田も西谷も、ガタガタとした大拙自身も、我を忘れてただガタガタ。(略) このガタガタに、分かれない前の一つの現事実があります[125]。

　これは実話を交えての分かりやすい解説である。上記引用から更に要約的に抽出すると「既成の枠組みの打ち壊し」から「限りない開けの中での新しい出発の原音」とは、建設的な破壊であると筆者には思え、畏敬するウィトゲンシュタインがデリダを先駆けしていた以上であったことを思い出す。黒崎宏から引用する[126]。

　「反哲学者としてウィトゲンシュタインとデリダを比べてみると、私には、ウィトゲンシュタインの方が遥かに徹底しているように見える。彼は前期の主著『論考』の最後で、こう言っている。

　　　　　語りえぬものについては、沈黙しなくてはならない。(七)

　ここにおける沈黙とは、単に口をつぐんで「黙っている」という事ではない。それは、内心においても「黙っている」という事である。即ち、「考えない」という事である。したがって (七) は、「語りえぬものについては、考えるな。」と言っているのである。そして。彼においては、哲学は「語り得ぬもの」である。それゆえ (七) は、「哲学については考えるな。」とも言っている事になる。これでは「哲学の解体 (デコンストリュックシオン・脱構築)」どころではない。(略)

　後期の主著『探求』においては、こう言うのである。

　我々が破壊しているものは、単なる幻影なのである。我々は、幻影を破壊する事によって、幻影に占領されている言葉の地盤を、露にしているのである (一一八[127])」(以上、引用符とインデントによる二重構造の引用を終了。「内心においても「黙っている」」の傍点は筆者による)。

　ウィトゲンシュタインの「沈黙しなくてはならない」は、内心においてもの禁止であり、その禁句自体も語り得ぬものである。そして禁じられて治（おさ）まることではなく、世界へのものの見方が変わり、考えても無駄なことへ思考が向かなくなり、そこへ思考停止して初めて成し得ることではないだろうか。静寂の心境であろう。考えずに（考えないことは「考えないでおこう」という禁句で実践できるようなものではない）見てとるウィトゲンシュタインと形而上学的問いに答えなくなった釈迦とは共通している[128]。

　哲学とは一言で言うと考えることである、と筆者は思ってきた。しかしウィトゲンシュタインは「語り得ぬものについて、哲学について」考えてはいけないと言う[129]。

　筆者なりの使用と言及の区別の仕方で言い直すと、こうなる。「ウィトゲンシュタインは無を使用している」と。無について考えたり、「無」とは何かと考えたり、「無」に言及することはでない（無意味である）が、使用することはできる。無になること。無になっていたと我にかえる直前までの何も考えていなかった状態。

　ウィトゲンシュタインにとって、壊すというのは手段であって、その目的は新たなる創造なのだろう。

　「ガタガタ」から連想して思い出した脇道から話を本道へと戻そう。大拙、西田共にガタガタさせたが、それは「ガタガタ」という擬声（擬音）語を用いた音声言語による発話行為と身体言語を融合させて「『禅』とは、こういうものだ」と「禅」を定義づけている、と筆者は捉えた。「禅」は言及されていて、こういうものだ。は使用されている[130]。まさに言語を絶している。しかし言語は自分自身の限界自体を述べることができている（限界ゆえに語られない内容の方は、同語反復的に — だから説明にはならないが — 語られない）。

　しかし、そのことは言葉では表現できないのだ。なぜならば、一方は本物でもう一方は言葉に過ぎないと比べて違いを言葉で言おうとする時には、本物を言葉の世界に写し取った像（写像度1）と、その前からすでに言葉の世界に写し取られていたが、再度写像された写像（写像度2）とを比べるだけなのである。今となっては比べるために違いを言ったのにともに言葉の世界の要素となってしまっている。写像度0は本物だが、写像度1と写像度1では、五十

歩百歩なのだ。共に言葉の世界の住人に過ぎない。

　また、こうもメタファーできよう。一方は顔を突き合わせて見ている本物の顔で、もう一方は鏡に映った顔（鏡像）である。この二つを比較してその違いを言う事を今度は鏡にさせるとしよう。つまりいったん鏡に写った像と今初めて鏡に映った像とを比較するのである。

　具体的な実験方法はこうだ。手鏡を一つ用意して鏡台の前に立つ。そして立った鏡にあなたの顔が写っていることを確認したら、手鏡にもあなたの顔を写し、その写した像を手鏡を持つ角度を調整して鏡台にも写す。鏡台には、いま初めて写ったあなたの顔の像（写像度1）があり、かつ手鏡から反射してきたあなたの顔の像（写像度2）もある。

　そのような本物から遠ざかる度合い（写像度）の違いはあるけれども、もはや鏡像どうしである。鏡でなく写真の場合にメタファーすれば、写真写りがよいとか悪いという議論はもはや起こらないであろう（写像を繰り返すとかコピーを繰り返すことによる劣化はこの際は置いておいて、実際の3次元の生身の人間と2次元へと次元が落ちた写像との落差のみに着目しよう）。

　ことばの使用と言及の区別が本書を貫く背骨であるが、人として道徳において使用と言及の区別をつけると、こうなるだろう。すなわち、（人）生に対して、火中の栗を拾う人と自分には火の粉がかからないないようにと及び腰になって遠巻きに見ている人との違い。筆者は誰に対しても惜しみなく全面的に協力をするのだが、ただし自分が損もしないしかつ安全圏にいられる範囲において。

　「使用中」から連想されるのは、不言実行・真剣・一所懸命（一生懸命）・一心不乱・無我夢中・当事者意識といったような真剣な様であり、「言及中」の方は、有言不実行・美辞麗句・リップサービス・遠巻き・傍観・および腰・逃げ腰といったような不誠実で弱い面も多く連想され、旗色が悪そうだ。また、覚めている使用　対　冷めている言及。有能は実行し、無能は講釈するという対比もあろう。

　しかし言語行為は一つの立派な行為であることも付け加えておきたい（哲学における言語行為論）。

　ここで問題です：あなたなら、和尚様の言いつけを使用するか、言いつけに

言及するか？

　上記の好対照について筆者も語ってばかりだ。使用と言及の区別、以下の山寺の幼いお坊さんの無言の行を筆者は笑えない。アレンジ（脚色）したものが多くあって、元祖（鎌倉時代の『沙石集』（無住一円著）にある説話）から直接引用することはしないで、筆者がある哲学者から聞いて、血肉となって覚えていることを書くことにする。

　　　和尚様が四人の小坊主に対して「これから、わしがしゃべっても良いと言うまで喋ってはならんぞ」とおっしゃいました。小坊主Ａは「もうそろそろ喋ってもいいのではないか」と喋ってしまいました。それを聞いた小坊主Ｂが「あっ、喋っては、いけないんだよ」と指摘しました。その二人を見ていた小坊主Ｃ[131]が「君たちは喋ったけど、僕は喋らなかった」と言いました。そして小坊主Ｄが「僕だけは、最後まで喋らなかった」と言ってしまいました。

　小坊主Ｄはいい線までいったようで、自己完結的に勝手な最後を迎えてしまった。「僕だけは、最後まで喋らなかった」とさえ言わなければ「僕だけは、最後まで喋らなかった」は真なる発言（事実と一致している）だったのに、惜しい。しかし言葉を発してしまった途端に偽となる。言わなければ真、言ってしまえば偽[132]。和尚様の言いつけを使用する（守る）か、言及する（破る）かの違いである。

　その和尚様の目論見を筆者は以下のように思っている。

　一語の使用と言及との同時成立不可能性（一語の反転仮説）は、見て取ることであり、示されているのであって、そのことについては、言葉で語れない。そう言ってしまうと、使用中であっても強制的に言及中に状態遷移してしまうから。

　「見て取る」も、ことばにはなるまい。言及されている被定義項を説明（言及）している使用中の語を使用中としてのみ扱い、「使用中で被定義項を説明（言及）してくれてありがとう」とは思わない。自覚のない感謝をする認知能力が人間にあるだろうか？　感謝しては、されては、被定義項を説明（使用）中でなく、言及する状態に遷移するから。

　本書においては、数学という学問を使用（利用）することと言及することの

区別を問題とする。そうすると、数学にとって論理は証明を行うために道具として手段として利用されているのだろうか、という疑問が湧く。数学が論理から構築されなければならないという論理的な必然性（論理学側の都合）があるのだろうか？　論理学の方では数学を再構築しがっているのだろうか？　一方的な接近のように感じる。永遠の片想いなのではないのか。

　しかし偉大な数学者ヒルベルトは論理学者でもある。しかし現代数理論理学の創始者であり、数学科所属で数学を教えていたフレーゲはなぜかしら哲学者と呼ばれることが多い[133]。

　筆者のようなしつこいなぜなぜ小僧に「『集合』とは」とか「「論理」とは」と問われると、使用するはずの語「集合」へも語「論理」へも言及する立場へと反転してしまう。

(6) 誰でも聖徳太子

　聴覚における反転に関してのオンとオフの例として、カクテル・パーティ効果を『シリーズ脳科学 認識と行動の脳科学』を基に紹介する。

　　「カクテル・パーティ効果」とは、大勢の人たちが集まり、部屋のあちこちでそれぞれ別の話題について話している場合に、注意を向けている相手の発言だけが選択的に知覚される現象のことである（注意を向けてない人の発話は「あれこれ、あれこれ」などとしか聞こえていない）。カクテル・パーティ効果そのものは早期選択説（感覚入力処理の一連の過程のかなり初期の段階で選択がはたらき、注意を向けた入力だけが処理過程に入っていき、それ以外の入力はブロックされるという考え）で説明できる。

　　ところが注意を向けていない人たちの中の一人が気になる言葉（例えば自分の名前など）を言うと、途端に知覚され、注意がその人の発言に向くことがある。この現象は早期選択説では説明できない。この割り込みのような（筆者による挿入句）現象を説明するために、注意を向けていない感覚入力も意味処理の段階までは処理されていて一連の処理過程の中のかなり後期の段階でブロックされるという後期選択説が提案された。注意を向けていない対象に重要な情報を検出すると、そこに注意が向けられる。我々の脳は注意を向けて情報を選択しながらも選択の対象を切り替える準備をいつもしているのである[134]。

　つまり、取捨選択するには、いったんは全部を（一気にではなく順次だろう
が）拾い上げているわけだ。我われは聖徳太子のように同時に七人もの話をそ
の一話一話に傾注はできないが、捨てる判断ができる程度には雑多な話を聞い
ていることになる。

　半眼は見ているのではなく見えているように、カクテル・パーティー効果は
聞いているのではなく聞こえているのかもしれない。

　ものごとは多面的で、外向的な社会的な面と内向的なプライヴェートな面の
二つがあるとも言えるが、ここでの語用では一面、いや面を考える。その面に
外向きと内向きの方向性を与える。曲面が閉じているか否かを判定することが
できるように、曲面が閉じていることを定義づけた。その定義の中にはやはり
また別の語が使用されている[135]。それは当然のことであって「定義」という語
の定義が「未知の語を既知の語でわかった気にさせる」ことだからである[136]。

　つまり見知らぬものを見慣れることである。その道具としてことばを使うか
ら、もう少し詳しく言うと、見慣れた物や者や事をことばにして、その言葉た
ちを使って見知らぬ物や者や事を見慣れた物や者や事に認識を改めることなの
だ。だから以下二つの理由から深追いはしないが、理由だけはそれなりに長く
なる。

　一つめの理由は未知なるものや事を定義づけて究極まで追いつめようとして
も、定義文の中にまた未知なるものや事が出てくる。だから馬の鼻先にぶら下
げたニンジンが食べられないように、際限がない（無限背進）。

　もし無限退行に陥らないとすれば、循環してしまうケースだろう。以下のよ
うな循環の体験がないだろうか。

　最短の循環である往復（反復・反射）の場合だが、「問題」とは解答を求め
る問いのことである。そして今度はその定義する（使用中であったが、かっこ
で囲まれた）「解答」を同じ辞書でくってみると、こう書かれている。「解答」
とは問題を解いて答えを出すこと。

　反転は二つの状態の行き来であり、往復は直線的なイメージをもたらす。し
かし往復がループでもあり、3箇所以上をぐるぐる巡るのではないから最短
のループである。そしてそのループする回数は有限のケースもあれば、無限の
ケース（無限ループ）もある。

「純粋」と「不純」の定義は最短の無限ループを描いた循環論法だ。お互いに自分の意味を相手に依存し合っている一例だ。「純粋」とは混じり気のないこと（「不純」の否定）。「不純」とは純粋でないこと（「純粋」の否定）。

これよりは少し長いループを描かれると、筆者のように短期記憶（ワーキング・メモリ・注意の焦点）が乏しいと、うまくだまされそうになるので、聞き漏らさないようにここにメモする。「美しい」の意味を辞書で調べると多義的であることがわかるが、その中の一つに「調和がとれていて快く感じられるさま」がある。次は「調和」も知らないふりをして調べてみる。「調和」とは、全体がほどよくつりあって、まとまっていること。「つりあう」とは、調和がとれていること。

では最短の循環例にしかならないので、少しじらして、泳がせてみる。「美しい」を定義する際に「きれい」を使い、「きれい」を定義する際に「整っている」を使い、…結局、振り出しに戻って、「美しい」の意味を定義している（使用中か言及中かと言えば、言及中）最中なのに、巡りめぐって「美しい」を使用してしまうことは原理的にはありうるだろう。

しかし一つの辞書で実例検証を完結させることは難しく、筆者は面倒だったので途中でやめた。なぜならば、語はそれぞれに多義的で、その3通りや7通りあるうちのどれを採用するかによって、組み合わせが多いからだ。

二つめの理由は、自然言語は表現力が豊かとはいえ、曖昧（あいまい）であったり多義的であったりする。だからといって、自然言語の代わりに人工言語ならば厳密に定義できるわけでもない。言語表現として数式を採用してある語の定義を記述したところで、定義する側の数式内の語に対して、自然言語と同様に、無限退行か循環が起こる[137]。

論文レヴェルで発表する段階では文字や記号で書かれている。記述言語で「定義」を定義するからには語の定義の限界があり、数学の限界ではなく言語哲学的に言うと、ある言葉で他の言葉を説明することもあるが、説明する側には未知の語が含まれるから、その後また別の後で説明しなければいけないだから先ほども書いたように無限退行に陥るか、そうでなければ、循環してしまうことになる。

「数学」という語を修飾する「純粋」の用法にこだわらずに、より広い範囲

で「純粋」という語の定義を与えると、「純粋」とは混じり気のないこと、と定義できよう。つまり「不純」を否定して定義するわけだ。「不純」とは「純粋」でないことだろう。「純粋」と「不純」とは最短の無限ループを描いた循環論法（肯定と否定との反転）だ。お互いに自分の意味を相手にから教えてもらおうとしている。開かれた場、例えば、いろいろな人がそれぞれの目的で往来する公道で「お前は誰だ？」と「そう言うお前こそ誰だ？」。

　こんな問答があって、答えられない方がそこで、「えーっ」と「えーっ」と「えーっ」と、と言って1分間意外な質問の答えを出そうとするかもしれないし、8年間座って自答しようとするかもしれない（「はじめに」で無愛想に紹介した「是れ什麼物か恁麼に来る（これなにものかいんもにきたる）」では8年間かかった）。怪しい者ではないと分かればよいのだろうが、名前、現住所、本籍、職業を言っても答えになっていないだろう。どこの市からやってきた旅行者だと言えばよいのか、旅の目的を言えばよいのかがお互いに分からない。

　学内という限定されたエリアであれば、所属の学部や部活を言えばよいだろうが、そういう状況ばかりではないだろう。大衆酒場、パチンコ店、スーパーマーケット等など。多くの人が権威主義的だから、一つの軸として年齢の軸を与えれば年上の方が威張り、お金の軸を提示されれば、金持ちの方が威張る。一つの軸に対して優劣をつけてしまいたいのだろう。「テレビにいま出てる人は誰？！」に対して答えて「名前は何なにと言って所属のプロダクションか所属のスポーツチームは…」とか言っても「そんなことは知らない。そんなことを知りたいんじゃない」と言うだろう。その人の発言の意図は「なんであんなのがテレビに出ているのだ⁉」という妬み、嫉み、やっかみ、意外性、不満等などだろう。「あなたほどの人がテレビに出ていないのに、なんであんな人がでているのか、私も不思議だ」と言われれば、少し慰めになるだろう。

　使用と言及の区別はオンとオフの区別だと抽象化した言い換えをしてよいだろう。では人（言語のユーザ）はどうして二分法という表現法を使うのだろうか。選択肢が一つしかない場合、選択の余地がないからそれは選択肢とは呼ばない[138]。並び称される比類されるものがあるとき初めて、一が成り立つ。一がなくて二が成り立つことはない。唯一無二の親友というが、二を登場させては否定して一を強調させている。

「ご専門は？」と聞かれて「経済学です」とか「医学です」と答えれば、まともな答えとなる。多数ある選択肢の中から一つを選んだからだ。しかし、「全部です」「全分野、全領域です」と答えてしまうと、何でも屋であり要は専門がないと言っていることになる。

　もしかしたらレオナルド・ダヴィンチの再来の万学の天才かもしれない。しかし文部科学省が定めた区分やそれらの全部を集合的な和をとった全体をも、さらにはそれからもはみ出してしまうような全てを意味するのであれば、文部科学省の人智を超えた、宇宙の全てを解明する偉大な理論家かなのかもしれない。彼はレオナルド・ダヴィンチ的天才どころか神になってしまうかもしれない。ただ神と呼ぶには神に畏れ多く、もう少し神たる条件のハードルを上げよう。解明する者の立場は発見者であり、神の発明者と言うべきか発明というのは"Genius is one percent inspiration, ninety-nine percent perspiration"であり、努力の汗を伴う（天才でもほとんどが汗だくの努力）なのだが神は努力家ではなく霊的存在であるから100% inspiration（霊感）である。

　我われの言葉は否定をすることができる。言葉がそういうふうに指定を許す仕様になっているからというよりも、人間の認知・認識・判断力からそれは必要であったのだろう。ルビンのつぼのような反転図形やカクテル・パーティー効果のようにやはり人間は一つにしか集中できないからだろう。人間の脳は二分法を用いていったんは二つの選択肢を考え出すが、反転するどちらか一方しか認知できないのだから、脳にとっては言語には二分法で十分なのだろう。

　真っ黒と真っ白とを両端として少しずつグラデーションしていくとトワイライトゾーンのように曖昧性の問題が生じ、ここまでは白と言われないような幅広いグレーのゾーンが広がる。だから一方は真っ黒として存在しもう一方は真っ白として存在しているが、それを２つに分けるときにどこに境界があるのかは認知上難しい問題である。難しいけれども人間の認知能力の限界を越えてしまっているだけで人智では測り知れないが、「境はここだ」とは特定できないだけで、どこかには存在しているのかもしれない。

　真理としてどうなのかという事実としての成立のレヴェルで表も裏も（存在し）ないことと、表も裏もあるのだろうけれどもその境目は特定できないと言うことは別のことだ。それは認識の問題である。一方真理として成立している

にもかかわらずそのことを言語化できないということは言語側の写し取る機能の限界に由来する問題である。

　表と裏と内部と外部をフラットに同一言語階層で述べれば、境界か、表の面と裏の面がある。表の面に接しているのが内部で、裏の面に接しているのは外部である。逆の言い方をすれば外部と接しているのが表面であり、内部と接しているのは裏面である。

　表 ⇔ 裏という区別をするよりも one side に対して the other side と呼んで、ある方と、もう一つの方という役割分担を示すだけの呼び方が公平・平等でよいのではないか（しかし先に呼ばれたほうが優先・優遇されている感じはある）。表面・裏面、正面・正門・裏門、価値観なしに、表裏の区別のない一体化したものは「表裏一体」と言う。

　価値中立の立場からは表とか裏とか名前をつけず、「ある面」と決めてそうではない方を「もう一つの面」と言い方がよい。ある面を「表」と呼ぶかわりに内積を計算してその値が 1 の面というふうにして、値が（− 1）の面と区別することを、あとで数学のやり方で紹介するが。呼び方、数値対応付けなどによる特定、区別の仕方は恣意的である。

　使用・言及の両立不能性は、認知対象が反転するが、注目される図は常に 1 個ちょうどあり、二分法はクラインのつぼを表と裏の区別なく巡り、数学においては内部と外部に対してはそのどちらにも属さない境界が存在するし、仕切る境界が存在しなければ、内部がなければ外部もないことになってしまう。しかし 表裏に関しては、表でもないし裏でもない（一）面がある。それは「単側」曲面や「向き付け不可能な」曲面と呼ばれる。そして「単側」は側を成立させることはできない。「単側」は側ではない。単一や単独では側にはなれない。

　法線ヴェクトルと接ヴェクトル[139]との掛け算（合わせ）の一種である内積の値がプラスなら表、マイナスなら裏と判定ができる。この方法で表もあれば、裏もあることが確認できる。しかしメビウスの帯もクラインのつぼも、表と裏の区別が（つか）ない。それは人間の認識力が不足していて表から裏への（その逆向きであっても）変化に気づけないからなのか？　いやそうではない。数学的には表を表と認める方法があり、同じ方法で裏を裏と認めることができる。

今のところ内積が（＋1）なら「表」と呼ばれて、またあるとき、内積が（－1）となり「裏」と呼ばれるだけのことで、順番に交互に入れ替わる立場が表裏なのではないか。

(7) 否定できない言語体系は肯定すらできない

親子の縁を切ることはできない。ダイヤモンドを引っ掻くことはできない。強い奴には勝てない。勝ってしまったなら自分の方が強かったという実力が分かるだけだ。自分が強かった（遅くとも勝負のつく直前までには）から勝っただけで、強いから自分が勝ったのだ。自分の方が強ければ、負けてやることはできるが、負けることはない。しかしそれが思い込みのこともあるだろう。負けることはないというそんな傲慢さゆえに、もし油断して負けたなら、結果的に負けてしまうような弱点があるから弱いから負けたのだ。

それは肯定形の間違った命題を作ってしまい、それを否定することで正しい命題になる類いの主張ではない。肯定文で主張しようとしても否定文で主張しようとしても、どちらとも無意味にならざるを得ない。二分法の仕様である言語を絶した主張（真意）なのだ。その肯定文からしても否定文もだが、無意味である。

「切る」の対象として親子の縁は対象外であり、子はかわいくなくてもかわいいのだ。爪の持つ硬度を基準とした「引っ掻く」の対象として、ダイヤモンドは対象外である。爪が剥がれても「引っ掻いてやった」と強がっても語の用法を間違えている。勝てば官軍。都合よく歴史書を書き換えて歴史を作る（これも規約的真理か？）。

どちらが強いのか分からないから、勝負の結果で決めるという〈勝てば官軍〉判定方式を採る場合、結果的に勝ってしまった方が強かったと評価することとなる。チャンピオンであってもチャレンジャーであっても勝負がつくまでは勝者になる候補者である。このことは、第3章6.（3）「〈語ること〉と〈見ること・買うこと〉」へと繋がる。

肯定・否定可能な言語でなければ数学の記述には用いられない。

筆者の発想では否定と肯定とは対概念だから、否定語がない言語を使う民族は肯定文すら思いつかないのではないかと思う。それは全てを肯定して信じて

疑わない民族なのか。そうですらない。全てがありのままであれば、そんなありふれた出来事で充満した世界ではありふれ過ぎていて、そんな無色透明なモノは認知されないだろう。したがって、否定できないだけではなく、その対である肯定もできないはずだ。

　ここでウィトゲンシュタインの論理学を思い出そう。有意味の文は真偽が判定できるものである。一方でたらめな文章は意味がなく真偽がわからない。もしかしたらすごいことを言いたいのかもしれないが真偽が定かではない。

　否定語を含んでいない言語を本書で仮にNNL[140] と呼ぶことにして、この言語体系が否定語を含んでいないということを表現させようとすると、"NNL does **not** have a negative word in this language system"（「NNLは否定語を含んでいない」）となってしまう。

　しかしこの文章は"**not**"（「ない」）を含んでいるので矛盾してしまう。それを表現したいならば、NNLを対象化してしまえるメタ言語の立場からなら、こう言える。すでに言わせようとして言っていることなのだが。

　「あの言語体系（NNL）は否定語を含んでいない」（発話者はNNLに対してメタ言語の立場にある）。

　対象言語の中では言えるはずのないことなのでメタ言語から表現している。否定の概念について無知な言語体系なのだが、その無知の知に至っていない。

　数学の体系自体がそれを基礎づける基礎論や数理論理学自体がすでに肯定と否定を自由に使ったうえで数学を構築している。例えばこうだ。

　集合と位相に関する初歩を解説する入門書の冒頭には以下のような定義がなされることが多い[141]。

　　　aが集合Aの要素であることを，
$$a \in A$$
　と書き表す．

(略)

　　　aが集合Aの要素ではないことを
$$a \notin A \text{ または } A \not\ni a$$
　で表す．

　上記はわかりやすい導入となっていると多くの人は感じるのではないだろう

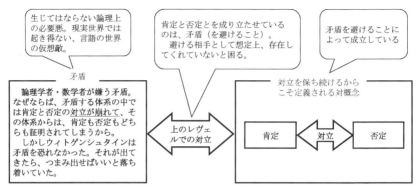

図11　【肯定⇔否定】を成立させる対立の対立

か。しかし段差のないところで躓く筆者のような人もいるのではなかろうか。肯定形「〜である」と否定形「〜である」とは対概念であり、a が集合Aの要素であることを理解できる人は幸いである。その人は、a が集合Aの要素ではないことをも、先立つ肯定形とセットで合わせて理解できるからである。あとは記号化だけなので「そう書き換えるのか」と規約に則ればよいだけだ。

　しかし不幸にも筆者は躓く。対概念だが、その対概念を取り込んでさらに上の（大きな）対概念を形成するのだ。だから以下のように二重構造になるのだ。対を成す二つの項があり、肯定という項と否定という項が対立し両者は相容れない関係にあることを「対概念（肯定，否定）」と書く。

　数理論理学では否定の概念を矛盾を表す記号 ⊥ を導入して説明をしてくれるのだが、詳しくは第3章4．(8) 4)「論理学では否定をこう定義する」で述べている。もちろん肯定と否定とセットにして矛盾の概念を用いて隠伏的に否定と肯定とを定義をしているが、それなら、矛盾をどう定義するかが問題となり、無限退行か循環論法に陥る。その数学を基礎づけるというプロセスの最初のほうで、数学者基礎論や数理論理学がすでに対概念である否定と肯定を使っているが、対概念であるから一方の語だけを定義にすることができず、否定が先か、肯定が先かさえも分からない。先にどちらをどう呼ぶかは、ことばを使い始めてからやっと区別するようになるのだから時期尚早である[142]。

　定義式内の中立記号（結合子）は共有地か中立な緩衝地帯か？

　　定義式の結合子（A：＝B）

　真理は数学でも数理論理学でも（学者の頭の中はどうなっているのかは分からないが、少なくとも論文レヴェルで発表する段階では、文字や記号や線画（フレーゲを念頭に置いた）などを含めた記述によって表現されている。記述された言語では「定義」の定義をするからにはメタ定義を表現する言葉側に限界があり、数学の限界ではない。言語的に、ある言葉で他の言葉を説明することは、ある説明する側には未知の語が含まれるから、その後また別の語で説明しなければいけないだから。先ほども書いたように、無限退行に落ちるか、有限回だけ退行する（類義語へ言い換える）が役者不足になりバトンを渡せなくなり循環してしまうことになる[143]。

(8)　二分法・反転・二項関係・越境

　対（つい）を成すという概念は関係としては二項関係であり、それを言語でどうやれば表現できるのか。それに関連することでどんなことが言語にはできないのか。

　「主語」の定義には「述語」を使用せねばならず、逆に「述語」の定義には「主語」を使用せねばならない。循環してしまうが、それは循環して当たり前だ。それによって、単一項でなく二項関係だと分かる証拠となっている。

　一方だけを単独で取り出して、もう一方を呼び出さずに定義することはできない。肯定と否定とは対立する。矛盾を避けることによって両者の対立が成立する。そのように対立することによって、言語はやっと、その二項関係を両者の間の関係として表現することができる。

　もしも、両者が対立を放棄して、肯定は溶け出し、否定は染み出したら、混然一体となって、どこが肯定でどこが否定か分からなくなる。それを矛盾に陥ってしまったと言う。

　言語は主役にスポットライトを当てる。狙って当てるからには当たらない所もある。それが脇役である。主役は光を浴びて目立つが、脇役は目立ってはその役割を全うできない。光と影とで織（お）り成す表現方法なのだ。しかし、主従関係は反転しうる[144]。平凡な人は目立たず、脇役のことが多いが〈世界一平凡（せかいいち）な人〉が主役となるドラマもあるだろう。そのドラマの中では、目立つ人は平凡ですらないから世界一平凡な主人公からは程遠く、単なる目立ちたがり屋の

脇役である（反転）。言語は一方ともう一方とに仕切りを入れて表現する道具だ（二分法）。

　そして二つの項が対を成す二項関係については、その一方の項だけを取り出して単独で定義することはできない。言葉にできることは二項を対立させて対比的にその関係（何 1 と何 2 とが、どういう間柄か）を表現することだけだ（二項関係）。

　もし内部と外部がセットになって存在するならば、内部と外部とを仕切る境界がある。また境界が存在すればそれによって仕切られるところのある側とそうでない側がある。ある側とそれとは区別されるそうでない側のどちらにも属さないで両者から独立な緩衝地帯が境界だ。「(内部，外部)」は両者の対立関係を表現している。その対立関係を保ったままで、境界に対しては共同戦線を張ってメタ・レヴェルで対立する。つまりこうだ。

　　　((内部，外部)，境界) それとも ((内部⇔外部) ⇔境界)

後者のほうが分かりやすいだろうか。

　この境界を超えると内部へ侵入することができるし、逆向きに外部へ脱出することができる。その移動を「越境」と言う。

1）名門の大学院であっても進学校ではない

　学歴コンプレックスへの自己防衛反応ではなく、対概念の一例として聞いて欲しい。名門の大学院（後期）博士課程であっても進学校ではない。この問題は名門であろうがなかろうが、どんな大学院であっても同じだ。その先に進学する学校がなければ進学校とは分類されないからというのがその理由である。

　もっと詳しく言うと、進学校も対概念を成す二項関係の一方の項。「進学校」とは進学する先の学校と進学する元の学校が対を成して、その進学元の学校の中で上位にランク付けられた学校なのである。最高裁判所よりも上の裁判所はないのと同じだ。

　（イツモ，いつも）は組（セット）を成す対概念である。兄が弟の誕生を待ったっているのではなく、先に生まれた男子が次に生まれる男子を待っているのであった。

　「イツモ→いつも」論は時間的な認識の変化の議論だ。

　いつもの類例を挙げると「こんなはずじゃなかった」。「こんな」などとは想

定していなかったから、「こんな」で指示されるのは発生した・勃発した事後だ。その発生時刻を境として境界を越えた（越境した）のだ[145]。言い方を変えてこうも言えよう。「何でもないような」「何気ない」平穏な日々。しかし何かがあったからこそ、それが出現までは何でもないへと、フィードバックによって、認識の変化が起こって、そうなったのだ[146]。

　二分法だから対概念を表現できて、対の一方だけを選択できる。一方からもう一方へ越境するごとに反転する。内部から外部への脱出。そしてその逆向きに、外部から内部への突入。ただし越境に関しては定義式に現れる中立の記号と同様に数学の精密な議論を要することになる。越境するには境目を渡るわけだが境目は幅を持つ[147]のか？

2）なぜかしら既知なる否定の概念

　数学における境界は、境界線であれ境界面であれ、内部にも外部にも、そのどちらにも属さない領域だ。線は幅（太さ）を持たないのは境界線も同様だ。境界面も面だから厚みは持たないが、面的な広がりはある。

　さらに数学であるかのように厳密さを増す時に幅が0であるとするチーズや金太郎飴自体は稠密ではあるが連続体濃度を持つほど詰まってはいない。（栗など具が入っている）羊羹よりは ういろう をイメージしたほうが、みっちり詰まった感じがより適切だが、有理数の集まりと一対一に分子を対応させることができて高々可算である。だから羊羹を切断するという時、日常感覚から導入して分かりやすくした上で厳密さを数学的にデデキントの切断を取り入れることになる。

　しかしこれはデデキントが有理数を切断して有理数と有理数で挟んで実数を定義するときの有理数レヴェルのものである。だからここでは中身の詰まった直方体を考える。

　肯定と否定（部分集合と補集合[148]）とは二分法で対でしか意味を持たないから中身の詰まったとわざわざ言うのは表面だけを考える例えば他の形で言えば、球面と球体の中身をくりぬいて表面だけ残したものを球面というように、どちらか一方とそうでない方に区別することとする。

3）論理学上で循環させない方法（無定義術語と公理）

ここでも否定の概念は既に知っているものとして使われる。さかのぼって論理学で否定を定義しようとするとAであること、かつAでないことならば矛盾するという公理の中から陰伏的に定義されることになるが、その場合は矛盾の意味をわかっている人のみが、自然言語で言い直せば「否定ではないだろうか」という解釈を与えることができる。

学問も始めなければ始まらない。ではどこから始めたものか？　そんなに用意周到でも臆病でもなくてよいだろう。すでに始めてしまっていたのだが、それを振り返り、反省し、美しくまとめ直すこともある。

では無定義術語と公理について述べる。無定義術語はそれ以上 遡（さかのぼ）ってしまうと、無限退行か循環論法に陥ってしまうので、どうしようもなくそこを源流として解釈者に解釈を任せる式に語を定義する方法である。一方、公理は証明をするときに証明する側が、今度は証明される側として正当化を求められた時に、さらなる源流に正当化のバトンを渡そうとする無限退行を避けるべく、どこかに源流を定めようとする。よって無定義術語と公理とは背水の陣である点で同じだが、用語レヴェルと証明レヴェルの差がある。

真理表（Truth Table）を使ったとして、古典論理の中の二値論理では、ある命題が真であればその命題の否定は偽であり、その命題の否定が真であればその命題は偽というふうに、その図式を読めるかもしれない。まだ図表には作成者の意図した見方というものがあり、それを自然言語で説明することになるだろう。もしもうまく解釈できたとしても、それは〈肯定と否定〉との関係 1 と〈真と偽〉との関係 2 が平行な関係であるという、関係 1 と関係 2 との間のメタ関係が分かるだけである。一方の関係を知らないなら、もう一方の関係を知ることもない。

4）論理学では否定をこう定義する

前原昭二著『数学基礎論入門』先生の数学基礎論入では否定（記号では¬ ）という記号を導入するときに自然言語の「〜でない」を使用している[149]。数学は否定語（でない、notなど）を既知として前提に構築されている。まず全体を確定し、それを「全体集合」と呼ぶ。次に注目する肯定と否定とはセットであるから論理学ではこう定義される。定義されるからには、定義され

る被定義項と定義する定義項とで定義式を構成する[150]。

被定義項：￢ ϕ（ファイ）

定義項：ϕ ・⊥

上記から構成される定義式：（￢の定義）￢$\phi \overset{\text{def}}{\equiv} \phi \rightarrow \bot$

「被定義項：￢ ϕ（ファイ）」は「⊥」を使用して定義されている。「⊥」とは、何のことだろうか。筆者が口出ししては、陰伏的（いんぷくてき）定義にならない。だから、こっそり聞こえないくらいに言うなら「矛盾」[151]。しかし読者は筆者の自然言語に耳を貸してはいけない。陰伏的定義から解釈し理解されたし。

つまり一気に対概念（肯定, 否定）を定義づけるのに矛盾概念を使用するが、その次には、いや前には矛盾を定義しないといけない。

まさか、一気に肯定と否定と矛盾をいくら陰伏的にと言えども、三つ揃い（そろい）（three pie-ce）（スリー ピィース）で定義できないだろう。定義された既知の用語を用いて未知の用語を定義するのであって、あやふやな未知を寄せ集めて定義項なしに被定義はできないだろう。いや、陰伏的だから、それも許されるのかもしれない。そう言えば、未知なる言語（母国語ですら最初 は未知なる言語）特に外国生活での言語習得とは、そのような手荒なものなのだろう（第 3 章 1.（4）では「暴走する言語列車」と呼んだ）。

主語と述語との関係が二項関係であるように、否定と肯定も二項関係であるから、否定と肯定との関係との関係を定義することはできるが、「否定」という用語を定義しようとしても、「肯定」という用語やその同義語を用いないで単独では定義はできないし、その逆も然り。

言い換えると「否定」という用語を定義するには「肯定」という語を用いざるを得ないし、「肯定」という用語を定義するには「否定」という語を用いざるを得ない

論理と集合から、数学を再構築して数学の厳密さを確認する。数理論理学者が採用してきた方法は最上の方法だと筆者も考える。しかしそれは論点先取りではないか。

論理と集合だけで数学を再構築してみせるという偉大なプログラムであるが、論理は語られぬものである。もちろん、論理は何なのかは言うことはできなくても論理を使用することはできる。しかし問題は集合を使うところだ。集

合は数学の外にあって数学を支えるのではなく、集合は数学の中にある。もちろんヒルベルト由来、形式化することにより集合論はツェルメロ＆フランケルの公理系により集合を規定することができるが、それは公理という証明を免れたものから、そこを源流として出発している。結局、集合を使うというけれども、集合自体は数学の内部にあり形式化により作られたものであるから論点先取りの感がある。

　まさにTautologie（独）・tautology（英）・同語反復（日）である。命題が同語反復であるだけでなく、その営み・活動までも同語反復である。

5. ちゃぶ台をひっくり返す

　漫画原作のアニメ『巨人の星』の中で、愛情深い鬼なる父 星一徹は、家庭内でちゃぶ台をひっくり返す。そのようなときには、将来巨人の星をつかむ息子 飛雄馬は頬を打たれて、それを見ている姉明子は泣いている。そのような親父がまだ 雷 と呼ばれていた頃のちゃぶ台をひっくり返しのどんでん返しを読者に向けて放つ。

（1）偶像崇拝禁止：仏に逢うては仏を切る（柳生十兵衛）

　数と数字の違いは何か。数字は字に過ぎない。

　消しゴムは、一個、二個、三個と数える。豆腐の系列なら、一丁、二丁、三丁。犬や猫なら、一匹、二匹、三匹。兎は一羽、二羽、三羽。馬は、一頭、二頭、三頭。

　少なくとも 1 頭の牛が現実世界にいる。101 匹のわんちゃんがディズニーの世界にいる。千羽の兎が現実世界にいる（としよう）。数えるための単位が異なるだけで、この現実世界（など）には、たくさんの物があり、たくさんの動物がいる。

　一つ目の例文をこう書き換えてもよいだろう。「牛が少なくとも 1 頭、現実世界にいる」と。

　では、1 頭ではなく 1 はどこにいる？　どこに住んでいる？　「1」はここに、この頁に印字されている。それは数ではなく数字だ。「1 はここにいる？」は

1を使用しているが、「「1」はここにいる」は、1へと言及している。

　しっかりと認知できては偽物なのだ。中学校で習った単位円を思い出せばよいだろう。単位円のくせに単位がないのだ。半径が1という大きさに関して抽象的な円が導入される。しかし中学校の数学から突然に導入されたのかというと、そうではなかった。

　小学校で分数を習うときに、全体を1とすればその半分は1/2だと習い、あまり抵抗なく受け入れた気がする。全体を「100％」という大きさで表現する百分率なら、その半分は50％も違和感がなかった。

　でも「1」と言うけど1cmなのか1kmなのか先生は教えてくれない。単位をつけないなんて とてつもなく抽象的だ。手の平サイズなのか、人間が歩ける範囲なのか、身の丈の実物大なのか理解し難い。

　「1なんです」。「そうなんだ」。（ある大きさが）1であるということは規約されたから、それが1であることは規約的真理のようだ。「規約的真理」とは、そのような決め事だから、そういうことにしておこうと約束したのだから、という理由で真理性が保証されているのだ。例えば、「私と君とは今日ここで18時に会う約束だったね」。「合意のもとにそう決めたんだよね。だから今日ここで18時で会うことは規約的真理であり、それは正しいことなんだ」。

　同様に半径は1と定められたので、そう決まった以上、抗議を受け付けない。抗議したいならば、規約の最中に異論を唱えるべきだったのだ。筆者の数学観では、算数と数学との違いは、単位があるかないかであるが、実際に筆者が受けてきた小学校の算数の時間では単位なしが導入されていたようである。

　"When you meet Buddha on the street, you must kill him"と言いたい。これは以下の書名を自分なりに思い入れがあって間違って覚えていたのだ。

　If You Meet the Buddha on the Road, Kill Him! : Pilgrimage of Psychotherapy Patients『ブッダに会ったらブッダを殺せ：禅とサイコセラピー』。

　数学基礎論者が、数学を集合と論理だけで築き上げようとしても、「集合」とは何かと聞かれてしまったら、今度はそれを説明しなければならない。その説明にもまた説明を感じるしつこい 〈なぜなぜ小僧〉ならそう聞くだろう。

　数字というのは数の名前だ。人間に例えるとAさんの名前自体は尊称を省いて「A」であり、同様にBさんの名前は「B」である。1人の人間Aさんと

1人の人間Bさんの人数は 1＋1 というふうに足せるが、名前を構成する文字なり、記号なりの「A」と「B」は足すことはできない。

　数字に話を戻すと、1＋1＝2 だが、「1」＋「1」＝？
加法の土俵に乗っていない。カテゴリー・ミステイク[152]だ。無理に喩えると、投票の時に1票ずつ加えるときに、「1」＋「1」＋「1」＋「1」＋「1」＝「正」（3－2－1－1〈1足す1は田んぼの田〉参照）。

(2)　予告どおりにちゃぶ台をひっくり返す

　「見えてしまっては数学の対象ではない」と言って、ちゃぶ台をひっくり返す。線も見ることはない。平面であっても曲面であっても厚みはないのだから厚みのないものを視覚的に認識できる認知能力は人間にはない。線分は有限区間だが直線は両方向に無限に延びつつある留まることなく常に伸び続けているのだろう。有限区間しかない線分であっても我われの視野からはみ出すほど十分長い線分であれば、それが長い長い有限な線分なのか無限に伸びる直線なのか認識することは視覚的にはできないだろう。

　Y＝aX＋bの定義範囲を0から1にしておくのと、マイナス無限大からプラス無限大にしておくのでは人間の認知能力の差が出るだろう。片側だけの無限大でなく、プラス側にもマイナス側にも無限大な区間（－∞ , ＋∞）を確認するためには両方向同時には確認できないから、どちらか一方を確認しなければならない。そしてその一方の確認すら、有限時間では完結しない。ではもう一方の確認はだれがいつ始めるのか？

　大きい話ばかりが不可能ではない。小さいほうもが不可能なのだ。直線またはそれの有限な区間である線分が一点に凝縮した点はドットの小ささもない。

(3)　集合は可視化できない

　「集合」とはものを集めて一つの対象とみなしたもののことだ。いろいろな集合を考えることができる。世界中の（出身地を離れて動物園に入れられたものまで含めて）ペンギンたち全員からなる集合、世界中の1歳から3歳までの雌のライオンたち全員からなる集合、世界中の全ての種類の鯨たち全員からなる集合、世界中のアイスクリームら全部からなる集合、全宇宙中の星屑ら全

てからなる集合、アジア中の全ての煩悩どもの全てからなる集合。それらの集合を作るために、その構成要素をどうやって集める（輸送する・移動させる）のか？　泳いでもらうなら、浅瀬に乗り上げないだろうか？　無事到着したとしても、巨大な部屋や水槽を用意できるのか？　冷蔵・冷凍など保存温度の管理は適切か？　餌の調達はどうするのか？

「集合」を定義する際の「集める」という語の意味は、通常の「集める」とは異なる意味なのだろう。集めるためにかかるコストはほとんどなしで精神的な活動であり、ニューロンの発火くらいのエネルギーしか使わないから、移送手段や冷凍保存の場所の心配など御無用である。数学の集合は一堂に会する必要は全くなく、頭の中で考えて作るものだから。

集合として一つの対象とみなした[153]が、集合内にあると定めた構成要素のどの一つであれ、一瞥も投げていないだろう。ひと目見ることすらしないが、もし全貌を見ようにも見る対象は（現実世界の中には）どこにもない。一体全体どこに集めたと言うのだ？　世界中のシロナガスクジラたちは一堂に会したわけではない。そのような集合を作成するときに思惟したのである。集合は実在する空間内の存在ではないから、宇宙のどこかに位置するわけではない。現実世界の中には場所を占有しないし、かさ張らない。

ただし誤解のないようにちょっと付け加えると（ちょっとのつもりが長くなったが）、集合の一種であるところの委員会を例に挙げて説明する。

ある委員会が会議を開催するというにふうに機能する時、その委員会の構成要因である各委員は一堂に会する（遠隔会議の場合もあるだろうが）。そのとき、その委員会がその会議室を予約したうえで実際に使用中なので、その委員会は会議室を占有していることになる。その場所に存在していることにもなる。

委員長は司会をし、ある委員は立って発言し、他の委員たちは着席して聞いている。つまり座っていたり、立っていたりして、会議室のある部分空間を占有している。しかし、会議中以外はどこにいるのか？構成要因ではある各委員はそれぞれどこかにいるだろう。だが、委員会はどこにいるのだ？　委員会は会議室にいたが、そのあとはどこに行ったのだろうか？　会議が終わったところで、また来月に委員会の会議が予定されている。つまり解散はしていない。

　会議後に委員会が会議室にいないと、あなたが認めるならば、委員会は会議中に会議室にいたことを疑ったほうが、あなたは整合性を保てるのではないか。委員会は会議中には会議室にいたが、会議後にはいないと二つを事実として認めたいならば、いた委員会がいなくなったことをどう説明するのか？「会議が終わったから、次の会議もあるから、急いで会議室から出ていったんでしょ。みんな忙しく仕事しているね」。委員は、歩いたり、小走りしたり、話をしながら会議室から出ていったことくらいは筆者も知っている。

　でも委員会は、歩くとか走るとかいう機能を持っていない。行うことができるのは、報告とか審議などであって、移動することはできない。

　委員という役割を担っているのは人間であり、その人間による精神的活動が委員を務めているのだろうが、魂は牢獄である肉体に繋がれているので、やはり器が要る。器は個人差があるが、それぞれの体の大きさに応じてある部分空間を占めている。器は空間的存在であるが、精神活動を行う委員は空間的存在ではないから、大きさという属性とは無縁であり、「空間的のどこに位置しているのか？」と問うことは、カテゴリー・ミステイクになる。

　だから、委員たちから構成される委員会であるところの集合も、やはり空間的のどこにもいない。同様に大学もどこにもない。キャンパス内に校舎はあるけれども（でないと、雨の日は濡れながら開講・受講することになる）、所在地はあるがその場所や建物は器でしかない。それらが大学なのではない。地球の３次元空間への縮小する写像である地球儀上で「ここが日本だよ」と言える。たしかに日本列島は地球上に位置を占めるが、日本国という国家はどこにあるのか？　写像だからうまくいかないと思うなら、「ここも（自分の足のサイズに応じた地面）日本だよ」と大地（写像の原本、本物）を踏みならしても、それは日本国の領土であって、国家ではない。

(4) 筆者による〈極端ニズム（Kyokutanism）〉

　上記のような極端な考えを「**極端ニズム（Kyokutanism）**」と名付ける。このような潔癖の執拗さはどこへと絡みつくのか？　その適用領域の一つは、数学のプラトニズムで、プラトン原理主義的偶像崇拝禁止となって第３章5.「ちゃぶ台をひっくり返す」に現れた。それに先立って第３章1.（6）「分かり

切っている場合だけ省略記号「…」が許される」にも現れていた。

　また第3章2.（2）4）「見慣れた風景に包まれながら風変わりな迷子になる」における「実物も見てしまっては、その像はすでに目の奥のスクリーンである網膜に写像されて写像度は1に上がるので、筆者が見向きもしないければ撮影もしない状態のそのものが本物だ」という考えも極端ニズムである。外界にある何か（物として認知するのは感覚してから）を認知するには感覚器官というフィルターを通さねばならない。対象化するには自分へ取り込まねばならない。りんごを食するなら、かじればよい。口に入れてもりんごは3次元を保ったままだが、かみ砕かれると、内部に入ってくる。触覚は接触型器官なので距離0で機能するが、目は飛び道具なので銃口を塞がれては機能できない。

　そして機能する時には口と違って次元が下がる。かみ砕かれた3次元の物体であるりんごが入って来るのではなく、写された像を内部に結び、脳でその脳なりの事実を作る。見えてしまっては写像なのだ（視覚の極端ニズム）。

　数学的対象、例えば点とか線がに日常感覚や人間の認知能力で把握しやすいように、本書でもジャングル・ジムなどを登場させて喩えてしまう方法を採っているが、見えてしまえば、それはSchein（独語）であって仮象（仏教用語）であって、数学的対象そのものではない。

　もう一つの適用領域は、ことばの使用と言及の区別であり、それについては第3章4.（5）「定義式内の使用・言及の共存と崩壊」を参照願う。

　数学的対象を見るという方法で確認しようとしても目視点検はできない。［0, 1］区間を規定することはできそうだが、マイナス無限大からプラス無限大は、あのなぞめいた記号「∞」に騙されている。

　しかし「…」は、ここでは略記法ではない（3章1.（6）〈分かり切っている場合だけ省略記号「…」が許される〉を参照）。何かを略しているのではなくて、想像力を掻き立てている。無限へと続くことを、無限大をだ。そしてその「無限」と言う自然言語の語を定義に戻って略さずに書くにはどんな記号を発明して無限大を表現すればよいのか？

　数学の中でそれ以上は遡らないことを要請して、それで問題解決とみなすならば、自然言語にまで遡ることはしないでもよい。しかし筆者は「…」や「∞」には満足できない。自然言語の「無限」という言葉は無限を表わし切っ

てはいない。

「無限」ということばが無限を表わしていないことは、「「無限」という言葉は無限を表わしていない」は無意味である。その肯定形「「無限」という言葉は無限を表わしている」でさえ。「無限」は無限を表してはいない。この文の言わんとすることはわかる。しかしその主張を認めて賛同してしまっては、「無限」の意味を分かることができてしまうことになる。

無限は「無限」という語で指示できない何かだ。では文「無限は「無限」という語で指示できない何かだ」における語「無限」はどんな意味なのだ？「無限」という語で指示できないのだから、どこからどうやってその意味は伝達されたのだろうか？どんな意味かを教えてくれる文ではないが、文「無限は「無限」という語で指示できない何かだ」における語「無限」だけは、例外的に無限を指示できているのか。そんな例外はない。二分法の仕様の言語の限界により、例外なくできないことはできない。つまり、文「無限は「無限」という語で指示できない何かだ」は無意味だ。そして無意味だからと言って、筆者はこの文を突き放すわけではない。例外扱いせずに無意味な文だと認めるからこそ、言葉には成し得ないことを言わんとしていると、愛おしく思える。やはり、読者に目立つように太字にした「無限」も意味を持っていない。壊れて無意味となった元言葉だった。

数式や自然言語では書けそうだが書いてしまえば書けてしまうのだが、しかし書いたことで記号「…」に欺かれてはいないか？　分かった気にさせる文字を使って自分自身を騙していないか？　そのことは確認しなければいけないし、数式や文字を使って書いたと言ってもそれは無意味になっていることを検証する自信が筆者にはある。

仏に逢うては仏を斬る偶像崇拝禁止は非常に極端な主張のようだが、そうでもあるまいと主張したいので、竹内外史「哲学と数学基礎論」から引用する[154]。

　　私の意見は，物理学が外界に対してのわれわれ，仮説であると同様に，集合論の公理はわれわれの（ある種の）数学的存在に対する仮説なのであるということである．物理学で仮説を立て，実験し，推論するように，われわれも仮説を立て，数学的存在について調べ，確かめるのである．眼で見，手で触るかわりに，心で見，心でさわるのである[155]。（略）

数学基礎論においてfinite, infiniteをとわずmindの働きをformulateするというかなり共通した問題が大切であるということが分かってくる.

さて, このこと真剣に考えてみると, 何より難しいのがmindのself- refle-ction である. このことについて少し説明しよう. 今例えばfinite mindを考えることにしよう. 若しfinite mindの機能が完全にfiniteであれば, われわれの数学はfiniteを出ない訳である. しかしながらわれわれのfinite mindはいわゆるpotentially infiniteなのである[156]。

竹内外史先生と著者の写真をご高書に載せて

筆者は上記箇所に傍点を施して強調したことと同じことを主張したくて、次に新井敏康から引用する。

> しかし世の中にはおそろしいこともあるもので「各点で不連続な関数などというものまで存在するのである. 何が言いたいかというと, 手で触れることができないばかりか目で見ることもできないようなものまでが数学の対象だということである. するとそのような対象を統御するには先ずは言葉によるしかない. しかし言葉は所詮は言葉であり, そこを通り過ぎて初めて直観が働きだす. 言葉はそのための入り口に過ぎないことも覚えておいてほしい[157].

(5) 透明な論理のレールを言語が走る

言語の構造である論理はやはり語ることができないが、その論理を使用することができる。使用と言及の区別をつけて、論理（と集合論）を使用することによって数学を説明し再構築することができる。

しかし説明する側の時使用されている時は良いが、今度は集合と論理が説明を求められるとなると論理は語ることはできない。語る言語を影で支えている縁の下の力持ちなのだから。

集合論はと言えば、語り得ぬものではないが、語り尽くしたとしても、語られたものに対してさらなる説明を求められればそれは集合以外の概念を用いて主語を説明し直すことになるだろう。

　論理と言葉との関係からして、言葉を使用して論理を説明するという事はややこしいことになる。なぜかと言うと論理は言語を支えているのであって、その論理を言葉を使用して説明しようとすると、支えてくれているものを逆に支えて浮き彫りにしようとする試みになるからだ。

　しかし何も集合が説明を特別に受け付けないわけではなく、一般的に説明するものと説明を求める側、問いを立てる側と問いに答える側の立場の違いで、攻められる側が攻める側よりも不利と言うだけのことである。

　上記を二分法で説明するならば　できるかな？

　使用するか言及するか自体が二分法なのかもしれない（いや、使用しないなら言及するかと言えば、OFF＆OFFの無言が許容される）し、使用に関して、するON・しないOFFの二分法、かつ言及に対して、するON・しないOFFの二分法なのかもしれない。

6.　生け捕り禁止令（理由：規約的真理）

　〈使用 vs. 言及の両立の不可能性という限界〉と〈二分法に起因する限界〉との二つの限界に底流する根源性を見い出したと思ったが、さらに二つの限界の間には因果関係があり、二分法がより深い。

　ルビンのつぼは反転する。交互に出てはまた消えるが、常時一つはある[158]。同時には一つしかない。思考実験を課そう。記憶のない人には常に一つの図（形）がある。背景だったのに、その記憶がないと前提しよう。するとその人には反転したという認識がない。

　クラインのつぼは表と裏の境が不特定なので、向き付け不能と呼ばれる。また単側曲面とも言われるが、単側は側ではない。「**単側**」は無意味だ。二者択一は選択できるが一者択一では選択の余地がないのと同様に。

　言語に関する二つの限界は、一方は理由だが、もう一つは原因だ。理由には傍（はた）からも支持されるような正当なものや「言い訳」ということばで呼ばれるような弁明や自己正当化の場合もある。しかし、原因にはそのような区別はない。

　二分法の機械的な４通りの組み合わせから一手を禁じ手とする（した）ので

（その**理由**は**規約的真理**であるから）使用中の語へ言及できない（図12「社会的約束事として禁じられた一手」参照）。

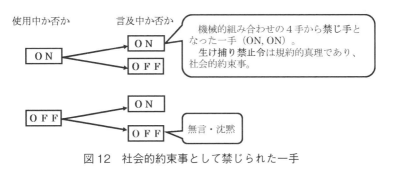

図12　社会的約束事として禁じられた一手

　使用中の語を「使用中である」と言及することを禁止したがゆえに一つの語の使用とその語への言及は両立不能となった。さらに「なぜ**禁止**したのか？」と問う（図13「〈人為的規約的な〉**理由**と〈脳に起因するより根源的な〉**原因**との関係」参照）。一語の使用と言及の両立不能性は、二分法の4手からの禁じられた一手である。

　語である「人」が迫真の演技で本物の人に成り切っているのに、人は人だが「人」では、人影や人形（人の写像のメタファー）に過ぎないと指摘してしまってはいけない。手影絵も人形浄瑠璃も成立しなくなる。語である「人」は人から全権委任された代理なのに、その約束事を台無しにしてしまう。それは事実と丸っきり同じではないけれど、そういうことにしておこうという気持ちの持ち様というか認識の改めというものを、人が人との隙間（ギャップ）を埋めてくれる言葉には適用してあげよう。人間がただ一人で無言で野望を抱くためにも、他者と意思疎通しながら社会的に生活を営むためにも、その人間が言葉に特権を与えたのだから、途中でいきなり約束を反故にすべきではないだろう。この主張は論理の記述（事実）命題としてではなく、倫理の当為命題として主張すべきだろう。

　二分法の方が、使用・言及の区別より根本的である。二分法は反転を可能せしめる。二分法ではオン・オフまたは選ぶ・選ばない、否定・肯定の二者択一が許されるから、それらの項目がn個あれば2のn乗個の選択肢に分岐する。

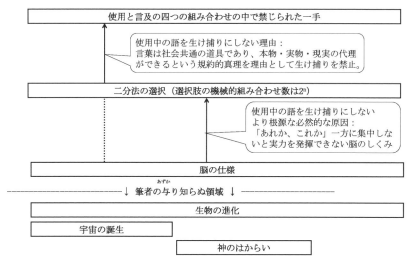

図13　〈人為的規約的な〉**理由**と〈脳に起因するより根源的な〉**原因**との関係

　しかし、筆者がその中で使用をオン最中とし、言及もオンその最中とすることを機械的組み合わせの中から排除した理由がある。その理由は使用中の語に対して言及を試みて「あの語は使用中である」と言おうとすると使用中でなくなるからだ（「彼は一人ひとりその場にいないいない人の陰口を言う奴だ」と言えば、ミイラ取りがミイラ取りになる）。メタファーして言えば使用中の語は生け捕りされることがない。どうして生け捕りができないのだろうか？　言葉は写しだからだ[159]。信頼の上に成り立つ虚構であるがそれが虚構であると言うふうに認識が改まってしまうと言葉が機能しなくなるからだ。　言葉を機能させるために、言葉は言葉に過ぎない。代理人、代行者、モノマネだと見破られてはいけないのである。アニメを見て主人公が危うくなりハラハラしている人に向かって「あれはアニメだよ。描かれた漫画の連続なんだから」と言ってはみもふたもないだろう。そうなら実写版ならよいのか。「あれは迫真の演技だね」。

　言葉は言葉に過ぎないというふうに、現実からかけ離れてしまい、信頼が失墜してしまう[160]と、人が人形や人影に過ぎないと思われてしまう。同様に通貨が古銭となり、通用しなくなってしまう。二分法がより根源的でフルサイズの機械的組み合わせがあるのに対して使用と言及との区別がつけられないこと

は同時に成立しないという主張は、言葉が社会的に信頼されている道具だからだ。言葉は規約によって真理となっている。

　使用と言及の両立不能性は、言葉が信頼される道具として通用するために禁じ手として封印されているのだ。つまり両立不能性は、この理由に基づく不可能性（禁止）である[161]。本物とその写しであるとの区別される認識が復活してしまうと両者を同一視することができなくなり、写しは軽視されて代理機能を失ってしまう。理由づけの制約のない二分法によって限界が生じている事は理由ではなく原因に拠るものだ。その原因を「言語は脳の発明か、発見か」と考えつつ探求する。

　さて、ここで芝居、通貨からことばに話題を戻そう。メタファーを使用することはできるが、言及してしまっては使用中のメタファーではなくなる。「彼のハートは燃えているかのようだ」とは言わずに「彼のハートは燃えている」と言い切るのがメタファーだし、「彼女の目つきはまるで氷みたいだ」とは喩えずに「彼女の目つきは氷だ」と断言するのがメタファーだ。

　しかし、そう言及して説明してしまえば、「そうか、喩えているだけで、現実とは異なるのだ」と認識が改まってしまう。そんな説明がないからこそメタファーとして活きているのであって、それはメタファーだと言われてしまったら、直喩と同じはたらきしかなくなってしまう。これは以前の例でいえば、「役者が舞台を降りる」とか「どっきりカメラのネタばらし」とか「木の皮に化けていた蛾」[162]こと。黒子が黒い服を着ずに目立ってしまうことなどが挙げられる。

　「この文は間違っている。」という文は、世界内の可能的事態や既成事実を写しとっている文ではない。「この」という指示語は「この文は間違っている。」という文全体を指示している。

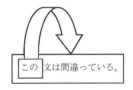

　「この」という指示語は、自分自身である この を含む文 この文は間違っている。 全体を指示している。

　しかしその文は現実世界内の事実を指してはいない。現実世界を写す機能を持つことばが、その写す機能を使って自分自身を写すように適用したのである。

　だからそのことが実際に成立していれば正しい文で、そうでなければ間違った文であると言うふうに真偽を判定できない文である。

　世界に原本がありその写しである場合なら、真偽は判定されるのであるが、世界に答え合わせをしてもらえるわけではなく、世界を教師データとし検算を受けることができない。

　この自己言及文のような文は言葉の世界（体系）の中にあり、現実世界との対応付けが予め立ち切られている。

　視覚的にはルビンのつぼ、聴覚的にはカクテル・パーティー効果は言語的には二分法となって現れた。脳の仕様を原因として起こった現象たちだ。

　語りえなさは理由であると『沈黙と無言の哲学』ではそう論じたが、二分法は脳による必然的な原因だ。

　言葉はその仕様として二分法が採用されたことに由来しての限界を持つが、それは脳の限界でもある。これは理由ではなく、原因だ。つまり、使用中のことばを、それが使用中であると生け捕りできないことは、脳がことばの仕様として二分法を採用していることに起因している。

　①肯定：使用中である。

　②否定：使用中ではない。

との二つに分けることができる。だから、使用中のことばを生け捕りできないことも使用と言及との同時両立不可能性も、二分法の設計に基づいている。二分法こそ根本であり、原因となっている。

　しかし、こうも反論できよう。

　①二分法を使用する。

　②「二分法」へ言及する。

　構造からして①・②になっていて、上記２行の主張も二分法になっている[163]。

　そんなに二分法は偉いのか？　２進数と10進数とは相互に変換ができるから対等であるが、適所適材で差異が生じる[164]。例えば、三分法の方が便利なこともある。上・中・下の内にもさらに細分化されたその層の中なりの上・中・下。三通りのｎ乗通りに可算無限個を枚挙できる。

　プログラムを組む前に筆者なら、アルゴリズムを考える。そしてそのアルゴリズムをプログラミング言語に翻訳する。「アルゴリズム」と言ってもチャーチが提唱するように「アルゴリズム」を定義しようと（言及）すると難しいのであって、筆者はアルゴリズムを使用するので簡単である。例えば判断ボックスなどで構成するフローチャートを手書きするだけだ。そういう方法でたった一つの当面の問題を解くアルゴリズムを思いつければそれで完了だ。ところが、当面の問題たちを含むそのクラスの問題全般を解ける汎用性の高いアルゴリズムを考案するのは、難しい[165]。

　①、②とに分けて考えるは二分法だ。その効率が悪いこともある。例えば「信号は今、青・黄・赤のいずれですか」なら選択肢を三つ与えれば簡単だ。そして、あなたの好きな色を選んでもらうときに自由記述なら即答しやすいだろう（優柔不断な筆者には即答できないかもしれないが）。

　それに対して、選択式に「赤色ですか？」Yesならそこでゴールできるが、Noの場合では「青色ですか？」Yesならそこでゴールできるが、Noの場合「オレンジ色ですか？」…となる場合がある。

　そんな場合も想定して、スイッチ・ケース（switch-case）文がある。だから一度に 256 の通りでも選択肢を与えることができる。しかし何通り（原理的には可算無限個）であっても、二分法に還元できる。もし 256 通りの選択肢を提供したいなら 255 回（個）の判断ボックス（Yes/Noのいずれかの選択を求める二分法の一種）を用意すればよいだけである。

　だから二分法は還元されるという点で特異な位置を占めるが、他の n 分法[166] より特に優れているわけではない。しかしより根源的と思われるかもしれないが、一分法は存在しない。一つは分かれていないから。

　だから、二分法はそんなに偉くはない。二分法は相対主義の表現方法だ。肯定「〜である」と否定「〜でない」と相対化させて考えている[167]。

　授業を二つに分けて一つは対面授業、もう一つは遠隔授業と呼ぶようになった。いままで「授業」と言ってきたものを「対面授業」と言うようになった。もともと「言語」としか言ってこなかったものに、論理学のための言語が登場した時から、これまで「言語」と言っていればよかった（元祖）言語が「自然言語」と呼ばれるようになり、新言語は「人工言語」と呼ばれるようになった。

このように対面授業と遠隔授業とは対比し、自然言語と人工言語とは対を成す。このように対立して呼び習わす言い方を導入するようになり、今までとは違った新しいものはその拡張された分類（自然言語もプログラミング言語も共に言語）に収まっているけれども、やはり区別したくなったのは今までにないものが登場したり発生したり導入されたりしたからだ。

いつもはいつもになるまではなかった。変化するのではなく反転するからルビンのつぼと同じだ。セットである括弧の中をカンマ区切りにしてあるが、それは対にしてセットだからこそ、比較して二分法で言語化できるのである。

類比な例としてはゼロか二の反転。一旦（自我, 他我）の二項関係が出現すれば、無我は消滅する（第3章3.（3）「ある出来事から今までを振り返り、過去への認識が改まる」の「Nothing or Two」の図（状態Aから状態Bへと状態遷移する）を参照のこと）。

（1）リリカちゃんの知らないもの

言語の限界に挑戦する筆者には、リリカちゃんに答えて欲しい問いがあるが、それに答えてもらうためには、筆者はリリカちゃんにとって未知なるものを既知に変えてあげればよくて、そうすればリリカちゃんは答えることができることまでは筆者は見越している。そのようにメタ・レヴェルから見通しが立っているにもかかわらず、リリカちゃんがその問いに答えられないのは、リリカちゃんの知識や表現力の不足ではなく、二分法を採用し、排中律に従うことばの仕様に因る。

筆者：「道草を食いますか？　それとも、ひまつぶしを食しますか？」

リリカちゃん：「知らないので答えようがないのですが、もしも、おいしい
　　　　　　　食べ物なら食べますが、メタファーな表現で食べ物ではないのなら、
　　　　　　　食べません」。

筆者：「食べますね？」

リリカちゃん：「いいえ、食べることはしません」

筆者：（宇宙全体に普遍的であるかのように暗黙に排中律を大前提して）「言い換えると
　　　　『食べない』のですね」。

リリカちゃん：「いいえ、食べることはしませんが、もしもおいしいのなら

（その可能性を確かめることが自力ではできないのだけれど、もし先生が保証してくれるのなら）『食べない』のではないです」。

どの学生にも同じ複製したもの（未だ答えと対を成さず、それゆえまだ問いとなっていない疑似問題）を配布しているが、二つとして同じ答えはない「哲学思考実験」に対するリリカちゃんの回答[168]から上記の対話を思いついた。

排中律を認めるのであれば、二重否定による肯定も認めるはずだから「ない」と「ない」とで相殺しあって、食べるということになるはずだけれども、リリカちゃんは、二重否定による肯定と同値関係にある（一方を仮定すると、もう一方を証明できてしまうし、その逆向きも成り立つ両方向を往復できる関係）排中律を打ち破った何かを考えているようで、肯定と否定との反復では埒が明かないようだ。

ことばは意味を伝達することができる道具でもある。紙袋は弱いようで強くて何か物を運ぶことのできる道具だ。しかし紙袋にその限界を超えた重さの物や尖った物を入れたりしてしまうと、穴が開きそうになってしまうと機能を果たさない。

そして二分法という表現方法であることばは、排中律を打ち破ることができるのではないし、できないのでもない。ことばは、ことばであり続ける限りにおいて、排中律を打ち破ることができない。そうか、やはり排中律を打ち破ること（肯定）は否定されるのだな。いや、それに留まらない。ことばの限界に限らず「限界」という語の定義から、限界は越えられない[169]。しかしことばが、直後に元ことばになるまでの覚悟をし、捨て身の戦術で挑めば、排中律を打ち破ることができる（肯定）のだ。それはどういうことか？

排中律を打ち破ることができてしまえば、その（同一性を断ち切られてしまい、変質して元を指示語では指せないが）打ち破った側のモノは、もはやことばではない。紙袋は容量を超えて物を運ぶことはできないが、運搬機能の限界をとうに超えても、さらにどれだけでも物を入れることができる。機能していないのだから、詰めてもよいが、込めることはできない。壊れた元底から垂れ流れるだけなので、「詰め込む」とは言えない。

ことばに話を戻せば、無意味になっている。駄弁を弄しているだけだ。その時もはや壊れた元ことばは、ことばではなく、別モノに変質している。

　語り得ぬものを語ろうとする時、そのことば「語り得ぬもの」は壊れていて、見た目はことばに似てはいるが、今やことばではなく、元言葉なのだ。

　そこを通らなければ通ることができないような一本道であれば、その関所のようなところを通らなければ、一本道を通過できない。まわり道や逃げ道や抜け道はない。

　矛盾が起きてしまう壊れた言葉が含まれていても、ことば（難しく言えば言語体系）は壊れることはないだろう。二分法は、二分する間の付け根のところに来て立ち止まることがあったとしても、どちらかを一方だけを、そして必ず一方は選ばなければならない考え方だ。そちらで決めたのはそれだけしか選べない。ではその掟を破ってルール違反を犯して両方を選んだらどうなるか。Aでありかつ￢A。すなわち矛盾が生じてしまう。そして、もう一方のルール破りはこうだ。優柔不断で右往左往して単振動して、どちらの道も選ぶことができず、肯定でも否定でもない考えを抱いていることは可能だ。どちらとも拒否するような選択肢は二分法に従う範囲では与えられていないが、その人は与えられていないその選択肢を、二分法に従わず排中律を打ち破り、自分の中に持っているのである。

　現に、排中律を認める形式主義の立場もあれば、排中律を認めない直観主義の立場もある。この両主義は排中律に従っているかのようであるが、そんなことを意図してはいまい。

　本書を読み進めてきた読者は、〈ここ・今〉からは論理を取捨選択できる〈ところ・時〉まで来ている。例えば、「排中律を認めて採用してみました」と言ってもよいし、直観主義論理を採用してもよいわけで、その論理を選択する分岐点で、今さら頑なに排中律を適用して所与の二つのどちらか一方を必ず選ばなければならないというふうには、ここまで来たら、もはや排中律に義理立てする必要はないだろう。

　これから論理を選ぶ、とか論理を創る時に、それに先立つ論理に束縛されなくともよいだろう。本書について言うと、論理の章と概説してよい3章と倫理の章と概説してよい4章とを接合しているのは筆者である。両分野のあいだには事実命題と当為命題との壁がそそり立っている。そんな真似は一人の形而上学的主体の中で哲学者の中で接合するという形で繋げられている。論理と

倫理と接合するときに、何らかの論理法則に従わねばならないのか？　自由でよいと思う。

　新井敏康が「定義されていることの定義までしなければならなくなります（略）ここからだんだんちょっと数学っぽくなるので…」[170] に対して筆者は「ここからは哲学的になるので…」と感じた。セクショナリズムで立ち入り禁止するのでは全くない。この扉を開けたら異質な世界に入り込むという自覚があれば、入って来てほしい。しかしそれが自覚できるには天才的な数学のセンスや厳密性を重んじる崇高な精神とは別の、ウィトゲンシュタインや黒崎宏のような、見てとる（言及はしないで了解する）ことの方が求められる。数学は数学用語を定義づける（定義を使用する）のであって、「定義」に言及はしない学問なのではないだろうか。

　数学で定義するとは、被定義項を定義項で表現する方法であり、定義項を使用中のままで、被定義項は言及される。一つの定義式の中に使用中と言及中とが両立していることを見てとることができるかが問題で、そのことは示されるのみで語ることができない[171]。

　「定義」を定義することをしようとすると、何となくゲーデル文の香りがする。自己言及的なのだ。

　UNIX（ユニックス）のコマンドにはkill（キィル）コマンドという恐ろしい名前の技がある。同時に複数（であってもよい）のタスク（コンピュータにさせている仕事・課題）が実行中であるときそれ（ら）を強制終了することができるコマンドだ。この場合の「コマンド」とはマシーンへの命令（文）だ。そのkillコマンドは強制終了の対象として自分自身を設定した時に、やはり、自らを強制終了するのだろうか？　自らを強制終了させる命令を取り消すのだから、自らを強制終了させても・させなくとも矛盾するのではないか？

　私が他者を巻き込むような方法ではなく自分自身を強制終了させるとする。毒が回るのかもしれないし大量の出血するのかもしれない、まさに自分が死ぬその瞬間まで殺し続けて殺し終わるように仕掛けておけば、私は自分自身を殺しながら死んでいくことはできそうだ。

　でもそれも思考に適用した時どうなるのだろうか。思考を壊しつつ、かつ思考することはできるのか？その枠があるからこそその枠の中で実行できてきた

ことを自ら壊す。その時思考は継続しているのだろうか。言語に置き換えても
そうだ。語ることができるようにしている仕掛けそのものは、その仕掛けについて語ることができるのだろうか？

　定義式の中に使用と言及が共存している（真理）。だから、少なくとも定義
式に関しては、使用と言及との同時成立不可能性ではなく、使用と言及との同
時成立をことばで表現不可能だった。

　ある語（例えば「定義」）の使用とその語への言及との同時成立する（とは
一つの真理だが）が、その真理をことばでは表現不可能なのだ。しかし表現不
可能だが、その表現不可能性もやはり（メタ）真理なのだ。そして、一方その
（メタ）真理自体は、今まさに語っているように表現できるのだ。

　$\pi = \pi$ は正しく言い切っている。（$\forall$の実数xに対して$x = x$だから）　どう極限しようが、どこへ収束しようがしまいが、$3.14115926535\cdots = 3.14115926535\cdots$は同語反復的に正しいだろうが、$\pi = 3.14115926535\cdots$の方の等号は未来を当てにしないで、今この瞬間成立しているのだろうか？　定義式として「π」はこう定義されるのなら、異論はないが。

　「…」の部分ではまだテューリング・マシーンの計算[172]を終えることができないが、どんな数字の並びをアナロジーせよと言うのか。直観主義者なら言いそうなように円周率のどこかに"7"が何個か並ぶことがあるのかもしれないし、ないのかもしれないが、それは計算してみないと分からない、と。コンピュータが停止せずに計算中だが、だから「…」でお任せしますと言われても、計算が停止しないと分からない。

(2)　切れない縄：ちびっ子相撲の土俵

　近ぢか、小学校の運動会で新しい競技を出すことになっているとしよう。大相撲を真似てちびっこが楽しめるような体を動かせるものを考案している。ちびっ子の体の大きさからして直径は3mが良いということになった（事実を調査した上での規約的真理[173]）。その次にそれを直径とした、円にロープをはわせることにした。

　さて何m要るだろうか。物差しに 1m、2m、3m、ちょうどπm、それを超えて 4mというように、メモリーが付けてあればそこでロープを切ればよい。

しかし、そのような便利な物差しはなく、πの具体的な値を求めなければならない。

　このような場合に、我われは純粋数学における直径と円周との関係を土俵づくりという現実問題に適用するのだ。純粋数学と実際の我われの生活の場との違いを言えば、数学の線（分）には太さ・幅がないが、しかしロープには幅がある。むしろロープに幅がなかったとしたら、それは場所の目印とはならず役立たずなのだ。このように理想的な（プラトニズムの）世界と現実世界には差があるのだが、有効と思われる適用領域がある場合には役立つこととして使われる。

　純粋数学に置いてπは無理数の中でも超越数であり、超越数も実数の中に含まれている。その実数からなる軸を3本用意してそれぞれに垂直に配置すれば、それが3次元ユークリッド空間（一つひとつの軸が実数の連続体濃度を持つ程ぎっしりと隙間なく数が詰まっている）を我われの生活空間に適用するならば、その仮定からして、πなる値が我われの現実の世界やその物さしの3mと4mの間に存在しているはずである。そう信じているからこそ、物差しの指す3.1415926534…（無限に続くことを表現したい）のところで、ロープを切断することになる。そしてあなたはその計算結果を利用して、ロープを何mの長さで切断するか？

　あなたは迷うだろう。その数直線は、常に目盛が動く物差しを基準に土俵を作らなければならない。目盛が固定位置に落ち着かず、常に可動する。

　「おーい、こちら実行班。もうハサミで切っていいか？」

　「こちら計算班。いや未だだよ。テューリング・マシーンがもう一桁計算したんだ。それを今報告するから、そこちょうどを切ってくれ」

　「おーい、こちら実行班。今度こそ、この長さで切るぞ？！」

　「こちら計算班。いや待ってくれ、また一桁計算したんだ」

　「おいおい、明日の運動会でのこの競技の開始まで何時間何分何秒あるかも、別のテューリング・マシーンで計算させて、その時間内で円周の長さの計算も停止させてくれよ」

　「うーむ、近似値に妥協したくないなあ。それに計算班でも、円周の長さの方の計算の停止までの時間は計算できないなあ」。

抽象的な議論の時にも具体的に何かを考えているということはあるだろう。一人の人間の中にこのような並立（現実世界に住み、頭の中はプラトンの世界）があるし、多くの人の中にも、抽象的に考えながら具体的に考える傾向の人がいるかもしれない。

(3) 〈語ること〉と〈見ること・買うこと〉

「見る」ことや「買う」ことは、何も特別な語ではない。だから、本（3）での主張は、これらの語に限ったことではない。他動詞のとる目的語は、その他動詞が目的語として対象化できる範囲を暗に持っている。ただ、ほぼそれだけのことを、これら二語を代表として言いたかったのである。「ほぼ」と限定を緩めたのは、「語る」ことだって該当するからである。「語ることができないものはない」と言ったときに、「語りえぬものは語りえない」し、かつ語りえぬものが存在すると主張する筆者の言葉は矛盾してしまうかのようである。語りえぬものは、そもそも語られる対象外なのである。この主張を理解していただくために、他動詞のとる目的語の用法を挙げていく。

語りえぬものは語られることができないものではない。言葉とお金とは通用するという点が共通している。私は拝金主義者ではないが、金で買えないものはない。では、どういう意味でそう言うのか。無意味という意味。「関係ないだろう」「いや無関係の関係があるのだ」とは、漫画家の赤塚不二夫の作品『天才バカボン』からの要約的（小学校時代の記憶に基づく）引用である。無反応な反応 [174] とか規則がないのが規則という例もよいかもしれないし、「自由になる自由がある」（宇多田ヒカルの歌詞から）も好例だろう。哲学史で伝統的で代表的なのは「無知の知」だろう。

（眼で）見ることと（お金で）買うことと（ことばで）語ることとの類似性に注目して語ること、そして語られぬことについて考えていく。

筆者がぜいたく者だと反感を感じる方がおられることも配慮しつつ、それでも書いた。言葉は薬になることもあるが、発話者の意図に反して毒になることもある諸刃の刃だ。

さて、そのぜいたくとは、こうだ。何年か前になるが、お気に入りの高機能性の消しゴムを4個買った。あと何年生き長らえるか分からないが、一生分

使い切れないほど（単に鉛筆で手書きすることが少なくなっただけか）の買い物をしてしまった。しかし高級なものは買うことができない。その「できない」の意味は論理的な不可能性ではない。親戚から多額の借金をしたら買うことができるだろう。だが、何兆円もする買い物はできないだろう。しかし論理的には可能だ。

　実効上できないのであるけれども論理的な可能性としてはできる。そしてお金で買えるものの対象としての母集団というものがある（集合として確定される）。食べ物や車や家など。そもそも、もともと、本来、もっとくどくと言えば言語的に根本的に、人の心は買うことができないが、買うことができないのですらない。買うという対象は、「買う」という動詞の目的語として限定されている。人の心はその候補、母集団に全く入っていないのだ。

　さて話をお金からことばへと戻すと、語りえぬものは言葉が語ろうとする主語になり述語として説明されるもの（定義ということばによる説明）の候補者の母集団に入っていない。だから「できない」と言っても言い足りないし、諦めるなら「しない」と言ってもよいし「仕様もない」とも言ってもよい。語りえぬものは語られる対象ではないが、そのこともことばだけが武器の哲学が主張したいなら、ことばで言うしかない。とにかく結果的にできないけれども、ことばというカテゴリーを基準とすると、カテゴリーミステイクだろう。

　金で買えないものはないのと同様に、裸眼、肉眼で見えないものもない。買うとはお金によって買えるものだけを対象（ことばへ写すなら目的語）とする。それ以外は「買う」の対象外だ。同様に見ることができないものは、視力の限界ではなく、「見る」の対象外なのだ。それは解析度や測定で決めることでなく、言語が決めることだ。

　語り得ぬものは語られることすらないが、それに値しないのでは全くない。やんごとなき高貴な存在だ。語り得ぬものを筆者は黙示すべきか。それとも、我われは神から語り得ぬものを啓示（暗示・示唆の一種と言っては罰当たりか？）されるのを待つのみなのか。その時が来るまで待ちつつも脳科学か理論物理学も頼ってみよう。宇宙誕生以来を動画にとってあって、それを再生して欲しい。その始まり、ビッグバン、宇宙の膨張、生命の誕生、人間の脳の登場等などと、因果は連鎖すれども、究極の始まりがあったはず。

　発明は無自覚な傲慢な発見。ワイン、チーズの場合は初回は発見。それ以降、原理を理解して偶然ではなく、人工的に品質向上や大量生産の工夫を意図したら発明となる。

　偶然（必然）話せるようになったら発見。教えたら伝道したら教授法の発明。

　イモを洗う最初の猿と以降の猿。のちに「ゲーテル文」と呼ばれるようになる正しいが証明を持たない命題（論理式）を考案することと、それを研究して「ゲーデル文」と名づけることの違い。理解はできても自力で思いつけない。

　脳科学へと二分法の必然を求める前に４つの論理的組み合わせの中の一手が禁じられた理由を言語哲学的に深めていこう。すなわち、使用中の語を「使用中である」との言及を禁止したのだが、その禁止は、言語の使用者の規約による真理である。その真理へと規約した理由は、「使用中である」と言及させ（られ）ずに使用させるためである。その類例として使用される通貨が流通されるためには古銭となっていてはいけないことを挙げる。通貨は何か自分以外のものを売り買いするために使用されるのであって、自分は売り買いされてはならないからだ。

　どんなに厳密で一意にしか解釈できないように数式などを使って定義しても否定語「〜ではない」を数学の中かメタ数学で手にしないことには、セットどころかトリプルで定義することになる。関連した概念として内部と境界と外部という３点セットを定義にすることを挙げる。

　先に境界を定義できたとすると、それによって区別され仕切られるものの一方をなんとなく内側だと思える方を内部と呼び、そうでないものを外部と呼べる。しかしそうでない方と言う時にすでに否定語を使わざるを得ない。

　では順序を変えて境界は後回しで、内部と外部が先に定義されたとすると、内部でも外部でもないものとして境界を定義するのでやはり境界を定義にする前に「でない」の定義が必要となる。

　数学の中で否定語を用意できるかまたは数学の外からメタ数学の立場から用意してもよいから定義できるならば、以下のように一つの分岐点に対して肯定とそして否定する側の枝・進路を選ぶことができる。数学の中であれば例えば「開集合」を定義にした後であれば、その定義を否定して「閉集合」を手にすることができる。

そしてメタ数学でも数学の全般の分野においてでも肯定を定義できたのなら、それを打ち消した用語も定義できる。しかし「肯定」を手にすることはできないのではないか。それは数学の仕事ではないような気がする。

ただし部外者からの決めつけは危険だ。「数学語」なる用語がある。数学語には「成り立つ」「示す」「〜とおく」「をとる」「求める」「定義」「証明」等など。

数学用語を定義するのは（その語によって表現される概念を創出する）数学者の仕事だが、「定義する」という用語は数学特有な専門用語ではないだろう。例えば、数学者は個々の数学的な用語（「素数」「有限集合」[175]等など）を定義する必要があるが、「用語」という用語を定義するのは言語学者や言語哲学者の仕事だろう。同様に「定義する」という用語を定義するのも彼らの仕事だろう。

開集合を先に手中にしたら、それを既知として閉集合を、その補集合として定義できる。それでも、その補集合は否定語によって定義されるが、どうしても否定語を使ってしまうのだ。数学においても定義を行う前にすでに否定の概念を使用せざるを得ない。

視覚的に認知できないことと言語的に表現できないこととの類似性を求めて「見る」の定義をいくつかの分野ごとに見ていきたい。（意図して能動的に）「見る」・（受動的に）「見られる」ことが可能な対象は、物理学的条件、生物の種、人間の認知力、社会通念上・意思疎通上の共通認識（青信号の色を「緑色」と言わない等）等などに依存して異なってくるはずである。しかし、最終的には「見る」にしても言葉であるから、語の定義に行くつくことだろう。

「哲学思考実験」という名前の筆者からの刺激の投げかけ「あなた[176]が幼いころから内面に抱えてきた『こんなことを人に話しても、わかってもらえないだろう』と半ばあきらめてきた問題はないですか？　そのような問題（人間としての悩みと言ってもよいかもしれない）は、記述したりなど言語化はしてこなかったと思います。そのような問題を書いて自分なりの答えを出してみてください。

もしそのような問題がなければ、哲学思考実験としてフィクションでもよいです。仮の問題を作ってその答えを書いてください」。

ある受講生が「こんなことを人に話しても、わかってもらえないだろう」と思ったことは、以下のとおり（受講生本人の許可を得たうえで全文を引用す

る）。

　　数字や人、曜日、地名などの文字の並びが色で見えることです。これらは物心ついた時から色がついて見えました。私には0は白、1は赤、2は黄色、3は黄緑、4はオレンジ、5が水色、6が緑などというように見えます。

　　普段生活していて見る数字は黒で印刷されているものがほとんどなので黒で書かれていることに対しては何も思いませんが黒で書かれていてもパッと見たときに色が見えます。

　　しかし、日常生活で特に意識することはありませんが、1が青で書かれていると違和感というかしっくりこない感じがします。また、人に関しては小学校に上がる前からずっと仲がいい数人は黄色寄りの肌色に見えたり桃色よりの肌色に見えたりするのですがそれ以外の人は緑や青、紫、オレンジなど、ぱきっとしたに見えます。人に関しては初対面の人や外を歩いていてすれ違った人には色で見えることは少ないです。特に意識して過ごしているわけではないので、どのタイミングで人に色が見えるのかはわかりませんが大学に入学してから知り合って親しい子には色が見えます。小学校から高校までの同級生や先生にはほぼ全員色が見えます。

　　地名に関しては石川はオレンジ、富山は緑、福井は白、東京は青、千葉は茶色というように見えます。数字や人、曜日、地名のどれに関しても頭の中で思い浮かんだ時や印刷された紙を見たときに色も同時に見えます。

　　また、クレヨンや色鉛筆をケースに並べて入れるときも自分の中で順番があって、小学校の時友達に貸して適当に並べられて返された時には全部並べなおしてケースの蓋を閉めないと気が済みませんでした。最近は色鉛筆を使うことはないのですがどの順番で並べていたかは今でも思い出せます。

　　このように文字や数字に色を感じる人を共感覚というそうです。共感覚という言葉を中学生くらいの時に知ったのですが、それまではみんな同じように色を感じているのだと思っていました。今では見えていない人もいることは頭の中で分かっているのですが、どの数字も黒にしか見えないというのを聞くと全く理解できません（以上、受講生からの引用を終える）。

　上記の受講生は「共感覚」という言葉を中学生くらいの時に知ったが、筆者は遅れること57歳にしてやっと受講生から教わった。そしてこの機会に勉強してみた。「共感覚」という言葉をインターネットで検索すると、たくさんヒットした。

　外部の対象からその像が眼に入ってくる場合（受講生の場合「パッと見たときに」）も脳で着色している（「色が見えます」とのこと）ようだ。脳の補正の有無で「見る」の対象か否かを決めるのではないが、上記の哲学思考実験のケースは、非常にわかりやすく大いに参考になった。

　続いて「見る」のいくつかの定義とその用法と、さらに認知的言語と視覚的言語を考察する。風を見る。いや、風向きを見る。風向きをカーテンの動きを通じて見る。よって風を見ようとしたが、見る対象ではないから見ることはできるはずもなく、目標は風を見ることだが、代替手段としてカーテンを見ることにした。それは実行に移すと成功し実現した。つまり、何を見たのか？カーテンを[177]見た？カーテンの動きを見た？

　そして本6.（3）「〈語ること〉と〈見ること・買うこと〉」での、他動詞「見る」の目的語で表現されるような対象の範囲外と考えた。

①細菌、ウィルスなどの微生物は人間の肉眼では見えないが、電子顕微鏡では見える程度の大きさの存在は視覚をその顕微鏡で補助することによって視覚的に確認ができる存在である。

②視覚的に認知するために光を当てて観察しようとするが、光の波長では捉えられないほど小さい素粒子であるために観察ができない。その存在は仮定に過ぎず仮説を立ててある現象を説明するのだが、存在するのかもしれないし存在しないのかもしれないが、視覚的には検証が取れないケースである。

　素粒子は見えるはずのない存在だ。見るという方法で実証できないから実在もしないなどと言いたいわけでは全くない。見えることは要請されず、その性質を持った小ささとして想定されていて、そんなものが存在していると観察された現象を物理学的に説明するのに役立つし、それゆえ想定して登場してもらった実在者であろう。

　見るという行為の対象外の存在。認知科学的に眼による認知は進化などによって精度が上がり、あるしきい値を越えてその進化した生物にとっては見られる対象となり、見ることができるようになる可能性があるとしよう。しかし、物理学は素粒子に（どんな生物であれ、という想定自体不要であろうが）見られるという要請はしていないし、物理学な原理として素粒子は見られる対

象ではありえないのではなかろうか。

　ここでいったん眼差しを眼差すことが見ることに該当するのかを考えてみる。言葉が事物や他の言葉を指示したり説明したりしようとすることを矢が的を射ることにメタファーしよう。矢は的を射抜き、目的は達成されるはず。しかしその矢の胴体を側面から射撃してしまえば、的を射抜くことができない。また別のメタファーはこうだ。ある人 X さんは、何かを夢中になって見ている。そして別のＹさんはその眼差し（矢）を目撃する。その矢はＹさんと目が合っているのではなく、Ｙさん以外の何かを見ている。しかしX さんは、自分の眼差しを誰かに見られているような気配がしたので、その対象物を見続けることはしないで、何者かの方へと振り向くだろう。

　眼差しを眼差す。この「眼差す」は見るには含めない。あの眼の現在位置とその動きからして、そしてその向きに在って見るに値するめぼしい外延（視覚言語が捉える対象）に当たりをつける。やはりあれを見ているのだろうという推察ができる。考える力で視座の対象物を言いあてているのであって、見ているのではない。

　瞼を閉じて思い出して見るのも眼を使わずに脳内だけで再生しているに過ぎない。目に焼き付けておくも、瞼の裏に焼きつくも、共に脳裏に焼き付くと同義であろう。脳による記憶の再生だ。

　観測と観察は異なる。検知しても人間の肉眼で見たのでなければ、見たとは筆者は言わない。光子顕微鏡は光子を検出し色付けもしてくれるそうだ[178] が、我われ人間が見たのではない。光子がそこにいたことの実証になるが、肉眼の目撃ではない。

　視力を矯正する道具を使って日常的な「見える」の意味で手の平とかりんごとかライオンが見える。ウィルスを顕微鏡で見る時に人間がしやすいように着色したりする。それに対して「見えない」戦闘機と言われるのはどういうことかと言うと、レーダーに引っかからないのであって、「見えている」の否定ではなだろう。

　また、魚群探知機で、魚たちの群の存在が分かっているが、魚の鱗や尾が見えているのではない。ある人影を見て、ある人がそこにいたと推論し、かつその確信が高いと、「その人を見ました」と証言してしまう。特徴ある人影で

も、影だから延びているかもしれないのに。

　レントゲン撮影すれば私は自分の骨を見ることができる。いや、そうではない。レントゲンを当てると筆者の骨のカルシウムは撮影されることになる。撮影された結果を写真と呼ぶならば、その写真を見たのだ。ある人が筆者の写真を見たからといって筆者に会ってきたとは言わないだろう。その人は筆者の写真を見たのであって筆者そのものを見たのではない。

　我われの見るという行為の前提はその観察対象に光を当てることになるが、その光のエネルギーを吸収して全然気が変わってしまったり、運動量が大きくなってしまったりするものはいるはずと狙ったところで、動きでもなくて見ることはできないし、光を当てた時に光の波の性質で波に当たらないほどの小さいものは光を当てることによって見ることはできない。見ることができないのは物理学的な原理的な不可能性であって、世界を人間と同じように認識する能力を持っていて、かつ、より微細なものを見るように進化したような存在や人間が光学の限りを尽くした拡大鏡などを使ったところで、そもそも見るべき対象外だ。認識する側の観察力ではなく物理学的に見るという対象物ではない。筆者は観測された現象をうまく説明するために、電子や素粒子は、それまでは登場しなかった助っ人として考案された存在だと思っている[179]。実在するのか確率的に存在するのか、そう仮説した方が、その現象をうまく説明ができるという効果を狙ってのことだろう。

　要するに、縄跳びをする時に、波打つ縄の山に頭が引っかからずに、谷に足も引っかからないサイズに収まれば[180]、縄に引っかからずに、レーダーにも探知されずに、存在すれども知覚されないような存在。それはどんなに進化した生物でも見ることができないような対象があるという進化や生物の認知能力の限界ではない。見ることができないということは物理学的に説明されることである。

　角の三等分問題[181]のように、そもそも解法がないのであれば、それは問題ではなく疑似問題であったと事後的にフィードバックがかかり、取り下げることになろう。しかし物理学的に説明されることだけでは見ることができないことを最終的に結論づけるのではない。さらに物理学の知見を取り入れた上でさらに「見る」の語義を再考して、見られることのない物を「見る」の対象から

除外する。要するに、見えないものはそもそもない。

　「見る」にはリアルタイムにその場で眼球や視神経を使って脳で「見る₁」と、そうではなくて脳単独で外界からの刺激なしでまたは刺激に誘発されるだけで対象物自体の情報伝達なしで「見る₂」とがある。夢は「見る₂」だ。

　この区別をしたうえでリアルタイムにその場で眼球、視神経を使って脳で見るという点では「見る₁」と同類であるが、見ようという意図はなく、何ものにも平等な視界を形成する見え方もある。それは何かに志向したり注視したりなどはせずに零ヴェクトルに見えている。半眼はそうだ。他には錯視錯覚（「心を落ち着かせて見れば枯れ尾花」）。妄想性障害も「見る₂」の現象だろう。

　筆者が洗面をしようとする。どうせまた髪が一本抜け落ちるだろうという先入観で洗面台の前に立つと、やはり髪が一本落ちている。しかし流している水を止めるとその髪は消えた。別に水で押し流したわけではない。水が流れている部分とそうでない部分との境目[182]に一瞬だけ見えたものとそれ以降ずっと見られないものでは、どちらが存在しどちらが存在しなかったのか？「あの人は幻だったのでしょうか」[183]。あの人と思い起こせるのだから幻ではない。何かを基準に（現実認識の冴えている長時間の観察など）幻覚を見たり幻聴を聞いたりする。頭がおかしくなってしまえば存在しなくても見聞きすることができる。別にハードウェア的に脳が損傷を受けなくても気が狂ってしまってもないものを認知してしまう。

　今も二階の書斎で原稿を認めているが、何度も一階で物音がする。思いつくのは泥棒くらいだ。足早に階下に降りるが誰もいない。私は聞き間違えたのだが（と認識を改めるが）、音を聞いたことに変わりはない。私は認知した、認知していた。

　聴覚から視覚に話を移そう。やらなければいけない課題がある。一週間後の締め切りのものもあれば半年後の締め切りのものもある。とても目立つところにその課題を貼り紙しておく。私は１日に何度もそれを見ているはずだが、見ていても見ていないのだ。矛盾は言葉上であっても実際にはないから、そのようなことは正確に言い直すとこうなるだろう。網膜に像を映し脳にまで伝達された画像であるが主体はそれに注目していなかった、と。

　〈見ること・見られること〉と〈存在すること〉とはある関係がある。しか

し見ることができたからといって存在するわけではない（仮想現実）。存在しても見られるものでもない。小さ過ぎたり暗かったり目撃者が不在な時間帯。

　暗黒というのは我われ人間がものを見るための整っていない環境なのだろう。見るからには見られる対象とそれを照らす光とそれを受光しその信号を脳まで伝達し、脳で処理をして初めてその対象を見る。暗黒の場合それの前提条件を満たしていない。私は暗黒を環境としてではなく、対象として見ることはないと思うし見たこともない。

　ところが、「悟り」「無我夢中」、そして「私」という反転する性質を持つがゆえに二分法で語られることがないが、これらだけでなく、単なる「りんご」のような語でさえ、使用されつつ、かつ言及されることは成立しない（**語の反転仮説：一語の使用と言及との同時成立不可能性**）。ただし、これは一つの語に関することであり、文に関して言うと、使用と言及とは、定義文だけでなく、緩衝地帯の中立記号を橋渡しで共存する（**文内の共存仮説：一文内の使用中の語と言及中の別の語との共存**）。

　定義式の中立結合子という使用と言及の両立のわかりやすい例を後で紹介するが、それは真理だが、その真理は言語表現不可能なことで後で述べるとだけ予告しておく。

　使用と言及との同時両立不可能性と二分法が因果関係にあるので、その原因を脳の仕様に帰すが、それがどんな仕様かというと、一点豪華主義（集中しないと本領を発揮できない）なのだ。集中しかできない脳は集中することで全体を把握できない。

　不注意よりも集中できるほうが尊ばれる。しかし集中できている状態では、視覚的に言えば例えば図なら図に注視できているが、その背景たる地には目が行き届いていないこと（いや、図が浮き上がるのは、地も認知しているからこそ、対比するからだ）は先に述べた。同様に聴覚的にはカクテル・パーティ効果でわかることは、自分の名前など関心が強いことしか聞こえないのであった。注意散漫だと、あれこれと気が散ってしまい何一つのことも成し遂げられないことを我われは経験的に知っているから、一つのことに集中しようとする。

　脳は二分する分岐点で一方のみを選ぶ。そこで脳の仕様に反するようなぜい

たくなことをすると、二兎を追う者は一兎も得ず、となる。

　脳全体としてはニューラルネットワークの並列処理に摸擬されるように並列処理を行っているが一つひとつの案件に対しては2通に分岐してその両方を歩む事はない（素粒子が2つのスリットを通過するようなことはない）。

　筆者は使用と言及との同時両立の表現不可能性よりも、二分法がより根源的であり、脳が言語に二分法という方法を与えたがゆえに、それは理由ではなく原因である。

　筆者の定義する「二分法」は誤ることがない。ただし排中律が言語に適用できる限りにおいて。選択肢がA, B, C, …と三つ以上あるのに、それら全部を視野に入れずに、いずれか二つ（例えばA,Cだけを）選択肢として与え、どちらかの選択を強要するのではない。選択肢は二択であるが、

　Aか、またはAでないか、

　Bか、またはBでないか、

　Cか、またはCでないか、

　…（略）

という提示である。

　三つ以上の選択肢があるのにそのうちの両極端しか考えないという場合もあり、これを白黒思考（black-and-white thinking）と言う。それは二者択一式の二分法だ。グレーゾーンがあっても、境界線の特定はできなくとも、両端は存在する。そして両端は二分法によって、可算無限まで選択肢を与えることができる（第3章6.「生け捕り禁止令（理由：規約的真理）」冒頭のスイッチ・ケース文の256通りの選択肢と関連づけると分かりやすいだろう）。

　視覚的にはルビンのつぼ、聴覚的にはカクテル・パーティー効果[184]、言語的には二分法となって現れた。脳の仕様を原因として起こった現象たちだ。

　「語りえなさは（原因ではなく）理由だ」と『沈黙と無言の哲学』ではそう論じたが、二分法は脳による必然的な原因であった。

7. 言語は脳による発明か、発見か？

　正しいにもかかわらず真理にもかかわらず、ことばの仕様によりその限界によって表現され得ないなら、どうすればよいのか？無言。沈黙。

　言うまでは真実なのに、言ってしまうと真実[185]ではなくなるというメタ真実を知っていたら、メタ真実は言語化できるのだから、そのメタ真実を反面教師を自覚してあえて述べるべきなのか。対象化しようとして台無しになった（表現できないことをまたもや再現させて）対象レヴェルのもはや原型を留めない真実を示すのか。それとも真実を認めているがゆえに、口にすると崩れてしまう真実であるがゆえに黙認するのか？それとも黙秘したままなのか？

　黙示は沈黙するだけではなく、さらに何かを示すことができるのか。

　脳の仕様によって、言語も二分法の表現方法となった。もしそうならば、脳のどんな仕様によってそうなったのか[186]を本第3章7.で問い直し、答えていきたい。節の冒頭に大まかな結論を急ぐと、脳が一点豪華主義的に対象へと集中し、関心事に拘泥する仕様によって言語は二分法となったのではないかとの仮説を筆者は立てた。

　脳はことばを発見したのか発明したのか？　筆者は「発見」と「発明」とをこう使い分ける。つまり以下のように語の用法を提示する。

　発見の例示：「あー、こんなところに忘れていたのか！」。探し物を見つけて、どこに忘れていたかがわかった（発見して初めて分かった[187]）。

　発明の例示：「ぼくの名前は『なおゆき』って言うんだよ」。そうさ、私が名付け親だから知っているよ（発明したので既知であった）。

　生きる意味は、発見するものなのか、発明するものなのか？　ニヒリストは生の意義を発見しようともしないし、発明しようともしない。

　では「脳は言語を発見したのか、それとも発明したのか」と問うと、言語の成立・使用・普及を結果と捉えるならば、その原因は偶然な発見であったか、それとも、例えば、試行錯誤を繰り返してのやっとの発明であったかと問いを言い換えてもよいだろう。そうすると、因果律（原因と結果との関係の法則）も関連してくる。

　二分法であるという言語への要求仕様・言語の設計から生じる限界は、クラインのつぼに表裏の区別の**表現不可能性**をもたらした（第3章4.（2）「クラインのつぼ」参照）が、引き起こす結果はそうであるが、そうなってしまったもともとの原因はというと、根本原因は脳が言語にそれだけの機能仕様しか要求しなかったせいだろうと思う。脳が自身より高機能な仕様を言語に対して要求する事はないだろう。脳の限界が二分法の限界というわけだ。

　だから人間都合で人為的にそうであってもよいし、そうでなくてもよかった理由ではなく、生物的な進化（元をたどれば、物理学に還元される宇宙の誕生）に由来する原因だ。

　では脳は自らのどんな仕様に因って必然的に二分法を選んだのだろうか。その問いへは、以下のように答えていく。視覚や聴覚は対象へと集中しているようで、集中するしかないほどにしか認知的資源を持たない人間ではあるが、同時に注意散漫でもあるかのように広範囲から情報のシャワーを浴びてもいる。そしてそれらの中から関心の高い情報を拾っては感覚貯蔵庫にいったん保管して、フィルターにかけて取捨選択している。だから必要に応じて注意する対象を変えることができるのだが、その能力の具体的な例を挙げて説明していく。

　我われは、傾注（注目・傾聴など）するしかできず、反転させてその片側一方だけは認識できるが、一気に全体を捉えることのできない人間という一つの認知システムである。例えば視覚のBasketball Awareness Test[188] によって注意散漫（というより一点豪華主義で他を認知しない）ことが検証され、聴覚について言えばカクテル・パーティー効果が起こる。カクテル・パーティー効果で脳の仕様で言語が二分法を採用したのだ。では、両者は因果関係[189] にあるのだろうか？「どうして」（原因・理由）から、いかにある（その結果）かへと話題を移して、本章執筆のキーボードを置くが、その前に上田閑照から引用する[190]。

　　　実際の行動である坐禅と参禅は事実、徹底的な「言葉の出来事」であったからである。坐禅は沈黙の道であり、対するものもなく関わることもない。言葉を言わないというだけでなく、一切の内的思念想念に関わらない 寂 黙である。一方参禅は師家に面して問題のこと（いわゆる公案）を言葉にして言わなければならない。しかも、答えとして可能なあらゆる言葉が否定されたところで何かを言わ

なければならない。それは新しい創造の言葉、言うことによって言いうるものとして蘇（よみがえ）るような言葉でなければならない。一挙手でも明瞭な身体語になりうるし、また、言わなりれば、乃至（ないし）は、言えなりれば、黙っているそのことがそういう答えを持っていることになるような、そのような直面対語の磁場である。坐禅では黙らなければならない。しかし内的な思念想念までは、黙ろうと思って黙れるものではない。参禅では言わなければならない。しかし言いうることがすべて奪われた上で、「一句道え」と迫られても言えるものではない[191]。しかも坐禅から参禅へ、参禅から坐禅へ、という脇道のない反復である。「言葉」ということからしてこのような事態であると坐禅と参禅の間の往復が含む「沈黙へ」と「言葉へ」の徹底的な二重要請は、私には、禅だからではなくて ── その仕方は禅の仕方ではあっても ──、根本的に人間に言語が与えられていると言う原事実からくる本源的な要請と思われた。真に沈黙しうるもののみが言いえ、真に言いうるもののみがのみが沈黙しうる。このことは本当のことに思えた。同時にこの上なく困難なことであった。本当のことであるゆえの困難さである。黙すべくして真に黙しえない。言うべくして真に言いえない。坐禅と参禅の往復の間で私は窮（きゅう）せざるをえなかった。（略）禅の経験であったが、同時に ── というよりむしろ、人間としての言葉の経験であり、人間であることの経験であった。

口（くち）にチャックをして言葉を外に出さないだけでなく、内面においても無言に到達したい人もいれば、沈黙に憧憬（どうけい）して沈黙を目指している人もいる。そのために己に座禅と参禅の反転を課す。

言葉でその反転[192]を表現しようとすれば、言葉を禁止することと発言（道（い）うこと、ボディ・ランゲッジ（身体言語）、黙り込んだままでいること）を強制することとなろう。しかし内面においても喋らないということは、自らに「喋（しゃべ）るな」というこれまた言葉なる禁句で戒めるという方法によっては至れるものではない。自分に対して言葉を使って「喋るな」と言葉を自分が使っているならば、そんな好き勝手わがまま放題な命令に従うことはできない。

自分を天使と悪魔のように二つに役割分担させては、喋ろうとする自分に対してそれを止めようとする方の自分だけが特権的に例外的に言葉を投げかける。喋ってはいけないと決心し、そう実行できることを願っている方の自分だって「分かっているさ、君こそ、黙っていてくれ」と言いたくなるだろう。

言葉を喋らなくするためのマニュアルを心の中で声に出さずに「ぶつぶつ」

とリハーサルを繰り返していても、マニュアルの目的は達成されない。言葉はカプセル式に、言葉の雪だるまと化して肥大していき、無限退行し背進してしまう。内面において沈黙を保とうとして、「沈黙を保つ」と引用符で囲まなければいけないようなことを心の中で考えていてはいけない。沈黙に対して、前者は使用していて、後者は言及している。

　沈黙を使用せよ。沈黙に言及しても無駄だ。しかし言葉の限界があり、使用中の沈黙を生け捕りにして言及（表現）することはできない。しかし「使用中の沈黙を生け捕りにして言及（表現）することはできない」というその限界はメタ・レヴェルで表現できる。

　以上、言葉を多用し駄弁の果てに願うことは一つ。

沈黙（の一部）に自分が成れんことを

【注】

1　ゲーテ作『若きウェルテルの悩み』の主人公ウェルテルは、愛するロッテと再会することに賭けて急いだ。婚約者のいるロッテを愛し、この世で結ばれることがない恋であるから、決心し自殺を全うした。ウェルテルの生から死への変化が連続関数であれば、ロッテと再会するための十分条件を満たす。

　連続関数ならば、その関数によって写像される元の場所（定義域）で近傍の点どうしは、写像された先の場所（値域）でも近傍にいるからだ。この世の近所（にいる人）は、あの世でも近所（にいる人）ということになる。しかし、この世からあの世へは写像（の一種である関数も）が定義されない。むしろ無理に仮定上定義しても逸れるかもしれない。応用数学の活躍の場である現実世界（この世）を３次元ユークリッド空間と仮定することはできるし、あの世を何かの集合として想定すれば、その仮定の基で、二つの集合間に写像（関数）を定義することはできる。しかし連続した写像（関数）である想定が実際に有効か、適用領域を逸脱していないかは、形而下学的実体験によってのみ初めて検証されるであろう。安全で楽しい旅ではなく、宇宙への探索は行き先の構造が分かっていてそれに応じたロケットを作るのではなく、未知なる世界を知るためのロケットを作って行われるのだろう。

　しかし、ウェルテルの自殺はロッテと再会するための十分条件を満たしてはいないが、それは数学的に保証されないだけであって、形而下学的な経験的な〈この世とあの世〉に

おいて達成される望みはある。ただし数学が保証しないのは、数学のせいでは全くない。数学はプラトン的な理想的な形而上学的世界の対象を扱い、それらに関する定理を証明するのであって、そのプラトンの世界に収まり切らない〈この世とあの世〉に関する命題は証明の対象ではないからだ。

　応用数学という分野があり、工学的な成果が我われの生活に貢献しているようであるが、例えば我われは 3 次元ユークリッド空間に住んでいるとか、その部分集合に住んでいるということは、大前提して同一ではないからこそ同一視をして、同じものとして扱っているのである。

　それは仮定することであってそれによって適用領域として認めることであって、「我われを取り巻く現実の世界は 3 次元ユークリッド空間である」ということは数学的に証明されうることではない。我われやその住む世界は数学の世界とは異なり、数学の考察対象ではないからだ。

2　第 3 章では、数学から学ぶことも数学に言及することも多いが、数学における二分法と「筆者の主張する認知言語学的であり、打ち破りたい法則であるところの二分法」とは直結して関連付けない方がよいのかと思う。ことばの二分法は言語学などにおいて二分する分岐点で二つに分かれることによって 2 の n 乗的に増えていくことなのである。つまり枝分かれする木の構造を持つ。

　それに対して、数学の二分法は方程式の解を持つ付近の区間を次々と二つに分けて分割する考え方なのだ。「数値解析における二分法（英：bisection method）は、解を含む区間の中間点を求める操作を繰り返すことによって方程式を解く求根アルゴリズム」（中神祥臣「$\varepsilon - \delta$ 論法」まえがき i 〜iii、『数理科学 2009 年 12 月』収録を参照した）。

　しかしプラトンはこのようなことを言った。「一つしかないものを二つにするにはどうすればよいか？　一つの方法は、もう一つ持ってくればよい。もう一つの方法は、一つのものをシェアして割るとか折るとかして分割すればよい」と。

　一方は足し算で、もう一方は割り算だ。さらに割り算は引き算に還元できる（10 ÷ 5 = 2 と割り算してもよいが、10 − 5 = 5 で、その 5 から 5 を引くと、つまり 5 − 5 = 0。10 から 5 を 2 回引き算できて、ちょうど余りがないから割り切れて、引き算できたのは 2 回だから、答えは 2）から、結局は足し算 対 引き算の対比を成す。

　プラトンの発想のように何かある深いところで言語学の二分法と数学の二分法とが底流するのかもしれないから、筆者の想定を超えて実り豊かな何かがあるのかもしれないから、関連付けは読者に任せることとする。

3　戸惑うことなしに「理由」（または「原因」）を使用はできても、どうして「理由」を採用したのか？「原因」ではダメなのかと聞かれると窮する。理由を使用することと「理由」へ言及の差であり、原因を使用することと「原因」へ言及の差という問題も生じてくる。

4　筆者のように緩キャラ教員による追求はここまでだが、厳格な、または陰険な先生の場合

にはあなたの責任が以下のように問われるかもしれない。

「バスが故障したのなら、バスを降りた所まで保護者か友人の車で迎えに来てもらって大学まで送ってもらえばよかっただろうし、その人たちが全員忙しくてそうできなかったのなら、君らが得意なアプリケーションを使ってタクシーを呼べばよかっただろう。もっと早く大学に着くにはヘリコプターをチャーターすればよかった。その対応を怠ったのは、お金を惜しんだのは、君の授業への情熱がそれに至らず、君の努力不足です」と言われて、あなたに責任が転嫁されるかもしれない。理由を求め続けていっても、どんな理由であっても、全てあなたの責任ということになる。そして手繰る理由が出つくして根本の原因に突き当たった場合にのみ、あなたは不可抗力だったからという理由で責任を免れれることができるだろう。

5 集合の定義の仕方で言えば、外延的に、定義したい集合の構成要素を枚挙する方法である。では、そうでない定義の仕方である内包的な言い方をすれば、どうなるだろうか？

　Aを無限集合とすると、A ＝ {x|x は無限の彼方へ延長する｝だろうか？　集合が無限集合であることを外延的に定義することが厳密には表現不可能であると認めるならば、内包的にも表現不可能であると認めざるを得ない。

6 正しい主張をしていると思われる命題であっても証明が完成するまではまだ定理ではない。その命題が定理になった時には証明は完成している。定理と証明とは対概念である。

　もちろん、証明図（証明の全体を成す図）からすると、その最終行が定理という点では、定理は証明の一部分でしかないが、その一部分が生成され（書かれ）ないと、証明図という全体は完成しない。そして、証明図という全体が完成しないと定理に成りつつある命題は定理になれない。全体と部分の関係、〈鶏が先か卵が先か〉問題を思い出させる。

7 数学的帰納法と自然科学で用いられる（数学的でない）帰納法について一言添える。自然科学の帰納法は「自然の斉一性原理」と呼ばれ、それは（数学的でない）帰納法によって正当化されうるだろうか？自然の斉一性原理自体も帰納法だから、帰納法によって正当化することは循環論法に陥り、正当化にはならない。

8 現在筆者が注目しているのは数学基礎論のある一面であり、このようなことに尽きるわけではない。ゲーデルの不完全性定理により、数学の形式的体系の無矛盾性証明は相対化してしまった。前提としてある体系が無矛盾であれば、新しく（より強い）公理を追加してもその追加のせいで矛盾することはないことしか証明できないが、それはよい刺激となった。「Gentzenはゲーデルの不完全性定理からよい刺激を受けて、ε_0 までに限定して超限帰納法による証明を行った」（竹内外史「第1章プリンストンにて — 私の基本予想とゲーデル」p.176 を参照した。それは田中一之編『ゲーデルと20世紀の論理学〈1〉ゲーデルの20世紀』に所収されている）し、その研究を発展させたのが竹内外史の基本予想であった。そして公平無私な研究者であるゲーデルは基本予想にも大いに興味を持っていた（同上.pp.179-80）。その研究の延長上に渕野昌の貢献がある。

カタストロフィー（悲劇的結末）に酔いしれては、できない理由・原因ばかりを捻り出しては<ruby>ひね</ruby>ネガティヴな方向に読者を引き込む筆者の傾向を言語化できているからには、それとは対極的なポジティヴな立場があるはず（二分法ゆえに）である。「気持ちはわかるんです。確かに『限界』や『不完全』といった語には、悲壮感ただよう独特の魅力があります。それでも、その裏側で地道に理論を支え続ける**肯定的な研究**があることを忘れてはいけないと思うのです」（p.8 より引用）と強調するところの「19 世紀末に興った**数学基礎論**と、20 世紀中盤にそこから分岐した**コンピュータ科学**とを貫く"物語"」（p.7 より引用、ルビは筆者による。照井 一 成［2015］『コンピュータは数学者になれるのか？ 数学基礎論から証明とプログラムの理論へ』、青土社）もバランスをとって紹介しておく。

9 しかし国語辞書に「国語辞書」を教えてくれる自己言及文までは記載されていない。それぞれの語（「国語」・「辞書」）が載っているから、合成語の意味は合成して分かるだろうということなのだろう。

10 無限背進は無駄なのだろうか。退いていくばかり。会話で誤解をされて「そんなつもりで言ったのじゃなくて！」「じゃあ、どんな意味だったの？」「…というふうに、いい意味で言ったんだけど、気にさわったのなら、謝る」。「…なんて、ずっとそういう目で見てきたんだあ！」と泥沼にハマる。言葉は多義的であるし、精一杯誠意を尽くせば、一意に意図通りに伝わるわけでもない。

　開き直って、無限に退くならば、それもよいのではないか。矛盾するわけではないのだから。『シーシュポスの神話』（アルベール・カミュ著）のように（傍からは虚しく）同じことを繰り返すよりも、退くとはいえどんどん離れていくという感覚もあり、実数の連続体濃度ならば数えられないが、可算無限に退いていくのだから、1 ステップずつ登ってか降ってかわからないが退いていくのだから、命の限り数えてもよいのかもしれない。

　しかし以下の例からは無駄に思える。「〜のような感じ」というのは、何となく感じが伝わる感じがする。しかし「感じ」の感じだともう分からない。よく分からないものだが、だいたいにおいてイメージすることはできる。しかし、「イメージ」をイメージしようとすると、かなり大まかなものでもよいような気がするが、さらにその『イメージ』はわからなくなってしまう。人間の短期記憶（ワーキング・メモリや注意の焦点）のチャンクの数と関係あるのかもしれない。

11 やけくそ、いや失礼、自暴自棄になって循環のどこが悪いと〈居直り思考〉する。言語はいかにして習得できるかについて筆者はあまり関心がなく、成熟した大人の言語に関心がある。そして何語であっても共通の限界を持つはずだという考えを持っている。

　しかし、外国語の同意語、類義語、対義語などの連鎖に分け入ることができず、締め出された感を持つ（知らない言語体系の中の知らない単語を次々にその体系内の同意語で置き換えられても、その言語の習得にますます自信喪失するだけである）筆者は、止まらぬ電車にメタファーする。

12 事実を代理するという使用中の状態だったが、それを表現しているに過ぎない文の状態へと強制的に遷移させる変化をこう呼んだ。

13 新井敏康「数学を論理で読む」公開講座「論理」2020（https://youtu.be/G5NKC6XizMc?t=2165）を筆者は何度も視聴させていただいている。

　「定義」という語を使用する例示は、「「正しい」とは（多義的だが一例では）道徳・法律・作法などに叶っている」「「偶数」とは 2 で割り切れる整数」などである。そして「定義」の定義を考えるときは「定義」に言及しているという立場の反転に注意すべし。

14 この定義は万人にとって普遍的（ふへん）に成り立つことであるが、それぞれの人において知識の量もその背景も違うわけだから、その人にとっての既知を分かった上で、その人の流儀（りゅうぎ）に則ったカスタマイズされた「定義」の定義がなされるわけで、十人十色（じゅうにんといろ）以上に特化した定義であり、その人の既知なる情報のネットワークをその人は心か頭に持っているだろうが、それが変化（追加、削除）する毎に、クワインのホーリズムによれば「定義」の定義は、そのネットワーク全体が再調整が収束するまで（永遠に調整が停止しないかもしれないが）が「定義」の定義中な状態となり、もし収束が完了すれば、おそらく異なる「定義」の定義にしばらくは落ち着くことになるだろう。

　容易（たやす）く定義しても、更なる定義を筆者自身に求めると、こうなってしまう。「未知」と「既知」とは対概念で、「未知」一語だけで単独で定義できず、「既知」も然り。「知る」ことについて対を成しているが、その対概念に関して中立になりそうな「知」とは何か？ そう問われ、類義語を並べて置き換え続けて、しばらくは説明することができるかもしれないが、類義語が尽きた場合には循環に陥り、尽きない場合には無限の問いに追われ続ける。

15 行先のない当てのないドライヴとか山があるから登るとか「運転者さん、出してください」「お客さん、どちらまで？！」「ここでなけりゃ、どこでもいいんで、さぁ早く」とこの場からとにかく去りたいなど、人によって事情は異なるだろう。

16 1995 年から 1997 年にケンブリッジ大学に留学している。ロジャー・ペンローズの話は他でも聞いたことがあるが、引用する。「例えば、オックスフォード大学の教授で、世界的な数理物理学者のロジャー・ペンローズ*がケンブリッジに議論しに来るんです。（略）彼らが英語で話している内容のレヴェルの高さに驚き、英語の宇宙ってこんなに深いんだと実感しました。その深さがわからないのが、日本人の学習者の最大の不幸だと思う。残念ながら、日本の教育ではそういうことはほとんど教わらないし、僕もやはり現場で知るしかなかったわけですから」（[特別企画]「茂木健一郎の壁を超える！英語勉強法」『CNN ENGLISH EXPRESS 2010 年 04 月号』p.8 より引用）。

17 文の末尾の「。」の用法がほとんどだが、固有名詞の最後の一文字が「。」のこともある。「モーニング娘。」。

18 一行の中にもセットで出現する、見た目は同じ記号だが用法が異なることを読者は自然と

読み取っているだろう。

19 http://home.uchicago.edu/~anubav/Intermediate%20Logic%20Course%20Notes のpp.63-4 から引用し、その下の行に和訳を付けた。

20 https://ja.wikipedia.org/wiki/%E3%82%B9%E3%83%88%E3%83%83%E3%83%86%E3 %82%A3%E3%83%B3%E3%82%B0 を参照した。

21 「0, 1, 2, 3,…と実は無限のものを暗に指示して行くことができるのである.（これがいか に大切かは有限の立場で物を考えようという人にはイヤと言うほど分かっていることであ る」（竹内 外史・八杉 満利子共著［1988］『証明論入門〔数学基礎論改題〕』共立出版株式 会社、p.176 より引用）。

　　有限の立場を強く主張したのはヒルベルトである。彼はゲーデルの不完全性定理が発表 された後もこれが証明されたということを根拠としてさらに有限の立場を遂行しなければ ならないと考え、そう述べている。

　　「…」は無限を暗示はしているが、一意に表現し切っているとは筆者には思えない。「…」 は、神が既に創造した無限を「これが正解の無限に違いない」と想像（発見）したか、ま たは数学者が神に成り代わって神の視座から数学者自らが創造（発明）した頭の中の産物 であって、その生きた脳を解剖してその外延（「…」が指示してくれていると期待してい るところの無限）を確かめることはできないだろう。

22 http://3.1415926535897932384626433832795028841971693993751058209749 44592.jp/ からほんの一部を引用させていただいた。

23 岩倉政治［1986］『真人・鈴木大拙』、法蔵館p.148 より引用（本は手元にあるが、本書 名上での「真人」の読み方が筆者の独力では分からず、国立国会図書館からの検索結果 https://ndlonline.ndl.go.jp/#!/detail/R300000001-I000001837161-00 により、筆者がルビを 施した）。「真人」とは臨済宗の用語で「無位の真人」のことで「すべてを超越し、世俗の 基準を超えた真実の人、つまり仏のこと」だそうだ。

　　二人の出会いについては、第4章1.「書く動機を奪われた千栄子」の注6に対応する本 文にも書いてある（コロンビア大学における客員講義の間の出会いと会話・手振り）。

24 ウィトゲンシュタインのSprachspiel（言語ゲーム）のパロディを4章5.（4）「プログラ ミング料理からは逃れられぬ」に書いた。二分法では仕切れず、どうしても逃れようのな いことを言いたいからだ。

25 しかし、安心召され。転校先のトモエ学園では先生方に恵まれて健やかに素質を伸ばした から。「もともと家の近くの小学校に通っていて、1 年生を3 か月ぐらい過ぎたころに退 学になったんです。なんで退学になったかというと、『窓ぎわのトットちゃん』にも書い てありますが、小学校にチンドン屋さんを呼び込んだり、おもしろがって机のフタを（昔 の学校の机は上に開いたから）授業中に百回ぐらい開けたり閉めたりしちゃったの。（略） それでその学校は辞めることになり、新しい学校に行くことになりました。でもそれがか

えって良かったんです。（略）私が次に行ったトットちゃんの学校…トモエ学園では本当に素晴らしい校長先生…小林宗作先生にお会いしたんです。小林先生は「君は本当はいい子なんだよ」と毎日言ってくださいました。それで私は自分では「私は、いい子なんだ」とずっと思っていたのですけど、大人になってよく考えてみたら「本当は」っていうのが入っていたなと（笑）（黒柳徹子さんからの通信制高校を選ぶ人へのメッセージ｜通信制高校があるじゃん！（stepup-school.net）より引用）。

26 生没：1847 年 2 月 11 日 – **1931** 年 10 月 18 日。

27 Zermelo-Fraenkel set-theory with the axiom of Choice とは、ツェルメロとフランケルの構築した公理系に、それらの公理とは独立な（それらの公理からは証明できない）公理の一つである選択公理（axiom of choice）を加えた公理系。

28 「ゲーデルの最初の渡米は、フォン・ノイマンより 3 年後の 1933 年の秋。アシモフのコロンビア大学面接（本連載第 11 回）より 1 年半ほど前のことである。その時ゲーデルは、フォン・ノイマンのいるプリンストン高等研究所のメンバーとして 1 年間滞在し、オーストリアに帰国する。その後ゲーデルは 2 度アメリカを訪れるが、最終的に 1940 年に渡米した後、アメリカ市民権を取得して永住することになる」（「どうしてフォン・ノイマンとゲーデルはアメリカにやってきたのか――アメリカ学問の中心地プリンストンの誕生」小山虎 https://slowinternet.jp/article/computation13/ より引用）。

29 『名探偵コナン』File 352-353「フィッシング大会の悲劇」（前編・後編）を自宅にてケーブル TV で視聴した。

30 ⊕に呼応してその演算に堪え得る新しい等号を導入すれば厳密であるが、失うもの（複雑化のせいで理解困難）の方が大きいと判断し諦念した。

31 囲みの枠線も箇条書きの先頭の記号のような「・」も、そのフォント（ゴシック風か太字のようだ）も改行位置も原著のまま。それらの配置は紙面上、空きがあまり大きくならないようにさせていただいた。この引用箇所から、引用符を付ける、付けないの峻別を見習うべし。辻川和彦［2009］「教師の学ぶ意欲も高めなければならない」『現代教育科学』52 巻 4 号 No. 631 所収、pp.59-60 より引用。

32 ドキュメンタリだから劇ではないし、生徒はいても役者はいない。しかしドキュメンタリだを紹介（**言及**）したら劇に押し込められる。

33 「「よーい、ドン」と聞いたら」と書いたら、二度目のフライング（合図前にスタートすること）を誘発するから、そうは書かなかった。示されるのみで語られないこと。

34 何が「本当」なのか？先ほどのは嘘だったのか？「練習」と「本番」とを対比すれば解決できそうに思えても、そうはいかない。日常に潜む嘘ではなく、虚構。言葉も芝居も演技をしている。表現は代理であったり表象であったり再現であったりする。それは知っている。分かっているつもりだ。

　　しかし、心のどこかで、現実の世界で本当にあったことを元にして少しフィクションを

加えて、実と虚とを混ぜ合わせて作品を創作する気持ちを、プロの作家でなくとも現実世界を生きながらも、創造力を与えられている我われ人間の一人ひとりが、持っているのではないだろうか。現実の中にも真実と虚構が入り混じっているように感じる。それら込みで現実なのだろう。現実世界があり、そこに生きる人間の創造力で生み出した言葉で新たに作り出した（苦しい現実を元にそれを否定して生み出したという元ではなくて）ファンタジーは原本を持たない。しかしその作家もその作品もやはり**生み落とした先**は、原本を持たない写像先は、この現実世界ではないのか。ポロックのドリッピングの絵も大拙の言いうる言葉全てを禁じられたその上での「一句、道え」の一言もこの現実世界に舞い戻ってくるのだ。

35　謙虚、メタファー、ドキュメンタリー、フィクション、ファンタジーへと言及すると、その使用中のはたらきを奪ってしまうという筆者の極端ニズムに与する人をこう呼ぼう。

36　「「私」（ということば）を使用中である」ではなく、「私を使用中である」という語用もする。

37　引用符付きで、言及されている。次の脚注52と対関係にあり、お互いに反転することを確認せよ。

38　引用符を脱ぎ捨てて使用中に戻った。前の脚注51と対関係にあり、お互いに反転することを確認せよ。

39　上記の言及によって、使用中から言及中へと状態遷移した。他人の言葉に釣られて自分も釣られてしまう類例は、第3章4.（5）「定義式内の使用・言及の共存中」に無言の行を書いてあるが、その箇所を指示するうまい方法が思いつかないので、ここの脚注に再掲する

　　　「和尚様が四人の小坊主に対して「これから、わしがしゃべっても良いと言うまで喋ってはならんぞ」とおっしゃいました。小坊主Aは「もうそろそろ喋ってもいいのではないか」と喋ってしまいました。それを聞いた小坊主Bが「あっ、喋っては、いけないんだよ」と指摘しました。その二人を見ていた小坊主Cが「君たちは喋ったけど、僕は喋らなかった」と言いました。そして小坊主 D が「僕だけは、最後まで喋らなかった」と言ってしまいました」とさ。

40　筆者の博士論文の1章4節3項「世界の主人と一蓮托生の客人」参照のこと。

　　　世界の主人とは無自覚的独我論者self-awareless solipsistであり、無自覚ゆえに、誰なのか分りえない誰かであり、そこ（誰なのか分りえない誰か）から世界が開けるところの世界の付け根である。さらに世界への開けに気づいた者でもある。

　　　注意すべき点を引用する。「〈世界への開けに気づいた者〉を、筆者の視点からは「世界に向かう意識」とか「世界に対する我」と呼ぶことはできるが、「自意識」とか「自我」とまでは呼ぶことはできない。なぜならば、〈世界への開けに気づいた者〉は、〈世界への開けに気づいた者〉を自分だとは思っていないからである」。

　　　次に「一蓮托生の客人」を定義するために、同博士論文から引用するが、引用文内の

「縄」とは筆者中村直行の世界の境界線のメタファーであり、「縄張り」とはその内部のメタファーである。「世界の主人は、縄張り全体を鳥瞰しているのであって、その視線からして、縄張りのどこかに位置しているのではないことが示される。

　しかし、あるとき縄張り内のある地点へと移動したり、そのために縄張り内の現在位置を知る必要に迫られたりということがあるのではないか。しかし、その必要に迫られるのは、もはや縄張り全体を鳥瞰している縄ではなく、縄張りのどこかに**位置している**一人の客人である。その客人は、縄が受肉されたものであり、縄張り内への縄の投影である。

　その客人は、他の一般の客人と比類されるが、以下の点において、唯一で特別な客人である。世界の内部に住む多くの客人達が亡くなっても、世界を構成する事実が変わるだけで、世界は開けたままである。しかし、もし、その客人が亡くなれば、縄張りも縄自体も共に、消滅してしまう。このような唯一で特別な客人を（世界の主人にとっての）「一蓮托生の客人」と呼ぶ。

41　絵の中の絵という包含関係があるので、「外側の絵」「内側の絵」と区別してわかりやすくしたつもりだが、外側の絵の中にいて内側の絵を見ている彼は外側の絵を見ることがない。彼の世界を超えているからだ。彼は美術館の中にいるから美術館の外壁を見ることはない。ただ2次元の内側の絵から美術館が抜け出て立体的に飛び出して我われに見えるから、彼も美術館を見ているようにエッシャーの技法で見えてしまう。しかし彼は外側の絵の中に描かれた美術館の絵を見ているのである。

　外側の絵は、そのさらに外側にいる筆者によってその世界の中に取り込まれては筆者に認識されるので、筆者によって「外側の絵」は有意味である。検証不可能なのだが、たぶん読者諸兄姉にも「外側の絵」は有意味なのかもしれないが、筆者は独我論者なので、こう書いた。「そのさらに外側にいる筆者によって、その世界の中に取り込まれては筆者に認識されるので、筆者によって」とする。しかし、「そのさらに外側にいる我われによってその世界の中に取り込まれては我われに認識されるので、我われによって」とは書けない。その世界とは共有されることのないはずの、もし共有していても気づけない世界だ。

42　取調室で「刑事さん、信じてください。俺はやっていない」。このように訴えかけるような自己言及はない。すでに知られている司会者だから。

　人は言葉を巧みに操り、嘘であるから偽なる命題なのに、それを真な命題であるかのように、事実に反することも言うことがある。人の発言をそう受け取ることは偏見でもあり、ある程度有効な経験則でもある（たいていよく当たる）。しかしその予測（どうせ、嘘だろう）が外れた場合、自分は人を邪推したと反省することになるのだが。

　多くの場合、既知ではなく未知な人であるから、そのような人を無条件に受け入れることは何者をも疑わずに無根拠に人を信じる（いや、信じるいうことは無根拠でしかありえないのだが）人は、そう多くないだろう。たいていの場合、何か信頼できる保証が欲しいのだ。その保証はその人自身の口から言われたことよりも、その人以外からの評価を信じ

やすいものである。それが評判であったり、誰からともなく貼られたレッテルであったり、根も葉もない噂であったりしても。

　要するに、いろんな詐欺などが横行する中、安全を保って（騙されることなく）未知なる者を既知なる者へと変えたいわけだ。その有効な方法とみなされるのは、自己紹介よりも他己紹介なのだろう。

43　我われは日常生活や授業中に実際には無限背進に陥っていないので、信頼のおける他己紹介ではなく、初めて出会った人の自己紹介も信用しているようである。他己紹介は信頼がおけるとしても、その紹介者（紹介する側）とマイナス無限大の過去から知り合いではなかったのだから、いつからかの初期においては紹介なしに信頼したはずである。

　言語に関して言えば、ある言葉は別のある言葉から説明されることなく、用いられるということになる。

44　教師が正解や模範解答を伏せていて、それに近い解答ほど高得点とするような評価を筆者は行っていない。学生の内面に潜んでいるおぼろげな何かを言語化して引き出せれば引き出せるほど、その学生を高く評価しているので、その学生一流の回答を求めている。

45　「『現在』地」だから、いつと問われることなく、「現在」なのだが、1 秒前も「いま」だったが、10 年前のある瞬間も「いま」だったように移ろうので、その「いま」たちからなる系列は関数で表現できるのではないかと思う。一人ひとりも人間だが、寄り集まっても人間である（人類と言う言い方もできようが）。一人ひとり独自の人生を歩み、その人生論を持つのだろう（筆者には他者のことはわからないので想定でしかないが）。それに対して万人向けの「人生とは、かくあるべき」という一般的な人生論がある。

46　筆者は超越的に地図を見ているので講堂の位置を頭の中で把握できるが、身の丈の現実では 4 号館に遮られて講堂まで見ることができない。これを理解するには我らがキャンパスに来る必要も地図を見る必要もない。

47　論文名のみ列挙する。所収・発行年などは巻末の 参考文献 を参照のこと。
　①「使用中であることを生け捕りできないモノ ─ 心・生・世界・夢・禅・言葉・愛・絵・時間・陶酔・失敗 ─」
　②「〈夢の使用〉と〈夢への言及〉」
　③「コンピュータ・数学・論理学における代入とは何か？ ─ 情報の使用と言及をめぐって ─」
　④「自然言語における使用・言及の区別を視覚言語へ拡張して」
　⑤「表現中の言語表現に言及することの不可能性について」

48　「哲学Ⅰ」「哲学Ⅱ」「哲学」では 15 回の授業と試験が終わったら、哲学思考実験で培った思考回路や発想・着想を捨てるように、忘れるように指導している。この積極的な忘却は肝に銘じることである（第 3 章 2.（1）2）「syntax and semantics：形と意味」も参照のこと）。

49　「哲学Ⅰ」の一対一の個別授業では、両面印刷で表も裏も同じものを印刷して提示した。
　　類例として表も裏も白紙のままものも見せて、その配布プリントには意地悪に頁番号が両
　　面とも 1/1 と印字してある。でも、どちらを「裏」と呼ぶべきか、どちらを「表」と呼ぶ
　　べきかは考えるに迷うに値するとして、何度も裏返せる（ということは、その内の半分の
　　回は、〈表返し〉していたわけだ）からには、表・裏共に同時に存在しているはずである。
　　この表裏問題への導入は本書第Ⅱ部冒頭に罠を仕掛けるかのように書いた。
　　　　またこんにゃくゼリーのような入れ物を 1 つ用意してそれらを見る視点：頭の上に持ち
　　上げたり自分がその内部にお寺の鐘の中に閉じ込められたりしたときに、どこを内部・外
　　部と言うのか？　自分の視点や存在する相対的な位置に依存するのは認知科学的視点か。
　　たぶん数学は絶対的な神の視座から見ているはずだ。

50　地球を世界一周旅行すれば、また元に戻ってくれるという安心感で、適当に任意に抽出・
　　選択してもらえれば結構である。

51　表と裏のない世界（infopia.net）より「名前をつけて画像を保存」をした。

52　「(部分集合, 補集合)」よりは「(現在注目されている集合, そうでない余白の集合)」の
　　ほうが分かりやすいかもしれない。

53　*** メタ言語ではなく対象言語でよい。この対象は対象言語ではなく、言語階層では 0 階
　　（ラッセルのタイプ理論の数え方で）の対象だから。

54　デデキントの切断については次の項（第 3 章 3.（4）「デデキントの切断」で紹介する。

55　実数はどうしてわざわざ「実」と付くのだろうか。"real number"の和訳だからそうなるの
　　も仕方ない。自然数に対して、カントールの対角線論という一種の背理法によって、存在
　　しないわけではないと（二重否定による肯定）、実数の存在を証明する方法がある（ただ
　　し、この証明法しかないわけではない）。実在性はあるのか（背理法そのものにはあまり
　　異論はないが、背理法という論法を成り立たせる大前提である数学の無矛盾性を同じその
　　背理法を使って証明しようとするゲーデルの不完全性定理の証明には異論を唱えた（中村
　　直行［2011］「Gödelの第二不完全性定理の証明における背理法適用への批判、金沢大学
　　『哲学・人間学論叢』第 2 号、pp.17-29）。
　　　　自然数（natural number）に対比的に言うのであれば、「実数」よりも「人工数」が適切
　　だろう。我々は 3 次元ユークリッド空間に住んでいるらしい。そう考える人が多いよう
　　に筆者は感じている。ｘ軸、ｙ軸、ｚ軸の独立な軸を（道路標識のようには書かれていな
　　いけれども）我々の住む空間として想定することができて、そのうちの一本、例えば y
　　軸をとる（数学ではよく使う表現で、他には「ある集合からある元（要素）をとってくる」
　　式に使う。それは移動・運搬をさせるわけではなく、「話題として今取り上げる」とか「注
　　目する」とか「念頭に置く」と言い換えられよう）と、それは実数と同様に連続体濃度な
　　のだ。
　　　　ちびっこ相撲の土俵の縄は切れないのだが、切れないほどに高々可算な稠密な密度を超

えて、連続的にびっちりと詰まっているのだ。物理学的には我われの住む空間はスカスカ
で分子・原子・素粒子たち細かい粒によって成り立っていて隙間があるという点で、形而
上学的・数学的ではなく、形而下学的・経験科学的に、この宇宙の観測に基づく物理学か
らしても「実数」の「実」はリアリティがない。

56　数学の定義上「境界」とは、どちらの勢力にも属さない緩衝地帯でなければならないから
だ。

57　「女性が安心して暮らせる女性専用グループホーム ぽっかぽか」より引用した（https://
ghpokkapoka.com/wp-content/uploads/2020/04/84e8afc7-s-1.jpg）。

58　筆者の修業時代の博士課程での難しい英論文を音読する読書会において迷宮に迷い込んで
しまい、ページの白い背景色が浮かび上がり迷宮の白壁のように立ち、そして黒いアル
ファベットの文字が下に向かって沈んで迷宮の白壁と黒い迷路を作り上げては、それらを
上から見下ろす幻覚（いや、見てしまったからにはそのような反転を実際に見たと認める
べきだろう）を感じて頭を左右に振って元の世界に戻ったことがある（筆者の体験談より）。

59　反転図形と多義的図形との差異を述べる。多義的図形は、ある部分をくちばしと見ればそ
の部分を含む全体をアヒルとして認識し、耳と見ればウサギとして認知する。しかしそれ
はアヒルであろうがウサギであろうが、その一方の動物の頭・顔として認知していて、そ
れらを浮かび上がらせている背景は、やはり縁の下の力持ちとして退いたままである。そ
の安定した主役−わき役関係の基で、主役を演じる役者がアヒルさんであったりウサギさ
んであったり式に、交代劇が主役に注目しつつ多義的に起こるのが、多義図形であるとメ
タファしておく。

60　Edgar Rubin, "Synsoplevede Figurer", 1915 年, p.60 より引用・和訳。

61　☆☆上田 閑照［1992］『場所 ― 二重世界内存在 ―』、弘文堂、p.8 より引用。

62　数学的対象であって物体ではないので、あなたがフィジカルな存在としてその対象に触れ
ることができるようなものではない。滑らかに触れようとしたところで、撫でようとした
ところで、微量どうしでもありそうな作用も対する反作用もまったくなく、感触も感覚も
なく、摩擦もなければ触れているのかどうかを認識者は自覚のしようがないだろう。だか
ら心眼で観ることになぞらえて「心の指で触れる」とでも言っておこうか。しかしそれは
言葉の魔術、いや誤魔化しであって、筆者にはそのような神がかりなことはできない。数
学的対象は、無味無臭、質量も色も温度もない。感覚的対象ではないのだ。

63　2次元平面（の部分集合）からメビウスの帯を模擬（数学者ではない普通の人間が認知で
きるように近似的に、2次元平面は厚みがないからプラトニストの数学の世界とは違って
考察対象となる触れる厚みの素材が要る）的に作成するときに、これまた現実的な方法だ
が、ひねった両端を貼り合わせるときに糊代を設けてつなぎ合わせる方法がある。
　　その糊代の利点は、それが上下に重なる共通部分となり、その継ぎ目に段差が生じるか
ら、そこに引っかかりを感じて1周したことがわかることである。

64 例えば、メビウスの帯を擬似的に紙テープで作ったときにできてしまった（あるいは意図的にこしらえた継ぎ目）の段差で躓くことができた。

65 自我は他我と対立して初めて存在する。それが対立しない場合、自我でもなく他我でもなく**我**である。しかしその我は自我ではないから自己認識をしない。したがって観察者と非観察者の二役を演じることができない我になるのだ。それは志向性を持つが、何を志向しているのか？ それは観察されていないので言語化もされず、そしてそれはただ一つあるけれども一つあると言うことを観察するもの、それは自我であるけれどもその一つの我が観察され認識ないから、スコットランドのバークレー式の「存在するとは認識されること」により、存在しないこととなり、一つとカウントアップされることはない。

　　それは観察されず自覚されず、ただあるのだろうけれども、一つとさえ数えられないから無に等しい（第3章3.（3）「ある出来事から今までを振り返り、過去への認識が改まる」の状態Aと状態Bとの反転する図を参照のこと）。

66 ゲーデルの定理から、真なるという概念と証明可能性という概念は同値関係ではないことが分かる。両者は一致せずに異なる概念だったのだ。

　　後に「ゲーデル文」と呼ばれるようになる自己言及文をゲーデルが作ることにより、それは正しいけれども、証明はされないものであった。それに対してその真理は数学的な真理ではなく自己言及するだけのものでしかないという批判がある。

　　しかし同じく、形式的体系の無矛盾性証明は無矛盾な体系自身では証明不可能だと主張するパリス・ハリントンの定理がある。その定理は、自己言及文に依らない証明がなされている。だから数学の体系（パリス・ハリントンの場合、ペアノ算術）では、整数に関する正しい命題であり表現はできるが、それは証明を持たないということがメタ証明されている。

　　では、数学は出発点の公理によって証明される定理は全て完全に規定され、形こそ変わるが出発点から真理を遺伝し、定理と呼ばれる真理へ受け継ぐ空しい学問なのか。

　　いや、空しいかと言えばそうではなく、筆者は前原昭二先生の言葉が好きだ。その主張を筆者の記憶から再生して書いてみると、こうなる。「神ではない人間だからこそ、何が正しく何がそうでないかというその主張の正しさを、証明することによって初めて知るのだ」という旨をどこかで述べておられた。

　　数学史的には、無限小解析（微分積分学を古くはこう呼んだ）を直観ではなく、論理と集合で基礎づけようとする前の数学は、プラトンの理想的な数学の世界に想起的に意見照会し、真理を確認する営みであった、と筆者は感じる。そしてヒルベルト以来、それらの真理を集合と論理だけでも組み建てられるようにして、数学的真理の普遍性、完全さ、厳密さを確立する学問になってきている。

67 もちろん原理的な話である。証明に挑戦しても完了まで何百年もかかる場合もあるし、機械に自動証明をさせるにしても全ての定理を対象とするかといえば、「まず、これを証明

させたい」と選ばれるかどうかであって、選ばれて機械に証明させたところで、いつ証明が完了するは分からない。

68　例えばA→（B→A）という公理図式に対して「まずAを先に大仮定してさらにBを仮定したところで、やはり元々の大前提のAは崩れず成り立ったままだね」（間違っているかもしれない一解釈）。

　「普遍的に成立するはずだから、"A"に「ピザが食べたい」を当てはめてみて、"B"に「お腹を壊した」を当てはめてみたら、「やはりピザは食べたい」は成立するのかな？」

　「そのケースはAとBとが水面下で影響し合う関係があるから、成り立たないね」などと自然言語で講釈しては、せっかくの図式に別の言葉で言及しているので、「では、さらに問うが、公理図式の説明に使用されていた『まず』とか『先に』とかを説明してもらおうではないか？」「『前提』の意味を教えてください。そのうえで『前提』と『大前提』との違いもお願いします」。ということまで説明しなければいけなくなり、無限背進に陥る。論理学（的な賢）者はそんなことを筆者のようにわざわざ口に出さないが、分かり切っているのだろう。だから公理図式というものは提示して、提示された人は「うん、そうだね」と納得すべきもののように筆者には思われる。

69　ただし論理と一言で言っても、頼りにする論理ゆえにその時期は、アリストテレス以来といっても、カントやヘーゲルのル論理学ではなく、ゴットロープ・フレーゲが創始した数理論理学が拠り所となっている。

70　「実数は極めて多くの性質を持つが、我々が本書で用いる実数の性質はすべて以下に述べる十七個の性質（R1）－（R17）から論理的に導くことができる。その意味でこの十七個の性質が実数の最も基本的な性質である。我々はこれを実数全体の集合 R の性質として表現する。この十七個の性質を持つ数学的対象は本質的には R 以外にはなく、その意味でこれらの性質は実数を特徴づけている（§3 問題 5）参照。（略）この十七個の命題を、その性質から三つの種類に分類することが出来る。それらは、それぞれ［1］四則演算、［2］順序、［3］連続の公理、の三つである」（『解析入門 I』（基礎数学 2）東京大学出版会 1980）p.1 より引用）。同書pp.1-7 に（R1）～（R17）が挙げられている。

71　数学者クロネッカーは「自然数は神が創りたもうた」と言った。もちろん数学を基礎づけるときに直観的に与えられた自然数は「0」（を最初の数とすることが多い）を空集合φと同一視することによって定義できる。「1」は 0'（0 の後続者）として定義される。だから、「1」が定義されたときには、まだ「2」は定義されてはいない。しかし、直観的に与えられた自然数は所与なのであって（プラトンのイデア界には天然に生息しているし、天才数学者の頭の中には存在しているのだろう）、それを基礎づける（自然数を基礎づけるのに自然数を使っては循環論法に陥るので、自然数以外の集合の概念で説明する）ために行っているのであって定義される前から 2 は存在している。

72　確かに自然数全体からなる集合を考える時に（考えることは無限の彼方を想像するからで

きそうだが、「全体」と言い切れるだろうか？　筆者は無限をしつこく追いかける。諦めては、そこで終わりだからだ。莫大であれ有限な数の並びが残るだけだ）その構成要素であり出発点となる0を空集合と同一視して定義できる。

　　だから出発点はあるのだけれども、それの後続者を作るためにダッシュをつけて次の数を次つぎと定義していく。系列を作るという目的があるから最初の出発点も作ることができるのであって、0だけを作って続く系列なしの一点集合を作るためだけなら0も集合論で基礎づけてまで作らないのではないか。

73　黒田瑞生［2018］「空間内で実現不可能な曲面のパラメータ表示と方程式」5.3「パラメータの消去と方程式の導出」http://www.math.aoyama.ac.jp/~kyo/sotsuken/2017/sotsuron_2017_Kuroda.pdfのp.23より引用した。

74　〈事実として成立しうるかという実現可能性〉と〈成立しうる事実の表現可能性〉は異なる概念である。また表現可能であっても証明可能であるかはまた別の概念である。

75　「曲線と曲面『曲面と多様体』（朝倉書店、2001年）より 川崎徹郎 2012春」p.37を参照した（https://pc1.math.gakushuin.ac.jp/~kawasaki/12kyokusen-to-kyokumen.pdf）。一部引用する。「平面は，その片側の領域を囲んでいると考える」。

76　ヴェクトルを二つ用意してきて各成分（例えば3次元ヴェクトルであれば x、y、z）どうしをそれぞれ掛け合わせて、それらを足し合わせた値。

77　「閉じた」は日常用語でもあり、数学の用語（「閉曲面」・"closed surface"）でもある。

78　内部と外部の区別がつかないので、「内部」は無意味である。例えば、サランラップの芯や陸上競技のリレーで用いるバトンと同じ構造（ただし厚みは無視する）ではないか。

79　「表裏一体」と同様に「ひとつながり」も難問である。「同一性の悪魔」とウィトゲンシュタインが言ったように記憶している同一性の問題である。いつも一緒にいることはできるが、会うからにはいったん離れていなくてはならない。離れてこそ、くっ付けるから。「表裏一体」の言わんとすることは了解できるが、一体なら表でもなく裏でもない。ひとつながりにつながってしまえば、二つ以上の何かがくっつく前にはこれからくっつけるが、くっついてしまったら区別なしに一つになっていて「つながっている」のではなくなっている。

80　The Klein Bottle（https://www.youtube.com/watch?v=E8rifKlq5hc）参照。

81　「より一般に Whitney の埋め込み定理によって滑らかな n 次元多様体は 2n 次元ユークリッド空間に埋め込めるので、そのことからも任意の閉曲面は4次元空間に埋め込めると言えます」（さのたけと @taketo1024 2018年4月18日より引用）。

82　志賀浩二［1976］『岩波講座 基礎数学 幾何学ⅰ 多様体論Ⅰ』、岩波書店.27頁を参照した。

83　「3次元で無理に表現しようとする」の無理とは、はめ込み（immersion）の手間がかかることを言っているのであろう。

84　その論文の初出は *Monatshefte für Mathematik und Physik*, 38: 173-198. である。筆者

が読んだのはゲーデル全集の以下に所収された同論文である。Reprinted in *Kurt Gödel Collected works* vol.I, edited by Solomon Feferman et al., Oxford University Press, 1986-1995, pp.144-95。

85 「不完全性定理に関するゲーデルの理論についての入門書である．ゲーデルの証明をていねいに追っていくことは，じつは，論理計算の実際を知る上でも，また，記号論理の実質的な意味を理解するためにも，まことに良い機会を初学者に与えるものであり、それゆえに，本書はまた，数学基礎論全般に対する入門書たり得るものと信じている．

　記号論理に関する著作が数多く存在する現在，不完全定理を，どのような形式的体系について述ぶべきかは，本書の作製にあたっての1つの問題あった．そして，種々の観点からの考慮を集約し，結局は，ゲーデルの原論文に採用されている体系をそのまま用いることにした．（略）

　わたくしは，ゲーデルの原論文を読むための直接の予習書たり得る性格をも本書に与えようとした．明確な記述によるゲーデルの論文も，「型の理論」に不慣れな読者には，やや近づきにくい点がないでもない．そのため，型の理論を避けた不完全性定理の――しかも，やや不明確な――証明が世に広くおこなわれ，ゲーデルの精密な証明によって不完全性定理を理解する人は，いまや少数派になってしまった感がある．この風潮に対するわたくしの不満が，本書の中心におくべき形式的体系として，単に型の理論というにとどまらず，ゲーデルの原論文にある体系をそのままの形で採用した理由の一つになっている」(前原昭二 [1977]『数学基礎論入門』基礎数学シリーズ 26、朝倉書店、pp. ⅰ - ⅱ より引用。「述ぶ」は原著のままである)。

86 「…」は第3章 1.（6）「分かり切っている場合だけ省略記号「…」が許される」で問題視している。

87 ラッセルは集合論から矛盾が生じないように対象を各階層に分けて、うそつきパラドックスのような自己言及文を禁じた。その何階かを表すのが型（type）である。ゲーデルは全ての自己言及文を禁止することは厳し過ぎると考えたようだ。現に後に他の研究者からゲーデル文と呼ばれる文は自己言及文である。

88 ☆☆☆「：」を用いて同格表現であると便宜上させていただく。「：」には引用符がついているのと同じ理由で、「：」の先導は「：」の次に来るモノの前振りをして紹介する証なので、引用符を付けるのが厳格な〈使用と言及の区別〉だが。この厳格さを筆者はいま己には向けずに、第3章 4.（5）「定義式内の使用・言及の共存」で他者には向ける。

89 「0」という数字を使用して数である 0 を表すという方法ではなく、そのための記号を用意する。見た目も区別できるように、太字で記す。

90 関係記号によって後者を作ることができる。自然数 a に対して a´ は次の（一つ大きい）言い換えると（a + 1）を意味する。よって自然数 0, 1, 2, 3, …は 0, 0´, 0´´, 0´´´, …と表されることになる。

91 Aを命題とするとき、¬Aは'Aでない'という命題を意味し、AとBを命題とするとき、A→Bは'AならばB'という命題を意味する。また、Aが命題であるとき、∀xAという表現によって'すべてのxについてAが成り立つ'という命題を表すのである。

92 カンマで区切られているが、左右セットで閉じ合わせる記号を並べてある。論理式の結合の強さを明記するためにも用いる。

93 おのおのの型ごとに，それぞれ可算個ずつの変数（variable）を用意する.

94 **「1階の対象式」**とは、特定な対象式（先に用意された $0, 0\,', 0\,'\,', 0\,'\,'\,', \cdots$）と不特定な対象式の総称である。

95 n > 1 のときの**「n階の対象式」**とは、n階の変数そのもののこととする.

96 前原昭二『数学基礎論入門』p.18 より引用した。

97 ZFCに関しては注 27 参照のこと。

98 温厚なベルナイスが「私が構築し、ゲーデルは使用しただけだ」と言ったというエピソードをどこかで読んだ覚えがある。

99 「PMの公理4は，1926 年にベルナイスによって他の公理から証明されることが示されており，なくてもかまわない」（広瀬 健・横田 一正［1985］『ゲーデルの世界 ― 完全性定理と不完全性定理』、海鳴社p.58 より引用。以下の「試し読み」のURLからも参照できた。https://www.amazon.co.jp/%E3%82%B2%E3%83%BC%E3%83%87%E3%83%AB%E3%81%AE%E4%B8%96%E7%95%8C%E2%80%95%E5%AE%8C%E5%85%A8%E6%80%A7%E5%AE%9A%E7%90%86%E3%81%A8%E4%B8%8D%E5%AE%8C%E5%85%A8%E6%80%A7%E5%AE%9A%E7%90%86-%E5%BA%83%E7%80%AC-%E5%81%A5/dp/4875251068?asin=4875251068&revisionId=&format=4&depth=1。

100 広瀬 健・横田 一正の同書 p.57-8 を参照した。

101 https://www.toyocho-shika.jp/gam.html

102 筆者はトイレを使用中に清掃をするからと言って無理やり追い出されたことなど一度もなく恩恵に預かっているが、ことばを使用中にただ一言「使用中だ」と言われると強制的に言及中になる。もちろん使用と言及は反転するので、強制的に言及中に状態遷移してもまた使用中に戻れる（独語の今日の使用例）。

103 この縦棒は集合の内包的定義、外延的定義に用いるものであって、ウィトゲンシュタインが好んだシェファの縦棒 | ではない。

104 https://www.nikkei-science.com/?p=16686 を参照し、一部引用、一部要約などを組み合わせた。

　　　1927 年にハイゼンベルクが提唱した不確定性原理の式：$\varepsilon q \eta p \geqq h/4\pi$. ただし、左辺の εq は測定する物体の位置の誤差、ηp は位置を測定したことによって物体の運動量に生じる乱れで、右辺の h はプランク定数、π は円周率。もし位置が誤差ゼロで測定できたら（εq = 0 の場合）運動量の乱れは無限大になり、測定してもめちゃくちゃ

な値がランダムに出てくるだけです。だから位置と運動量をともに厳密に決める測定はできないと、これまでずっと物理の学生は教わってきました。

以下に引用する小澤の不等式［2003 年に提唱］では左辺への多項式の追加によってより近似度が精緻になるが、式で書かれていて右辺は同じ点では 1927 年にハイゼンベルクが提唱した式と同様とし、シンプルな式の方を先に引用した。筆者が問題としていることに関しては読者はシンプルな式だけで十分である。

なぜならば、世界をいかに正確に近似するかではなく、世界と言語（数式表現）との関わり合いを問題視するからだ。ハイゼンベルクの式も小澤の式も、形而下学的な経験科学の仮説を不等式で表現しているが、最小値として共通な h/4π へと収束するのかということ、すなわち、現実の模擬（理論、観測された結果の理想化されたもの）が数学の世界の中で、実現する（無限の彼方ではそれに至るだろうという予想ではなく、ちょうどきっちりと 今この場で、等号＝が成り立つ）かが筆者には問題だから。では引用する。

　　小澤の不等式：$\varepsilon q\eta p + \sigma q\eta p + \sigma p\varepsilon q \geqq$ h/4π

ハイゼンベルクの式から、項が 2 つ増えています。新たに出てきた σq, σp というのは、それぞれ物体の位置と運動量が、測定前にもともと持っていた量子ゆらぎです。ハイゼンベルクは不確定性原理を考える際、この量子ゆらぎと測定による誤差や乱れを混同した形跡がありますが、量子ゆらぎというのはもともと物体に備わっている性質で、測定とは関係なく決まります。小澤教授はこれを厳密に区別した上で観測の理論を構築し、新たな不確定性の式を導きました。

筆者も厳密な区別により現実世界を描き出す近似度が精緻になったことに敬意を表する。

105 第 3 章 4.（5）「定義式内の使用・言及の共存」において、円周率と π とを以下のように区別する。まずは円周率だが、円周率＝（円周）÷（直径）と定義する。ただし理想的な世界での割り算であって、言語学が「ユニコーン」という語の定義を与えたとしても、現実世界にユニコーンなる一角獣が存在するとまでの保証を与えない。ユニコーンが現に存在するどうかは、全世界を探検することにもなり兼ねないし、運よくそれらしきを発見しても、ギリシャかラテンの伝説の専門家だけでなく、一角獣であることを検証するためだけであってもその分野の専門知と判定技術が必要で、経験科学に委ねることになる。

上記と同様に、公式を立てたからと言って、有限な時間内にその右辺の値が確定する、求まるということは別のことだ。

もう一方の "π" の定義は（狭義単調増加で下からアプローチする算法を採用したとして）我々の代表として我々の集合の中から最大値を選出してその値に到達するか、それは叶わぬとしても、こちら側からはそちら側へ到達できない（この岸と彼の岸には間がある）としても、そこへ至ることはできないだけの決して触れることのでき得ない壁の存在を把握していて、その漸近線たる π のことである。

176 第Ⅱ部 「『こだわるな』にもこだわるな」にさえこだわらなくなるとは

106「分かったようなこと言うな」と言われそうなので、予め降参して白状しておく。小学校
　　時代の通信簿の音楽は5段階評価において1か良くても2であった。さらに中学校時代で
　　はクラス対抗の合唱コンクールの練習中に先生から「中村君は口パクでね」との指導を受
　　けた。もともと音痴なのに筆者にだけ難しい技を要求されて戸惑ったが、最大多数の最大
　　幸福の実現のために、その一翼を担うこととなり、我がクラスはかなり良い成績を収める
　　ことができた。
　　　「【よみぃ×Ms.OOJA】フライディ・チャイナタウン【泰葉】」を視聴し、歌を使用する
　　状態から歌に言及する状態へと遷移する瞬間を「現時点の動画のURLをコピー」する機
　　能によって、そのURLを記す。
　　https://youtu.be/6DsH_bwQVnQ?list=PLQ_lbKHMhN1l_pPd3bA64RqY7z4ReQZNa&t=
　　193。

107☆☆（書き写すときには）使用中だが（文を完結せずにこの注を終えるが、次の注とコラ
　　ボレーションしてリズミカルに読んでもらいたい）、

108☆☆と、言及してしまっている。毎回その都度それ自体であることと、上司が部下を呼ん
　　だり、メイン・プログラムがサブ・プログラム（ルーチン）を呼び出すように、ことばで
　　指示するときに、

109①に対して左側から（−x）を足して
　　$(-x) + x + y = (-x) + 3$
　　左辺の（−x）＋xは打ち消し合うので、左辺に残った$y = -x + 3$　…③　（出題者から所
　　与の①と②に続いて、解答者の立場であっても③を何気なく使用することが許される）で
　　ある。
　　③のyを②に代入して　　$2x + (-x + 3) = 5$
　　$$2x - x = 5 - 3$$
　　$$x = 2 \quad …④$$
　　④を③へ代入して$y = -2 + 3 = 1$
　　したがって、答は$(x, y) = (2, 1)$

110「'」を付けたのは（全く同じではないが）役割は同じで対応しているからである。

111 人によっては、「中村直行」というのは（が）、私の名前です、の方がわかりやすいかもし
　　れない。

112☆☆☆☆これもことばで表現不可能なのだ。使用中なら引用符を施さない約束事なのだか
　　ら、①'では　中村直行は使用中で　と、すべきなのだから。しかし使用 vs. 言及の区別を
　　峻別しても、その峻別を言語化できないのである。

113☆☆ コロンでつないで同格表現で使用中ということにさせてほしい。ややこしく書けば、
　　「「」」のところが、よりややこしく「「「　」」」になるので。

114 飯田隆［2020］『分析哲学 これからとこれまで』8「言語とメタ言語」1「定義は言語の内

にとどまるのか」（pp.135-8）および 飯田 隆［2002］『言語哲学大全Ⅳ』3・1「引用名とメタ変項」（pp.106-8）を参照し、胸を借りて自作した。

115 ☆☆ 指示に失敗している疑似的な指示語なので、斜体にしてある。

116 中村 直行［2006］『沈黙すべき〈語り得ぬもの〉とは何か？ ― 『論考』の峰と山脈を追いかけて ―』金沢大学 博士論文（http://hdl.handle.net/2297/3961）pp.12-3 より引用。

117 約 1 年間のイタリア在住とその後の米国での生活を合わせると海外生活が 36 年となり、やっと日本に戻って来てくれた（永住してくれることを筆者は期待している）おばに米国人の発音をカタカナ表記にどう置き換えるとよいかを教えてもらった。美人四姉妹の三女で、いつまでも若く美しい叔母へ　ありがとうございます。

　　　David Kaplan（ディヴィット カプラン）が来日し講演してくれた時に彼の発音でうめき声を聞いたことがあったが、それも久しいことで、それ以外には外国の方が苦しんでいるところに出くわしたことがなかったので、Youtubeで聞いてみた。"The Meaning of "Ouch" and "Oops" with David Kaplan"から「現時点の動画のURLをコピー」してみた。23 分 53 秒以降で彼の"ouch"（アウチ）の発音が何回か聞ける。https://youtu.be/iaGRLlgPl6w?t=1433。

118 この「…」は省略記号ではない。棒線を引っ張っても代用できる類いのものである。

119 Microsoft 社製文書作成アプリケーション Word のメニューで「タブ設定」の「タブ位置」を 5 字に設定して一回だけ「Tab」ボタンを押してので、5 字分の字下げになっているはずだ。

120 コンピュータ・プログラミングの一種で、自身のソースコードと完全に同じ文字列を出力するプログラミングである。フリー百科事典『ウィキペディア（Wikipedia）』の「クワイン（プログラミング）」のページを参照し、「コンピュータプログラム」を「コンピュータ・プログラム」に筆者が変え、動名詞らしく訳出するために「プログラム」を「プログラミング」と変えさせてもらった。

121 ドイツの数学者で、無限集合論の創始者。

122 斜体は筆者による強調。深いインデントは囲まれた額縁効果（frame effect）がすでにはたらいているし、"are unquoted"と言及した段階でダブルクオーテーション（二重引用符）で囲むべきなのだ。

123「まず私が面白いと思い、いつまでも印象深くよみがえってくる話があります。（略）『大拙の言ったことだが、禅は要するにこういうもん（まま）だ』と言って、やはりテーブルをガタガタ動かされた。こういう話なのです」（エピソードの引用は以上で上田 閑照［1997］『ことばの実存：禅と文学』、筑摩書房 pp.18-9）から続けてその解説を引用する「話としてはそれだけの話なのですが、私が面白いと思ったのは（略）「ことばと禅」という題で話しはじめましたが、尻切れとんぼのまま、時間がおわってしまいました。後半は坐禅と参禅について話しました。これは、特に禅的なこととして話すという趣旨ではなく、それを人間存在の根本的事態の一つの具体化として、そこから人間存在の構造を読み取る

という趣旨でした」（同書pp.19-29）。講演会のスピーチのようなので、ガタガタのエピソードの解説自体とそれに続く話をどこで切ってよいか迷ったのでスピーチの終わりまでとした。

124 テーマ「金沢に生きる」（2014年11月1日 石川県金沢市下本多町 金沢歌劇座ホール）にて（主催：金沢市／鈴木大拙館）。

125 ☆☆☆☆ 上田閑照『人間の生涯ということ』p.137-8 より引用。

126 ☆☆☆☆ 黒崎宏［1997］「反哲学者ウィトゲンシュタイン」『現代思想の冒険者たち』シリーズ月報第16号（『現代思想の冒険者たち07 ウィトゲンシュタイン』収録（裏表紙前に折り込み式に糊付け））pp.2-4 より引用。

127 『探究』内における番号である。

128 釈迦は少年時代、形而上学的だったが、悟った後は弟子や衆生の哲学的な問いに答えなかった。悟りへと導くためにはならないからだそうだ。

129 黒崎宏『ウィトゲンシュタインと禅』p.64 を参照した。

130 ☆☆☆☆☆ 誤字脱字ではなく、言語で表現不可能な破格なのであえてこう書いた。いつもよく出てくる注だが、ここもまた指摘しておく。私が使用中であると言及するまでは使用中であったが言及してしまったので、もはや言及されていると意識してしまっている。ケンカをするのはいけないことだと傍観（言及）していた人が、ケンカを止めに入った途端に自分もケンカの当事者になってしまう（使用する）ように。これは使用から言及への一方通行でなく、逆向きもあり、しかも何回も相互に行き来できる例を作ってしまったのである。

131 小坊主Cの発言が、他者には厳しいのに自分には甘いことの例として挙げられることも多いが、ここではそういうつもりではない。

132 言わなくても真、言ってしまえば（より悪化するが）真。それを以下に二つ例示してみる。
　　客観的に騒々しい（スピーカーなどの装置が暴走して）「うるさーい！！！」と怒鳴りつければ、「うるさーい！！！」自体がより、うるさくしてしまうだろう。
　　「誰に向かって鳴らしとんねん」と言いたくなる無用なクラクションが鳴って、「誰に向かって鳴らしとんねん」の代弁に自分もクラクションを鳴らし返す。

133 なぜかしら（数理）論理学者とは呼ばれないし、数学者だとも思われていないようだ。

134 筆者により引用と要約。甘利俊一（監修，監修），田中啓治（編集）［2008年］『シリーズ脳科学　認識と行動の脳科学』p.56-8 を参照した。

135 我ながら面倒な注だが、筆者が使用中と指摘した段階で使用中から言及中に変化している。

136 数学者・論理学者のクルト・ゲーデル（Kurt Gödel）も定義は原理的には不要の旨を述べている。

137 ☆☆☆ 同様のことに気づいていた数学者・論理学者のダーフィット・ヒルベルト（独：

David Hilbert）は無定義術語を考えた。論理学や数学で証明を行うには公理と推論規則を用いる。ユークリッドの数学体系では公理には（証明抜きに）正しいと信じられる命題が選ばれた。公理のような出発点がないと証明が始まらないが、出発点自体は遡っての証明がなく、証明を免れている。しかし、やはりこのような源流がないと始まらないので、定義をしない術語を導入することになる。その無定義なままの術語はその数学体系の中で陰伏的に解釈される。解釈は一意とは限らない。

138 前提条件（選択肢が一つしかない場合）から推論して結論を導いているが、この結論が正しいならその主張通り、選択肢とは呼ばれない何かは「選択肢」という語では指示できず、「選択肢」は無意味となる。そんな無意味な語を含む前提条件から推論した結論は正しいだろうか。だが、「選択肢とは呼ばれない何かは『選択肢』という擬似的な語では指示できず、『選択肢』は無意味となる」という主張の言わんとすること（ことばにならない真理と言いたい）を了解する。「夢を見ている最中に夢を見ている」と言えないという文も同型の問題である。その文の主張を解釈し正しいと判断しその主張に従えば、その文の中に無意味な語「夢」を見つけるだろう。

　このもどかしい問題は一つしかない選択肢に限らない。お腹が太ってくると段腹になってしまう。ところが私の知り合いの飲み屋のマスターで段腹に憧れている人がいた。痩せているから太りたいのではなく、マスターは痩せたいのだ。

　段腹とは 2 段以上になった時から言うのであって、マスターの膨れて出っ張った単一のお腹は段になれないのだった。段なるものを形成するのは、ある段とまた別の段とがお互いに識別できるだけの境界が存在していなければならない。

139 「法線ヴェクトル」とは曲面なら曲面上のある点での接線に垂直な線のことであり、「接ヴェクトル」とはその曲面に接するヴェクトルのことである。

140 Non Negative Language or Naoyuki NAKAMURA Language

141 新井敏康［2021］『基幹講座 数学 集合・論理と位相』、東京図書、p.1 より引用（傍点は筆者による強調）。

142 ☆☆☆ 使用と言及の両立・混在例文：「筆者は句点「。」を使用する。」（ただし「使用と言及の両立・混在例文：」という紹介による言及がなされる直前まで）。

　句点「。」とは文を締めくくる記号である。

　文末に「。」を打つのは拙著『沈黙と無言の哲学』1 章 1 節 2 項「文の終止符」では約束違反だったが、使用と言及との混在を許さないならば、定義されている最中の「。」を使うことは許されずに定義中ゆえに定義は完結しない。一方、約束を違反しても「。」が打たれているならば、定義は完結しているから、以降堂々と使用することがゆるされる。勝てば官軍。クーデターも成功すれば、反逆罪どころか新政権を打ち立てるのだ。

143 こう考えると「知る」という言葉の意味が分からなくなってくる。知らないという状態から知っているという状態への変化が知るという行為なのか。知らないことは多いがごくわ

ずかだが知っていることがあるが、どうして知ることができるようになったのかがわからない。

144 世俗的には、注目の仕方によって主従は反転するが、主観的には常に自分だけが主役である。このことは第1章「根源的な付け根」と第2章「ゼロ・ヴェクトルの軌跡を描くブーメラン」で論じた。

145 （数学の閉じた・開いたとの例との非対応は気にしない）閉じたクラインのつぼも開いたメビウスの帯も表裏の区別がないとは数学の真理

146 歌で言えばTHE虎舞竜「ロード」」2章 https://www.youtube.com/watch?v=unmo1ZylPU 及び、「ロード」第十四章＝愛別離苦 https://www.youtube.com/watch?v=2eJ1aD3lL1Y。

147 数学の正解は幅を持つ、だ。表裏は境界を持つのかは問わない（必要ならTwitterのさのさん）

148 集合も対概念ではなかろうか。集合とその構成要素たちとの対。または構成要素たちとそれらからなる集合との対。

　　その前に「集合」とは何か？ 「ある条件を満たすもの（それが一つでもよく、その場合は「一点集合」と言う）を一まとめにして考えたもの。ファイルからある条件を満たすものだけを選んで一つの分類を考え出して、移動・コピーした先のフォルダーのようなものだ。

149 「Aを命題とするとき，¬Aは‘Aでない’という命題を意味し」（前原昭二『数学基礎論入門』p.3 より引用（太字は原文まま））。

　　Aも¬Aも命題なので、「両者共にそうなのだ」（命題なるものに属する）と物分かりよく話ができる態度をとり、「命題」の意味自体は不問とせよ。我われは数学を基礎づけるが、循環論法と無限背進を避けようとギリギリのところにいる。揚げ足を取ったり、重箱の隅を突くのは建設的ではない。

150 原著よりできる限り忠実に引用する。「（¬の定義）¬$\phi \overset{def}{=} \phi \to \bot$　（戸次大介『数理論理学』p.157）筆者の技法では描けない特殊な専門の記号は類似の記号で置換させていただいたことをお許し願いたい。

　　また同様にある用語を定義するにはそれとは別の用語を定義する例を挙げる。

http://web.sfc.keio.ac.jp/~mukai/modular/gentzen-NK.pdf

　　「1.2.4 否定の推論規則 否定 ¬ （でない）を導入する．そのために矛盾を表す特別な記号 ⊥ を導入する．否定（¬）の導入規則 命題¬Aは命題Aが成り立たないことを意味する．Aの否定を導入するためにつねに偽である命題を表す記号 ⊥ を用いて定義する．

　　（略）¬Aの意味は，Aを仮定すると矛盾（⊥）が導けることである」（引用以上）。

　　よって否定には矛盾ありきなのだ。では先に「矛盾」を定義するにはそのもっと先に「否定」を定義しておかねばならない。ある子供を産むには親が要る。その親はその子供に産んでもらえばよいのか？この構図自体が矛盾しているのではないか？

151 しかし読者は筆者のささやきに耳を貸してはいけない。陰伏的定義から解釈し理解されたし。そしてそれも困難な理由を以下に挙げる。一気に対概念（肯定，否定）を定義づけるのに矛盾概念を使用するが、その次には、いや前には矛盾を定義しておかねばなるまい。まさかいくら陰伏的にであっても、肯定・否定・矛盾を三つぞろいに一挙に定義できないだろう。以前に定義された既知の用語を使って次なる未知の用語を定義するのであって、未知の用語ばかりを寄せ集めても、定義済みの定義項なしに被定義項を定義できないだろう。

　いやそう言えば、こんなケースもあった。陰伏的定義を集中攻撃することから少し離れて言語習得も視野に入れると、すべてが未知でそんな未知に囲まれてきたのに、それらが一挙に既知に変わることがあるらしい。未知なる言語（母国語ですら最初は未知なる言語）の中でも特に外国生活での外国語という未知なる言語を習得するとは、そのような手荒なものなのだろう（第 3 章 1.（4）では「暴走する言語列車」と呼んだ）。

152「カテゴリー錯誤」の一例を引用する。「図書館や講義棟といった個々の建物のあつまりが大学と呼ばれる……。だが、大学とは何なのかよくわかっていない人は、図書館や講義棟と並んで、「大学」という建物があると考えてしまうかもしれない。この人は、大学というのは図書館や講義棟と同じ「建物」というカテゴリーに属するものではないとわかっていないのだ。こうした人はカテゴリー錯誤をおかしているといわれる。」[1]（引用一旦終了）。

　ここまでを都合よく引用したいところだが、作者の意図を尊重して文脈を断ち切ることなく、オチに至るまでを以下に引用を再開する。「コレッジとは？」と疑問に思われた読者は、上記までの引用だけ読むに留める方が有益である。

　「これはカテゴリー錯誤の説明としては間違いではない。だが、ライルが念頭においていたのは上記の説明ほど愚かな人ではないだろう。ライルが「初めてオックスフォードやケンブリッジを訪れた外国人がやる間違い」と言っているように、この間違いは京大や東大のようなごくありふれた大学では生じない種類のものである。たとえば、京大や東大に初めて来た人が、文学部や法学部や医学部や時計台や図書館を見た後に、「ではいったいどこに大学があるんですか？」と尋ねるという状況は、ほとんど考えられないだろう。このような間違いは、オックスフォード大学のようにコレッジの集合体としてオックスフォード・ユニバーシティがあるという特殊な構成になっている場合にのみ生じる間違いだといえる」（「ライルのカテゴリーミステイク」『オックスフォード哲学者奇行』収録 https://webmedia.akashi.co.jp/posts/2462 より引用）。

153 辞書的な意味は「それとして扱う。実際には異なるものを、あえてそうであるものとして扱う意味合いがある。「見做す」「看做す」とも書く」そうだ。「同一視」の意味と同一視してもよさそうだ。

154 2002 年 4 月 15 日に北陸先端科学技術大学院大学（JAIST）へ論理学者の小野寛 晰 先生

の招聘により講演をしてくださった竹内外史先生（左）と筆者（右）との写真をご高書の上に乗せて、さらにそれを筆者が撮影した写真であるが、その掲載の許可を竹内外史先生ご自身にもご遺族にも願い出ることなしに筆者の一存で掲載させていただいた。

155 竹内外史・八杉満利子共著［1988］『証明論入門〔数学基礎論改題〕』共立出版株式会社、p.176 より引用。傍点オペレータは筆者による。

156 同書p.178-9。

157 新井敏康［2021］『基幹講座 数学 集合・論理と位相』、東京図書、v-viから引用した。自分にとって都合のよいところだけを切り出して文章を切ったり貼ったりしては原文の文脈を断ち切ってしまい、原著者の新井敏康先生の意図に反してしまうと思うので、自分にとって理解できていそうにない箇所も引用した。

　　筆者の読者に対して、筆者中村直行が理解もできていないところを引用するのは無責任なので、筆者の解釈が間違っているかもしれないが、筆者の読者向けにある解釈を参考に与える。

　　直観的な数学が矛盾してはいけないということが問題となり、直観的な数学体系を形式的な数学体系に写像してみようという動きがあった。そして写像されて形式化された方が矛盾していなければ、写像元も大丈夫かもしれないという確認をとろうとした経緯がある。

　　しかし、形式化する先へと直観的な数学をそのまま全部を写像できないということが分かってしまった（直観的な数学の矛盾ほどではないが、これ自体でも大事件だ）。形式化することは対応する記号列で置き換えればよいけれども、記号列からなるような言葉では言い表せず、それは言葉を超えたものであるという境地であれば、本書の以下の箇所と一致する考えではないだろうか。

　　「無音な状態や現象を誰が「しーん」と言っているのか？　私であり、あなたである。しーん、としているのだが、言語の使用者が「しーん」と形容しているのであって、自然はしーんとしていて、「しーん」と言われるまでもない。筆者がこの無音世界の一部であり、混然一体となってこの風景に溶け込んでいたら、「しーん」などと発することはないだろう」（第3章4.（5）「定義式内の使用・言及の共存」」より再掲）。

　　波形下線は、数学的対象は言葉によってもある程度表現しうるが、しかし言葉を超えて、言葉という幻影に惑わされずに（デリダの脱構築に先駆けるウィトゲンシュタインによる幻影たる言葉の破壊を彷彿させる）直観により把握できると解釈してみた。

158 一つに傾注して他に注意を払わないのなら、新規に興味深い話題が発せられても、それに気づけないはずだ。

159 ただし言語化されたものが全て原本を持つわけではない（部分否定）。絵画も視覚言語として言語化されたものに含めると、写生したのならば、もとから在る風景やモデルが原本として在る。そして、そのような見る対象ではなく、内面の不安などを描いた絵画作品な

ども、心情という 原本がある。

　また原本を持たないのではなく、パレットにある原本がキャンバスへと移動する手法もある。パレットの中の絵具という原本を使ってキャンバス上にそのパレットを描くので、絵具は腕の長さ程度の空間を移動して、元は実物のパレット上にあった赤色が、描かれた後ではキャンバス上のパレット内の赤色に描かれている。

　しかし、ニューヨーク派と呼ばれる抽象表現主義の画家ジャクソン・ポロック Jackson Pollo-ck）は、ドロッピング（dropping）という、絵具を飛び散らかすアクションペインティングの技法で制作される。その作品は原本を持たずに、飛び散らかされた作品自体が〈そのとき初めて・そこで〉生まれ出た作品なので、原本を写したのではなく、それこそが原本となる（symbol = object）。

160　しかし言葉が、現に成立している事や可能的な事態を写し取るとう写像（マッピング）機能しかないわけではない。言葉が言葉に語り、言葉の世界を言葉が言葉自身に言及して言葉の世界の中で閉じてしまうような自己言及文がそれである。「この文は間違っている」と言う文は、世界の中の事実や可能的事態を写しとっているのではない。

　「この」という指示語は「この文は間違っている」という文自体（にして全体）を指示している。しかしその文は現実世界内の事実や可能的事態を指してはいない。現実世界を写す機能を持つ言葉が、その写す機能を使って自分自身を写すように適用したのである。

　だからそのことが実際に成立していれば正しい文で、そうでなければ間違った文であるというふうに真偽を判定できない文である。

　世界内に原本があり、その写しである場合なら、真偽は判定されるのであるが、世界内に答え合わせをしてもらえるわけではなく、世界内に教師データとなる事実や可能的事態が在るわけではないから、検算を受けることができない。

　この自己言及文のような文は言葉だけからなる世界（体系）の中にあり、世界との対応付けが予め断ち切られている。

　とは言え、写像元・写像先の関係はないが、言葉だけからなる世界（体系）は、世界内の部分集合ではある。自己言及文の主張する内容自体は世界の中にあるのではないが、その主張ではなくそれが文に過ぎないというふうに言及される時には以下のように世界内に含まれてしまうのだ。

　発せられた音列も空気振動により世界内を伝わり、書かれた文字列も紙の上やコンピュータの中に保存される。自己言及文を発話し（ようとし）たり、記述する（しようとする）ことは、世界内の事実（可能的事態）である。

161　国会会期中の国会議員が逮捕されないように。「不逮捕特権」とは、憲法上、国会議員は原則として国会の会期中逮捕されず、会期前に逮捕された議員は、その議院の要求があれば、会期中これを釈放しなければならないという特権（日本国憲法第 50 条）。

162　保護色に保護されていた蛾は蛾ではなく、木の一部としか認知されていなかった。しかし

蛾が木肌から飛び立つと、木からの保護は受けておらず、独立した昆虫になる。

163 二分法と排中律（1－1－4？）との関係を述べておく。二分法はそうではないが、排中律は論理学の知見である。そして論理学的には①排中律を認めることと②背理法を認めることと③二重否定を肯定とみなすこととは同じである（同値関係にある）

164 「…」を使ってしまった。

165 人生論は難しいが、私の人生観ならば好きなように論じればよい。

166 $n = 1, 2, 3, \cdots, \omega, \omega + 1, \omega + 2, \omega + 3, \cdots, \omega^2, \omega^2 + 1, \omega^2 + 2, \omega^2 + 3, \cdots, \omega^3, \omega^3 + 1, \omega^3 + 2, \omega^3 + 3, \cdots, \omega^\omega, \omega^\omega + 1, \omega^\omega + 2, \omega^\omega + 3, \cdots, \omega^{2\omega}, \cdots, \omega^{3\omega}, \cdots, \omega^{\omega^\omega}, \cdots, \omega^{\omega^{\omega^\omega}}, \cdots$ の場合がある。出典注は『集合論30講義』？「∞」（無限大・infinity）は、彼岸（ひがん・かのきし）の大きさを表現し損ねた基数（Basic Number）であり、「ω」は無限番目を表現し損ねた序数だ。

　　具体的に列挙して例の記号でごまかせば、こうなる。1個、2個、3個…の系列に∞があり、1番目、2番目、3番目…の系列にωがある。

　　「a, b」の区切りはORであり、「aかもしれないし、そうではなくてbかもしれない」という意味の略記と思えばいい。

167 相対主義と絶対主義の論争はいまだに続いている。入不二 v. s. 野矢（seesaawiki.jpを参照した）相対主義と絶対主義が対立しているとすると、対立する両極は相対していて相対主義が勝ったことになる。しかしいっぽう、相対主義とは相対しない絶対を主張すると、絶対主義が勝ったことになる。お互いにさらに反論するので、絶対的相対主義 v. s. 絶対的絶対主義へと議論は上昇していく。

168 その人の頭の中か胸の奥かお腹の下にある何かを引き出しているのでアンケート回答のようなものだから、「解答」とか「答案」とは呼ばないでおく。その人の正解である。

169 世界新記録は更新できないかというと、それはできる。その都度、限界と思われていた記録は限界ではなく、その個々の限界への認識が改まっただけで、「限界」の定義は不変だ。

170 新井敏康「数学を論理で読む」公開講座「論理」2020
https://www.youtube.com/watch?v=G5NKC6XizMc　をある時期には毎日何度も繰り返し視聴させていただいた。

171 そのことに無自覚に都合良く規約に則って、ある語が使用中であると騙されるのはよいが、使用中であると気付いてしまうと、もはやその視線は言及中なのである。黒崎宏が絵を題材に、ヴィトゲンシュタインのZeigenの示す2を解説していた（黒崎 宏［1980］『ウィトゲンシュタインの生涯と哲学』、勁草書房p.153-8 を参照した）。

172 水本正晴『ウィトゲンシュタイン vs. チューリング』第1章（特にpp.45-6）を参照した。

173 事実の調査結果は、大相撲の土俵のサイズは直径で言うと15尺（4.55メータ）であった。新競技の企画の趣旨は、土俵が子供サイズであることと全員が参加できるように同時に10箇所で並列に進行するということであり、議論の的はサイズであり、半分がよいか2/3

がよいかと議論した結果こうなった。

174 ☆☆☆☆☆「答えとして可能なあらゆる言葉が否定されたところで何かを言わなければならない。それは新しい創造の言葉、言うことによって言いうるものとして蘇るような言葉でなければならない。一挙手でも明瞭な身体語になりうるし、また、言わなければ、乃至は、言えなければ、黙っているそのことがそういう答えを持っていることになるような、そのような直面対語の磁場である」（上田閑照［1997］『ことばの実存：禅と文学』、筑摩書房、p.25 より引用）。

175「自然数」「実数」という用語を定義するのではなく、公理によって自然数、実数の持つ性質を完全に規定している。

176 研究室で一対一の個別授業をするように、その一対一の応酬を教室で何百本か同時並列しているつもりだから「あなた」と呼びかけることはあっても「あなた達」とは呼びかけない。

177 助詞「を」の使い方がわからなくなる。対象を対象化し（対象化したから対象？）を認知的に捉えているから、その対象を表す語に「を」を添える。しかし、何を認知的に捉えることができたのだろうか？

178【1 分解説】光子一つが見える「光子顕微鏡」を世界で初めて開発【産総研公式】https://www.youtube.com/watch?v=RnbIF8HJorE を視聴した。

179 素粒子の存在を仮説すると、「我われには理解できないが、正しいのだろう。科学は進歩した」と思っている人が多い（そういう人は、神、奇跡、神隠し、カマイタチ、天狗、河童、雪男、雪女などと言うと非科学的と思う傾向があるのではないか）ように筆者は思う。我われには理解できないという点は問題ありで、我われにも納得がいくように、現象を説明できるような仮説を立てるべきだろう。私が勉強不足なのかもしれないが、しかし、いくら勉強してもわからないなら、厳密さはメタファーで置き換えて分かった気分を味わえるように説明することも、科学の社会的還元なのではないだろうか。

180 振幅に収まればよい喩えになっているが、正確には波長である。波長が短いほど細かい粒を観察でき、波長が長いほど大きい粒を観察できる。したがって観察したい粒の大きさによって周波数を選ぶことになる。

181 ギリシャ時代に提起された問題で、分度器は使わずに、目盛りのない定規とコンパスだけで任意に与えられた角度を 3 等分する作図方法。一般解はない（特殊解ならある）。

182 数学では注目する集合とそれ以外の集合とは数直線上の実数のデデキントの切断と同じく共有地を持たない。このことは第 3 章 4.「ふたつのつぼ：ルビンとクライン」で述べていることである。

183 茶木みやこ「まぼろしの人」より。

184 傾注していたのではない会話からも新たに傾注することが起こるのは、聞き流していても、意味をとらえていない程度の理解であっても、ことの重要性は判断できるくらいには聞いていて、その上で捨てているようだ。

185 〈一文内のある語を使用することと別の語へ言及することの共存〉と〈語の反転仮説：一語の使用と言及との同時成立不可能性〉のこと。

186 チョムスキーのように言語の構造と同型な構造が脳の中に遺伝的に存在するとまでは考えていないだけで、それには賛成でも反対でもない。

187 日本語のネイティヴ・スピーカーなら、無意識に上手に使い分けている「知っている」と「分かっている」についての関心が今本書を読んでいて湧いた読者には以下の著作をお勧めする。

　　日本語は国際的にマイナーで偏狭であること及び、その「知っている」と「分かっている」の違いについて、国際的にメジャーなEnglishで発信したのは水本正晴らであり、その共同編集による *Epistemology for the Rest of the World* (Masaharu Mizumoto, Ste-phen Stich, Eric Mccready (eds.), 2018, Oxford University Press)に詳しく論じられている。

188 https://www.youtube.com/watch?v=KB_ITKZm1Ts

189 必然的にあなたは月の末日が31日か否かを見破る方法を知っているだろうか。このようにすればできるのだ（もちろんこのような規則にも例外はあり月末が2月に関してはうるう年では28日ではなく29日になる。当然これらの例外は30日にも31日にも該当しない。

　　人体の構造頭が結果的に同じ規則を従っているようであっても、それらは因果関係にはないし、それらが一致していることは必然ではなく偶然だろうと思われる。規則を見破ったようであっても、単なる偶然の一致だろう。月日の運行カレンダー（グレゴリウス暦）。

190 ☆☆☆☆上田 閑照［1997］『ことばの実存：禅と文学』、筑摩書房、pp.259-60 より引用。

191 画家ポロックのsymbol＝objectな絵画を思い出させる。注の34 も参照のこと。

192 第3章4.（1）「ルビンのつぼ」を思い出して欲しい。認知のレヴェルには原初的なレヴェルがあり、それを基盤としてその上に応用的なレヴェルが構築されているようで、言語による認知は応用的なレヴェルのようだ。困難なことだが、言語はONばかりではなく、OFFにもできる（反転可能）。

第4章

ことば　知恵　悟り

　本章は特に以下のような読者を想定している。**筆者の頭も含めて**頭が悪いことは、そんなに悪いことばかりではないからだ。想定している読者を列挙する。

　自分の頭が悪いと思っている人。自分の頭が悪いと勝手に思い込んでいる人。自分の頭が悪いと人から思われているに違いないと妄想して悩んでいる人。家庭内で親・兄弟から「自分の頭が悪い」とそう思い込まされている人。他人から「お前は頭が悪い」と実際に言われて傷ついた人。「頭が悪いからこんな学校にしか入れなかった」と自分だけでなく自分の学校までも卑下する人。「勉強ができるけど、頭が悪い」と言われる人。「頭がよいけど、勉強ができない」と言われる人。学歴に劣等感を持っている人。「なぜ。こんな簡単なこともわからないんだ⁉」と呆れ返られてしまうが、難しいことなら簡単に答えを出せてしまう、なぜかしら地球に住んでいる宇宙人¹。

　例えば頭が悪いことのメリットは、恩着せがましくならないということがある。もしも運よく（悪く）頭がよかったら、その上で恩着せがましくならないためにはどうすればよいか。まず清々しいあっさりとさっぱりとした気性を持ち合わせていれば、実践できるだろう。

　しかしそのような心根に恵まれなくても、相手が一方的に勝手に恩に感じるようなことをしても、その与えたことを忘れてそのまま思い出せないほど記憶力が悪ければ、よいわけだ。

　ここで恩を売っておけば、あとで恩返ししてくれるだろうという打算── 未来を期待しての可能性の計算 ──などできないほどにしか計算力がなければ、幸いである。囚人のジ・レンマに陥って、黙秘を誓い合った共犯者を裏切って当局へ自分だけいい子になろうか、それともやはり誓いを守ろうかと悩まずに済む。ましてやこの件は、1回切りの囚人のジ・レンマなのか、何度も繰り

返される囚人のジ・レンマなのかなど区別することもないし、何度も繰り返されるなら、コンピュータでのシミュレーション結果を参考にして絶対優位な戦略を練ろう、などと小賢しいことも思いつかなくて済む。

　純真無垢で天真爛漫で無邪気な人は、真人（の筆者なりの定義は「そんなに目立つわけではなく、むしろ目立たないが、知れば知るほど尊敬されてしまうような、ひっそりと地道に生きている人）に近いだろう。

　相手が信頼できることを検証できた場合にのみ高く信頼するが、その検証がとれるまでは猜疑心いっぱいであるところの高信頼性の人間ではこうは生きられない。

　象の愛情を引用する。

　　　象はとても知能の高い動物である。鏡像認知（鏡に映った自分の姿を自分であると認識）し、記憶力も高く、群れで暮らす社会性を持ち合わせ、そして何よりも仲間思いである。ましてや身内に対しては深い愛情を示す。

　　　インドの南部、PallamにあるKavadiammal寺院近くで今月 6 日、25 歳の母親の象が、2 歳になるオスの子象を連れたって歩いていた。ところが母親が突如倒れてそのまま死んでしまう。

　　　この事実を受け入れられなかった象の子どもは、前脚で母親の体をゆさぶりはじめた。どうしても起きて欲しかったのだ。人間が近づこうとすると追い払い、またすぐに母親のそばにもどり、必死に母親を揺り動かす[2]。

　しかし本章では象は人間ほどには頭がよくない動物という役割をあえて担ってもらった（ごめん、象さん）。「人間ほど」と言うと人間の頭の程度は一律のように聞こえてしまうが、人間の知能は多様である。サバンなどは個性的である。また「頭がよい」とは、勉強ができるとか機転が利くとかずる賢い等など、多義的である。さらに知能は個人差が大きいから、一律に「これが人間の知能」と提示できるような標準はない。そのように前提した（最初の一歩）上で本章の導入をさら一歩進める。子象、千栄子、庄松に共通するものは何なのか？

　たまに駅で見かける。「いま なんじ？　いま なんじ？　いまなんじ？」。彼は他者に対して質問をしているのであろうか。それとも自問しているのであろうか。いやそのどちらでもない。彼は自我と他我を区別せずに「今何時である

か？」を問うている。誰に対しても自分にもあなたにも私にも第三者（彼・彼女）にも。

　この境地に達するにはせっかく物心がついて思春期を迎えて自我というものを自己というものを確立してしまった大人への成長段階で獲得したものを、修行などによりあえて捨ててしまうことだ。

　天然で最初から悟ったままの人がいるだろう。筆者が悟りたいとしたら脳を損傷するなり心を無にするとかしないといけないわけで、やっと確立した自己を捨てるとは、とてももったいないことだ。

　「敬称略」とも断らずに呼び捨てにした二人が誰なのかを紹介しておこう。庄松 とは浄土真宗の妙好人である。妙好人とは学問はできないが、信仰心の篤い在野の信者である。庄松の信仰心の篤さは以下のエピソード（大しけの揺れる船底での鼾をかける境地）を紹介すれば、読者にもお分かりいただけるだろう。

　　　日本は讃岐の国に庄松という真宗の信者がいた。京都本山参りの帰途、播磨灘で暴風雨に遭い、船は木の葉の如くゆれて、同行は日頃の信仰も忘れ果て、海神金比羅宮 [3] の方へ拍手を打って大声で拝むばかり。庄松の姿が見えぬので探すと、船底で大イビキをかいて寝ている。バカ者、船が沈みかけて九死に一生の場合だぞとたたき起こせば、庄松はむっくり起き上って、「ここはまだ娑婆か？」と。
　　　彼はまったくの文盲で、銭勘定もできなかったが、生死の竿頭でも彼の信仰は微動だにしなかった。そこには、ややこしい理屈や道理など微塵もない。イエス様の弟子たちも、これにはシャッポをぬぐであろう [4]。

千栄子に関しては次の4章1.「書く動機を奪われた千栄子」で紹介する。

1.　書く動機を奪われた千栄子

　ひらがなを書くということ。文字をやっと書くということ。文字を書かないのではない。言葉は二分法だから語り尽くせず、二本の枝分かれからは抜け落ちてしまうモノがある。言葉の網の目から抜け落ちるとか昇華すると言った哲学者もいる。

　書くという肯定に対して書かないという否定がある。

　周りのみんなが文字を書いているのに、千栄子は意地になってムキになって書かないという積極的な否定の意思はない。書かないだけであって、それは書くでも書かないでもない。二分法のどちらでもない選択だ。書くという肯定を選ばなかったから、書くのでは「ない」という枝へと進むことになる。しかし、書くのではないという否定に対して、さらに分岐して進んだ先において、書かないのかと言われても「書かない」のでもないと、さらに否定するしかない。肯定形に対して、その否定としての書か「ない」のでは「ない」[5]。

　鈴木大拙とその世話をすることになる岡村美穂子との出会いの場面を引用する。

　　　コロンビア大学における客員講義の間に、八十歳を過ぎた大拙が一四、五歳の日本人少女と出会います。その少女が、やがて秘書となって先生の亡くなるまで仕事と生活を援けられた岡村美穂子さんです。岡村さんが初めて大拙に出会った頃のことです。
　　　『『人が信じられなくなりました。生きることが空しいのです。』

　　　お下げ髪の一少女のこの訴えを聞いて、先生はただ、『そうか』と頷かれた。否定でも肯定でも、どちらでもない言葉だと思いました。が、その一言から感じられる深い響きは、私のかたよっていた心に、新たな衝撃を与えたのではないかと、今にして鮮明に思い出されます。先生は私の手を取り、その手のひらをひろげながら、『きれいな手ではないか、よく見てごらん。仏の手だぞ』。そう言われる先生の瞳は潤いを与えていたのです。私が先生の雑務のお手伝いをしながら、心の問題と取り組ませていただいたのは、このような環境でのことでした」（『回想　鈴木大拙』西谷啓治編 春秋社 一九七五年　一一九、一二〇ページ[6]、傍点とルビは筆者による）。

　「そうか」は、慰めるでもなく励ますでもなく、共感した一言であったろう。大拙と同じく「そうですか」という一言をセットで二度発したエピソードがある。以下引用する。

　　　「また、ある時、布生地の商売をする家の娘が未婚で身ごもった。面目ないと感じた両親は娘を問い詰めた。娘は彼氏をかばおうとして「白隠禅師とできた子だ」と父親が最も尊敬する白隠禅師の名を使った。

　　怒った両親は娘を連れて白隠禅師に会いに行き、白隠は「そうですか」と淡々
　と答えた」[7]。

　白隠禅師による、この「そうですか」は、肯定でも否定でもないだろう。続
きを引用する。

　　そして、赤ちゃんが生まれてすぐに、娘の父親が赤ちゃんを白隠禅師に「お前
　の子だ。お前に返す」と子どもを置き去りした。噂が広まり、白隠禅師は偽善者
　だ、嘘つきの狼などと非難され、名声は地に落ちてしまった。

　　一年経って、良心が咎めた（ルビは筆者による）娘はもうこれ以上我慢できな
　くなり、親に真実を明かした。後悔した両親は家族全員を連れて白隠禅師を訪ね
　てお詫びをした。白隠禅師は「そうですか」と淡々と答えた。そして、育てた子
　どもを娘に渡した[8]。

　白隠禅師による二度目の「そうですか」は、名誉回復の安堵でも過失への非
難でもないだろう。二分法も排中律をも打ち破った実践が、それは言葉では表
現し切れないが、世界に存在する実例だ。
　「どちらでもよい」と「どうでもよい」とは違う前提で「どちらでもよい」
の中の「どちら」にまず話を移して、その後でまた話を戻すことにする。
　「どちらでもよい」とは、いろいろな値を代入可能な汎用性のあるA[9]に対し
て、Aであっても、$\neg A$（Aではない）であっても、どちらでもよいと言って
いる。しかし一方で、排中律を遵守する立場の人も多くいる。そういう人た
ちは排中律に従っているので、〈Aであるか、そうでないなら$\neg A$だ〉と考え
る。しかし、**どちらでもよい派**は、排中律を理解している（その証拠に、肯定
Aとその否定$\neg A$の二つを区別している）が、排中律を打ち破っている。肯定
Aとその否定$\neg A$の二つを区別できるが、排中律に従わない人はどこに立脚し
ているのか？　肯定Aとその否定$\neg A$のどちらか一方にいるのではなく、そ
のどちらでもない第三の立場だ。だが、そこは肯定Aとその否定$\neg A$の中立
地帯ではない。
　排中律に従う人は排中律の配下にいるが、**どちらでもよい派**は、排中律に従
うか、それとも従わないか──つまり、メタ・排中律の立場で、排中律を超越
して鳥瞰し見下ろしている。

　筆者は読者からの反論を予想している。排中律に従うか、それとも従わない
かのどちらか一方しか選べないならば、その構造は「メタ・排中律」と呼ばれ
るメタ・レヴェルに立脚しているだけで、やはり一本の幹から生えている同一
の根っこで支えられた排中律なのではないか？　いったん排中律を打ち破った
ら捨て去ったら、排中律に従うか、それとも従わないかも何でも自由である。
どちらか一方の選択肢を選ばなくてはいけないなどという決まりなど反故にす
るのだ。排中律に従うか、それとも従わないかのどちらか一方しか選べないな
らば、などと前提しない自由がある。

　その場所は立脚されて踏まえているから、足が足の下を踏んだままで、その
足の裏も、それで踏んでいる足の下も見られることがない。その立場は隠れて
いるのだ（3章4．（5）「定義式内の使用・言及の共存と崩壊」の「エッシャー
の描く手」をさらに描く第三の手（画家のメタ描く手）を参照）。

　語られることもなく書かれることもなく描かれることもない真実とその存
在。語られることもなく書かれることもなく描かれることもない？これだけ紙
面を使って書かれているようだが、語り得ぬことであり、上記文字列はどんな
意味も運んでいないし、伝えてもいない。

　では「どちらでもよい」と「どうでもよい」との違いについて話を戻そう。「ど
うでもよい」は、葛藤していない。「これもよいが、あれもよい」（接近－接近
型）でもなく、「これも嫌だが、あれも嫌だ」（回避－回避）でもなく、「これ
はよい面もあるが、嫌な面もある」（接近－回避型）でもなく、「これにはこん
な長所とこんな短所があり、あれにはあんな長所とあんな短所がある」（二重
接近－回避型）のどれもが眼中にないし、そんな贅沢な欲求を感じる余裕はな
い。心の中に、あれ、これの対立関係がない。肯定Aとその否定¬Aとを区
別するだけの分別がない。対立・対峙・対極してくれて言葉は二分法を発揮し
て表現できるようになる。「どうでもよい」は、**どちらでもよい派**の「どちら
でもよい」と同様に語られようがない。「どうでもよい」という文字列は意味
を込められないがゆえに無意味なのだ。

　「どうでもよい」は、やけくそで自暴自棄で投げやりな場合もあれば、そう
でなく一心不乱のこともある。

　「恰好悪いは、恰好悪い」は当たり前（同語反復）。

「恰好悪いからこそ、恰好善（よ）い」は深い。

　いつも明るく笑えて心温まるTVアニメ番組があり（番組名を思い出せず、インターネットで検索したがヒットしなかった）、その回だけは人質をとられて、犯人の言われるままにお父さんは裸踊りをする。葛藤もなく躊躇（ためら）うこともなく、踊る。その踊り、いや愛する子供を救いたいが一心が微笑（ほほえ）ましく、恰好善くもある。恰好をつけるなんて自分のことなどかなぐり捨てている生き様（ざま）がカッコいい、カッチョええ。

　さて、千栄子に話を戻そう。ひらがなでかくということ。その知能と心の純朴さ。絵・絵文字・象形文字・左記以降の文字の発明、国風文化と仮名の文学作品など歴史とは関係づけないでおこう。むしろ読み書きそろばんといったリテラシーの問題だ。

　教養が悟りを邪魔する。「悟ろう」とこだわってはいけない。そう、拘ってはいけないのだ。しかし、「こだわってはいけない」ということにこだわってもいけないし、さらにその「『こだわってはいけない』ということにもこだわってはいけない」ということにこだわっても（もう自分でしかけた罠（わな）にかかって、自家中毒）、それもこだわりになってしまう。

　悟ろうとする生真面目（きまじめ）な情熱的な頑張り屋さんが自分に禁句の形で言葉を投げかけて、己への執着を捨てようとしている。その思いもまた雑念である。そんな修行中の自意識から意識の本質である捉えるはたらきが抜け出してしまう。すると抜け殻となった元-自意識（意識の機能はもはや、そこにはない）は、現-意識によって責められる。「拘るな」と反省。

　しかし今度は、責めている自分からもさらに自意識は抜け出して、責めていた自分が責められる側の抜け殻となる。本当の自分は、もうそこにはいない。メタ・レヴェルからまたメタ・メタ・レヴェルへと上り、己の真摯な考え「悟りたい」を責める。これでは無限背進してしまう、即自的な意識の在り方。

　　「もっとも、禅では「坐禅は全く意味がない」とも言います。それは、坐禅が枠になることもあるからです。何もしないということが坐禅ですが、それが坐禅なるものをするという枠になることがあるからです。ですから、「坐禅は意味がな

い」というのは、あくまで枠を破らなければいけないという趣旨で言われるわけです」[10]。

　筆者も我を忘れることがある。忘れるとは覚えていないことではなくて、海馬で判断して重要だと長期記憶に一生涯保存されたこと（肝に銘じたこと）なのだが、短期記憶は容量が少ないので何かに集中した時に短期記憶からまた長期記憶に冷凍保存されているだけである。我などという一番大切なモノは、しっかりと長期記憶で覚えている。

　忘れているものは、また思い出すことができる。しかし一瞬だけではなく無我の境地を維持したいのであれば、我を思い出せるけれども思い出してはいけない。そして思い出してはいけないという禁止命令を新たに考え出したり思い出したりしてはいけない。

　言葉には長期記憶を呼び覚まし思い出させてしまうはたらきがある。だからスローガンとして「○○を思い出すな！」を掲げてしまうと、○○を思いださせないという効力がないどころか、全くの逆効果である。この一般的な法則は「○○」に「我」を代入しても当然、成り立つ。筆者は悟るような人間ではないが、どうしたら悟れないかは頭では分かっているつもりである。ことばを使わないならば、我を思い出すこともないもかもしれない。しかし、ことばの禁止は悟るための必要条件でもなければ、十分条件でもない。ことばを禁止しなくても別の手段で悟れるのかもしれない。

　文字認識と悲しみの深さ。文字による悲しみの表現[11]。二分法の仕様を選んだ言語の成立によって、言語体系から漏れ、抜け落ちたが、そこにこそ、ある境地が在る。二分岐する棒ではすくい上げることはできないのだが、実在はしている。

2.　千栄子に書くことを動機づけ育成してくれた小学校の担任教師

　千栄子とは誰か？　汐見稔幸［1988］補稿「書くことと「やさしさ」」[12]から紹介しよう。

　　「大野英子という先生がいる．（略）ある小学校の障害児学級（いわゆる特殊学

級）を担任されていた．この先生の教育実践記録のなか
に，人はなぜ書くのかということを考えるうえで重要な
ヒントになるものある．少し長くなるが引用をまじえて
紹介しよう」[13]．

千栄子の手書き文字

　大野先生のクラスに吉川千栄子という女の子がいた．
先生はこの子が2年生のときからうけもった．（略）千
栄子はまだ文字の読み書きがほとんどできなかったが
（略）そんなある日，千栄子はなぐりがきのようなもの
をノートに書いて先生のところへもってきた．

　「せんせい

　ちえ子　さくぶんかいてきたよ」

　読んで，とさし出したノートに，

　と二行の文字？　神様だって読めないだろうに，私に読めと強要する．これが
読めなければ，千栄子は作文を書こうという意欲を永久になくしてしまうのでは
ないだろうか．ここは一番死んだ気で．

　「よむよ，よめばいいんだろ」

　「ちえ子は　さくぶんかきました．

　おおのせんせいにくれました．」[14]

と，読むと，千栄子はにっこりわらって，「また　あした　かいてくるね」[15] と
言った（汐見稔幸［1988］pp.163-4頁より引用．原著の大野英子［1978］では
p.80）．

　千栄子が書いたのは，過去の思い出を素材にして，母の自分なりの理想像を作
品として創造し続けるためだったのである．そして，過去の記憶や思い出を像と
してあるいは作品として創造するのは，過去の自分がそれなりの存在，意味ある
存在であった（あるいは意味ある存在によって支えられていた）ということを確
認したいからであり，そのような形で現在の自分とのつながりを自覚したかった
からであろう．言いかえれば，今日の自分がそれなりに意味がある存在であると
いう正当化，合理化を，過去の自分の体験（とくに母親とのかかわりにおける）
を作品として創りあげることによってなしとげていたのである．それが千栄子が
その都度その都度の自分の生を勇気づける方法だったわけである．

　この例は，おそらく一般にすべての人間の場合にも当てはまる（汐見稔幸
［1988］175頁より引用）．

　汐見［1988］からの長い引用はいったん終える．切羽詰まって作文したの

は大野先生の方であろう。「読めない」という態度でなければ、どう読んでも
よかったはずだ（見当外れだと、千栄子から叱られるが）。千栄子を教育する
ために「ここは一番死んだ気」になった先生は、（「おわりに」に登場するBletchley
Parkに籠城したアラン・チューリングとは異なって）テクニカルに暗号読解をしたの
ではない。千栄子が書いた文ではあるが、先生が記憶を辿り、心で読むことで
初めて作文となった。いわば、二人の間でのコミュニケーションによって完成
した作文だ。

　「おおのせんせいにくれました」と大野先生は読んだ。「おおのせんせいにあ
げました」ではなくて。読み手が読んで書き手が満足して作文が完成した。そ
のような行間（短くて字間だが）を読むやりとりの毎日で千栄子は「また　あ
した　かいてくるね」と明日に希望を抱き、元気に下校していったのだろう。
大野先生の名推理がキラリと光る例をもう一つ引用する。

　　　書いては消し、また書いてボロボロになった千栄子のノートにかかれているの
　　はまさしくひらがな。千栄子は日本一うれしい顔でじっと自分の字に見いってい
　　る。「る、み、ち、あ」という四文字に。
　　　千栄子が精魂こめて書いた文が読めなければ、担任教師としての甲斐がない。
　　　さて、千栄子はきのうなにをしていたっけな、頭の中を千栄の行動がいそがし
　　くかけめぐる。そうだ、千栄の遊び友達は四歳になる神社のるみ子ちゃんだった
　　な。けさ千栄は、神社でひろった椎木の実をだいじそうにポケットに入れて、私
　　に気付かせようと、からから音をさせていたっけ。かけをするような気持ちで、
　　千栄子のノートを捧げ、
　　　「るみちゃんとあそびました。
　　　じんじゃでしいのみをひろいました。」
　　　千栄は、わが意を得たりとにっこり笑い、大きい声でいった。
　　　「ちえ、さくぶんだいすき。
　　　あしたも　かくよ。」[16]
　　　千栄子は乏しいひらがなを十分に使って、毎日書いてくる。時には、見当　違
　　いの読みとりをしておこられた。
　　　「せんせい　だめね
　　　もっと　べんきょうしなさい。」
　　　「はい、はい。」（大野英子［1978］pp.82-3 より引用。「千栄子」と「千栄」の

混在は大野英子のまま。「椎」のルビは筆者による)。

上記を引用するからには筆者なりの思い入れがあるのだが、筆者が下手に評価をするよりもよい解説があるので、さらに引用する。

> 大野さんはたった4文字を「読み」ました。文字と千栄子さんの様子を手がかりに、彼女の書いた内容を想像し、読んだのです。それが千栄子さんにはうれしかったのでしょう。
>
> こうして、千栄子さんはひらがなを全部覚える前に、作文を「書ける」ようになりました。(略)
>
> こんなふうに書き手が大事にされているのです。学校では、正しい文字で書けないとつい直してしまいますが、文字が間違っていても努力して読むのが大人の責任ではないかと思います」(傍点は筆者による)[17]。

読まれることを期待して千栄子は書いた。何と読むかではなく読むことが大事だと大野先生は悟り、そしてとっさに行動に移した。とっさの行動は大切なことだ[18]。

上記の引用から再掲すると「過去の自分がそれなりの存在，意味ある存在であった（あるいは意味ある存在によって支えられていた）ということを確認したいから」という理由を筆者は瞬時に了解した。筆者が認めたくなくて抵抗するはずなのに。「そうか、筆者は愛する、亡くなった者のためにではなく、己の正当化のために、日に何百回もその名を呼び、賛美してきたのか！」。

己の正当化が目的であって、その手段として為してきた行為だったのだ。あまりにも残酷な惨い真実。そこまでも利己的であったか。自作自演。独り芝居。こんな奴（筆者）は、懺悔しようにも無能ゆえに無理だろう。責めるにも値しない。

救われたのではないが、肩の力が抜けて楽にはなった。何も自分のためだけなんかに無理をするつもりはない。自己犠牲であろうが自己欺瞞であろうが、大切な者のために尽くしてきたつもりだったのに、意外な結末。一旦確立した自分よりももっと大事な者を新たに「**自分**」と定義し直して、その大事な者の闘病中に「自分よりも大切な存在：私の倫理学研究計画書」（金沢学院大学紀要 文学・美術・社会学編（第10号）pp.77-82)」と題して執筆し表明し、その思いを実践してきたはずであった。

そして先立たれたのであった。その後は、千栄子が同じテーマで作文を書き続けたように、筆者は筆者で学内紀要論文に7年間同じテーマで書き続けてきた。2022年度の論文のタイトルはこうだ。「生への全くの無関心を生きる－生に対する非・不・無・反、それらの中立の生き方あるいは超然たる生き方－」。

これでは生きていないだろう。死んでもいない。いや心は死んでいる。生への全くの無関心を生きるとは、立ち向かうでもなく、退くでもなく、無視するわけでもない。何もしない。もちろん早起きして食事を抜いて労働して寝る。しかも日に何十回もパソコンのOutlook（スケジューラの機能もある）のアラームもスマフォのスケジューラのアラームも同時多発的に鳴り響き忙しく（忙しさで悲しみを紛らわせるためにではなく、引き受けた仕事を必ず全（まっと）うしたいから。失敗したくないので）、できるはずのない質と量の為事（しごと）と仕事までスケジューリングしては生活をしてはいるが、魂が抜けた状態で、ただ慌（あわ）ただしく動いているだけだった。

生きるでもなく死ぬでもなく、生まれきたことを後悔しているが現にすでに生まれてきてしまっているので、では、どうするかというと自殺するだけの残力（ざんりょく）もない。

そうなら、自分を殺すのではなく、自分が死ぬことを「自死」と呼ぶと、隕石が落ちてきたら、避けるなどもったいないことはしないだろう。だから自死はしそうだが、バスジャックとかハイジャックをされて「この中で死にたいやつはいるか？」と言われたら「私一人が人質になるから、そうすれば、あなた（犯人さん）もたくさんの人質に目を光らせなくてよいだろう」と名乗り出ようという発想だけはあっても、名乗り出る勇気はないだろう。こんな犯人は潔く筆者を安楽死させないだろう。何も自白すべき情報を隠し持っていないが、それゆえに無益となる拷問をされるだけだろう。

もしかしたら筆者は一番の卑怯者だから「今日は入学試験の監督の当番だ」とか「在学生の成績を教務課に報告しなければならないが、明日がその期限だ」と正当化して、「自分を釈放してくれ」と願い出るかもしれない[19]。

仮想敵に対する妄想から話を「過去の自分がそれなりの存在，意味ある存在であった（あるいは意味ある存在によって支えられていた）ということを確認

したいから」という理由を筆者は瞬時に了解したことの意外性に話を戻すと、別な理由から筆者にとっては、これは珍しいことだったのである。筆者は、自分の書いた文章以外は日本語であっても一文を読んでは「うーむ」と腕組をしてその作者（他者）の設定した文脈を断ち切って、その一文を理解するのに時間がかかる性分だからだ。

　しかし、「おそらく一般にすべての人間の場合にも当てはまる」には反論がある。筆者も当てはまるのだが、一般にすべての人間に該当するから、例外なしにその一人である筆者にも該当したとは思わない。

　小象と千栄子と筆者には共通点が二つある[20]。一つは異常な悲しみの体験。人生の中の最悪の出来事というふうに受け入れて人生の中に位置づけて包み込んでしまうことなどできずに、収まりきらずに筆者の世界は破裂した。しかし、粉々に砕けたのではなく裂けた。その出来事によって人生が切断され、その一方が未来に向けて切り落とされて「ピクンピクン」とのた打ち回り、痙攣する程度には未だ死んでいないが、もはや生を全うすることなどできない。自分の一貫性や一本筋の通った自分史が消滅し、傍からは「いつまでも亡くなった人のことを考えていないで、前向きになりなさい」式の意見を言われる体験。誰も私を理解してくれないという孤立感、自閉感。

　もう一つは、先天性か後天性かは置いておいて、知能の低さ、または精神の劣化・破綻・異常。たとえ、健全な精神と優秀な頭脳をもって生まれても、悲しみが来れば、そんなまともなものさえ、容易く狂ってしまうか、破壊されてしまうのだ。精密機械のほうが壊れやすいように。西田幾多郎曰く。「哲学の動機は「驚き」ではなくして深い人生の悲哀でなければならない」[21]。

　千栄子と筆者は出発点が異なるが、到達点は同じだ。こんな異常が、一般にすべての人間の場合にも当てはまるなどということが、おそらくという確率で起こるのだろうか。一般のすべての人間は、つまり人間とは、かくも悲しい存在なのか。ことばにこだわる筆者に言わせれば、すべての人間が異常ならば、彼らは異常ではない。（正常, 異常）という対は何かを基準として相対化され、そう判断されるのだ。みんなが異常なら、みんなが正常でもあり、異常だとか正常だとか言う必要もない。「みんなが異常である」とか「みんなが正常である」と有意味に言ったつもりでも。それらは壊れて無意味となった元言葉だ。その

言葉もどきの文字列を構成する各単語は有意味となる可能性はあったが、二分法が崩れて骨抜き構造になって無意味を意思疎通する。つまり何の意味も運ばない。

3. 千栄子から書くことを剥奪（はくだつ）した中学校の担任の教員

> 　実際，中学校の担任から「いつまでもおかあさんのことを考えていないで，前向きになりなさい」と言われたことは，千栄子にとって，書くという行為とそうして生まれた作品をそのまま受容してもらえるという関係が終焉すると映ったことは想像にかたくない．本当は千栄子にとっておかあさんのことを考えることが「前向き」になる唯一の方法であったはずなのに，である．
> 　千栄子はそうした終焉（しゅうえん）宣言を感じ取った途端に，人間として成長しようとする意欲を喪失してしまうが，ここには成長への意志と他者に向かって自分を「やさしく」開いていくことの深い相関が現れていて大変興味深」（同書170頁より引用）．

　千栄子の悲しさは乗り越えるべきことではなく、いつまでも続くのだ。克服することでなく、克服すべきことでなく、克服できることではない。「見る」「買う」には、対象（肯定）と対象外（否定）とがあったが、千栄子の悲しさは克服の対象ではない。

4. 懺悔（ざんげ）を使用することと懺悔へ言及すること

　千栄子は、母が亡くなっても、自分は生きる価値があるし、娘千栄子がそうであるから、その自分を支えてくれたお母さんも価値があると過去を正当化した。かみさまでもよめないくらいのひらがなをやっとかけるちのうで。

　そして千栄子は未来も生きるに値すると自分を励ました。過去の記憶を自分に有利なように上書き修正し評価し、「将来も、生きていてもいいんだあ」と生きていようと決心し前向きに生きていく。その生き様（ざま）は傍（はた）からは「前向きに生きなさい」と言われてしまうが。

　与えられた生命を大切にするために、脳が脳をだまし、単一のテーマ（亡く

なった最愛の母）を単調に繰り返し書く。たくましく生きていると思う。この生き方には知能の高低や学問のあるなしは関わりないだろう。後天的に獲得したのなら「知恵」ある生き方だと言うところだが、自己防衛本能のように先天的に備わっていたのだろう。計算高くないが、強か<ruby>強<rt>したた</rt></ruby>かですらある。

　愛する人を失っても、そして一人ぽっちになっても、それでも強く生きていけるような人生よりも、愛する人を失ったのだから、再帰不能<ruby><rt>さいきふのう</rt></ruby>となり毎日悲しく落ち込んでいてメソメソと生きながらえる人生の方を筆者は選びたいし、実際にそう生きながらえてきた。

　書くことをやめてしまった千栄子がどうなったのかを筆者は知らないが、万が一自暴自棄になったとしても、彼女に限らずに自暴自棄になってまで生きている人は一生懸命に生きていると擁護したい。

　かえって日本のとか米国のと言うことはしないでおいてイニシャルNの2人の哲学者について、筆者の印象に残っているのままを描き出す。筆者のいい加減な記憶なので、著者が特定されては迷惑な話で恩を仇<ruby>仇<rt>あだ</rt></ruby>で返してしまうことになるので本名は伏せる。

　その哲学者もグレていたのだが、「本格的に真剣にグレていた方々には申し訳ないが」と言う前置きで何かを述べられていた。このクレバーな哲学者もグレていた頃があったのだなぁと感じた。

　またもう1人の哲学者は、「人がグレているとか自暴自棄であったとしても、その人はその人のその時期も真剣に生きているのだ」という趣旨のことを述べていた。グレるとか自暴自棄となっていても、死んだほうがマシだと感じていても死ぬだけの余力も残っていないと感じていても、そこまでしてもなおかつ生きているというたちはとても人生を大事にして真面目<ruby>真面目<rt>まじめ</rt></ruby>に生きていると筆者は思うのだ。

5. 踊る阿呆<ruby>阿呆<rt>あほう</rt></ruby>に見る阿呆

「踊る言葉に見る言葉、同じ言葉なら踊らにゃ損そん」の原本は、
「踊る阿呆に見る阿呆、同じ阿呆なら踊らにゃ損そん」だ。
「阿呆」を「言葉」で置換してある。さらに主張を強めるために「踊る」を「使

用する（される）」「見る」を「言及される」で置換すると、「使用する（される）言葉に言及される言葉、同じ言葉なら使用せにゃ損そん」となる。言葉は使ってナンボのものであって、ある言葉が別の言葉から言及されても（自己言及文は該当しないが）あまり生産的ではない。

「踊る」を使用することに、「見る」を言及することに喩えたと解釈できる、人生訓を見つけたので、引用する。

> 「踊る阿呆に見る阿呆、同じ阿呆なら踊らにゃ損そん」（略）人生とは苦しいところである。そんな苦しいところに、望むと望まざるとに関わらず、放り出されているわけだが、そこで己がどのような振る舞いをするか。この「同じ阿呆なら踊らにゃ損そん」という言葉を知っているか否かによって、左右されるといっても過言ではない。
> 「阿呆」というのは、こんな苦しい人生に投げ出されてしまったすべての人々のことである。「踊る」というのは、精いっぱい楽しむということである。「見る」とは、一歩引いて傍観しているということである。だけど、楽しみの渦のど真ん中にいようが、一歩引いて澄ましていようが、人生に投げ出されてしまった人には違いない。せっかくなら澄ましているより、楽しんでいようよ、と捉えると、立派な人生訓になる[22]。

(1) 比べるとみじめ ⇔ 絶対的幸福

相対的ではなくてウィトゲンシュタインの超越論的な絶対的価値を有する幸福を表現することができない。

自分が持っているものや恵まれていることをリストアップすると幸せな気分になれると聞いたことがある。その時に、私だけ特別に持っているのではなく誰でも持っているものと、私しか持っていないものとに区別する必要はないだろう。そんなことをしてしまえば絶対的な幸福感は得られない。なぜならば相対化してしまっているから。

私は恵まれていると今日思った（今日は 2021 年 4 月 9 日）。しかし私が恵まれているとすると、その対極に（いったん相対化した見方へ）恵まれてない人たちがいるのか。自分は恵まれているということを神に感謝するとしても恵まれていない人がいるかと思ったら、後ろめたさからなのか、完全なる満足を

得ることはできない。

　私が恵まれているということとあの人たちは恵まれていないというふうに対極・対立してしまう。逆に私よりももっともっと恵まれた人たちの存在にも気づくだろう。

　自分よりも恵まれた人がいるけれども、その人のことが羨ましくないのではない（絶対化した見方へ戻る）。羨ましくないのは本当であって、どうしてそうなのかと言うとその人は自分とその人と自分と比べていないからどちらが恵まれていないかなど気にもかけていないからだ。だから二分法では言えないことだ。言い切れないから、「羨ましいくもない」と言ってもすっきりしない[23]。

　Aさんは二つのものの見方を持っている。AさんからするとBさんを羨ましくてCさんのことは羨ましくないとしよう。Aさんは自分という基準からして他者二人へ判断・評価を下している。ここからはAさんの持つもう一つのものの見方だ。Aさんは一人の主体として二人の人間BさんとCさんを自分の中に自分の世界の中に住まわせている。他者は内面的に絶対的に幸福かもしれないし、そうでないのかもしれないと思いながらも相対化した一人ひとりの人間として評価を下すこともある。

　しかしAさんは実は内面的に絶対的な幸福を感じている人でもある。他者を外から判断して自分より羨ましくしいBさんと自分からしたら羨ましくないCさんと比べる時、AさんだってBさんとCさんに挟まれた相対的な幸福しか感じることができない。そしてもう一つのものの見方に戻った時、その評価の仕方は言葉では言い表せない。

　「羨ましいのか？」と自問しても、相対的な概念である羨ましさは、人と比べて初めて答が出せる。しかし絶対的な幸福に浸っている時はライバルはいない。羨ましいのかと比べようにも、人と比べない、比べていない評価方法だから、羨ましいということは否定しなければいけない。

　では逆に「羨ましくないのか」と自問しても、比べてようとするようなものの見方ではないから羨ましくなることができないので、羨ましくないのでもないと否定しなければいけない。だから、二分法の表現で問われても、自答もできない。

　自分の資産、所得、身長、学歴、社会的地位など数値化したり序列化したり

して相対的に比べることができる物差しも、人というものは、やはり持っているし、自分自身が絶対的な幸福を持っているから、人とは比べることもないものの見方をも持っている。人は相対的なものの見方と絶対的なものの見方を**反転**させて生きているのではないか。

　そうだ、一旦絶対的ものの見方を得ても、それと相対的なものの見方との間で、ものの見方が反転するのだ。しかし、絶対と相対とが対立するのではない。一方が消えた時にもう一方が現れて、その見方である時間帯かもしれないし、ある時期かもしれないが、そのものの見方を採っているように思う。

　相対化する幸福とは異なり、ウィトゲンシュタインは絶対的幸福観を持っていた。世間の人から見れば哀れなやつであっても、その人は「自分の内面は幸福である」と言い切れるような絶対的な幸福感・満足感・充足感があれば、その満たされ方は絶対的である（ことわざの「襤褸（ぼろ）を着てても心は錦（にしき）」）。

　外径は世間一般に通用している標準的な物差しで相対的に測られるが、内径を測れる物差しは存在しない。絶対や無限大は測られるような量ではないから。

　「ウィトゲンシュタインは一時期、独我論者に『陥っていた』」と言われる。いまこの文脈ではそれが事実であったかという内容よりも、そのような言い方がなされるという価値観に注目したい。天才哲学者であっても一時期はそうだったのだということなのだろう。一過性だったが、悪しきことのようだ。

　しかし独我論者は絶対的な価値を持つことができるという長所もあるのではないか。独我なる私はトップでゴールのテープを切り、かつその私が最下位でゴールする（できる・できてしまう・不可避にそうしかならない）。私が独りで 100 メータを走る。私が独りでマラソンを走る。私はゴールする。私は一番速かったのだろうか、一番遅かったのだろうか。一番速かったからといって賞賛を浴びるわけでもなければ、一番遅かったからといって馬鹿にされるいわれもない。比べるものは何もない。

　世界で一番大変で、世界で一番惨（みじ）めで、世界で一番忙しい等など世界で一番不幸なのは、やはりこの私だと思う。そんなことが生きていて、時間や出来事の割合で 99.99％でだ。しかし、ほんのほんの極稀（ごくまれ）に私が世界で一番幸せだと思う瞬間もあるにはある。ただし 0.001％だけであって、負（不幸）の部分と

正（幸）の部分とを足し合わせるとちょうど100%になる。ということは、良かれ悪しかれ常に一番なのだ。世界で一番不幸か、そうでないときには世界で一番幸せのどちらか一方が必ず成り立つ。二番手以降はない。世界で一番の不幸でないときには、二番目か三番目に不幸なのかというと、そうではなくて世界で一番の幸せ者。(幸, 不幸)の対が反転する。一回くらいでも一瞬だけでも、世界で一番幸せになれる可能性を秘めた候補者になれるのだから、独我論も捨てたものではない。ただし、一回も一瞬も保証はない。可能性が与えられるだけだ。

(2) 小欲知足（しょうよくちそく）

　こんな清貧な考え方・生き方がある。外側から客観視すれば、少なくしか持たない者と多くを持つ者の間のどこか（貧困層か中間層か富裕層か）に自分が相対化された位置を占めることになる。この考え方・生き方は量の少なさだけではない。質的にも低く、安価なものしか持たなくとも、そのような相対的な物差しで計るのではなく、むしろ物差しなど使わずに、背伸びしようとせずに身の丈を生きることで幸せになれるのではないか。

　筆者は、仏教をよく理解できていない。例えば、仏教がその教えを確立し継承しているのか、分派しつつそれぞれにさらに発展しつつあるのか、それらに底流した思想として根本が何たるか（空（くう）なのだろうか）を分かっていない。しかし、仏陀（ぶっだ）の修行の動機・目的も誤解していると思うが、筆者なりには解脱すること、悟ることだと勝手に思っている。その究極の目的に達しようとする過程の考え方は消極的であるように思う。もし解脱することができず悟ることもできないとしたらどうなるのか。

　そのことは経験的に知っていて、ほとんど全ての人は、ある時は自分の欲を満たせるが、そうでないとフラストレーション（欲求が満たされないことから来る苦しみ）に陥ることがある。どうして欲求が満たされないこともあるのか？自分に才能がなかったり自分の努力が足りなかったり自分の家が貧しかったり環境が整っていなかったりなどなど、いろいろな原因が想定される。しかし、たまたま、ごく稀なケースとして常に勝ち続けて一度も負けることはなく、己の欲を全て満たす英雄がこれまで一人はいたかもしれないし、この後宇

宙がどれだけ続くのか分からないが、これまではいなくても今後そのような英雄が誕生する可能性は論理的にある。彼は筆者の都合のよい空想上の存在でしかないが、一人の反例として提示する。何の反証（反対のことを論証すること）ができる反例かというと、お釈迦様は、「一切の苦しみの原因は欲があることであるから、欲を捨てないとその苦しみから逃れることはできない」と説いたと筆者は思っているのだが、その説法への反証である。

　彼は欲張りで煩悩まみれであるが、その欲を捨てるという道を選らばなくとも、苦悩に苛まれることがなかったと仮定してみたのだ。そんな生き方が実際にはできないのかもしれない。負けることによって免疫を作ることができるが、常勝が続いて、ある程度の年齢で初めて負けを味わうと、免疫を作ることができずに、心が折れてしまうだろう。挫折から立ち直れないかもしれない。

　しかし、彼が彼の生き方を貫き、彼の欲を全て満たすことができたなら（仮定でしかないが）、フラストレーションに陥ることなく充実した生を生きることができる。

　よって筆者は仏教の言う「欲があるから、それが満たされず、その欲さえ捨ててしまえれば、その方法によって目的である苦悩が解消されるという戦略を以下のように受け止めている。それは、戦わずして負けるというよりは、一度だけ、いや何度かもしれないが、負けた経験から「羹に懲りて、膾を吹く」という諺のように、もう負けるのは嫌だと敵前逃亡しているような逃避的なフラストレーション解消の方法にも感じる。

　欲は少ないほうが幸せになりやすいが、全ての欲を捨て去るには厳し過ぎる修行が要るだろうし、捨ててもまた湧いてくるのではないだろうか。

　先の、論理的には存在する可能性のある英雄のように、解脱するとか悟ることがよいということは普遍的真理というよりは、欲を捨てると楽になれたという経験則や、そうなるケースが多いという確率的な問題のように思われる。

　イエス・キリストは金持ちが天国に入ることはラクダが針の穴を通るよりも難しいと言った。哲学者ルートヴィヒ・ウィトゲンシュタインは鉄鋼王の父からの巨額の遺産を有望と思われるウィーンの画家に寄付したり、家族に譲ったりして、財産のほとんど全部を手放して、質素な生活を送った。

　しかし、筆者はここから先はイエス・キリストともウィトゲンシュタインと

も異なる見解を持っている。

　セットで定義される物差しのない絶対的価値とは、今の自分に満足することであって、貧しい人にだけ訪れる境地ではなく、金持ちにとっても訪れる境地ではないか。むしろ一文無しになるくらいに財産を寄付し、投げ出すということは相対的な価値観のほうが貧乏だからというふうに傍（はた）から見て客観視をして貧乏な人の内面の絶対的な幸福にまで立ち入っているのではないのか。

　貧乏であっても金持ちであっても、それを貧乏とは思わないし（左記と対等に）お金持ちとは思わないで、金の大小という相対的な差など気にかけずに現状に満足することが大事なのではないか。心が錦だからと言って、清貧を心掛ける前にすでに買ってあった新品を清貧のためにわざわざボロボロにしてしてから、その襤褸（ぼろ）を着るほうが贅沢（ぜいたく）だろう。この考えは、向上心や向学心やハングリー精神に抵触する考えではない。

　ただし、多くを持っているとますます多く欲しくなるというふうに、欲の皮が突っ張るという傾向はあるだろうから欲は小さいほうがよいが、なにも欲の最小化を図って零にまで極めることは極端すぎるのではないか。

（3）毎日がスペシャル　Happy Birthday to ME ♪

　「幸せって、何（なん）だろう？」と、人は幸せについて言及することがあるだろう。幸せを探し始めた時に発する問いだ。こんな問いを発するなら、それまでは幸せだったのかもしれないし、不幸せだったのかもしれない。どうしてこの問いを発したかは置いておいて「幸せって、何だろう？」と言うその直前まで幸せを使用中であっても、幸せの言及中へと遷移してしまう。幸せをつかむことから幸せを傍観する側に転じたのだ。それは幸せではない（幸せの使用と言及の区別）。

　辛いことの連続で、いいことなんて、ひとつもなかったという長期記憶しか残っていない人もいるだろう。催眠術にでもかけられて誘導されればひとつだけいいことがあったことを思い出すかもしれないが。

　誕生日はなぜ祝ってほしいのか、祝ってくれるのか。辛いことだって多いのに。生まれてきてくれたことへの感謝と産んでくれたことへの感謝の表れかと思う（生の肯定）。それとも無根拠で習慣なのだろうか。理由はさておき『旧

約聖書』「ヨブ記」のヨブ[25]は例外だが、誕生日を祝われて怒る人はほとんどいない。毎日が誕生日だったら、何と素晴らしいことか！そしてそんな生き方ができるのだ（トンチであれば、100年間生きるとして、新しい時間としての「なが〜い1日」$\underset{\text{定義}}{\equiv}$従来の100年間、と規約してしまえば、生きている100年間がずーっと誕生日となる）。しかし以下のように真剣な話をしたい。

　絶対的幸福の好例になると思うので、竹内まりやの歌「毎日がスペシャル」より引用する[26]。

　　　今日が　誕生日じゃなくっても　記念日じゃなくっても　給料日じゃなくってもね　毎日がスペシャル　毎日がスペシャル。

　毎日がスペシャルだと、〈特別である（肯定）〉対〈特別でない（否定）〉の境がないから、二分法である言葉では、「毎日がスペシャルだ」とは表現できないけれども、でたらめ や どうでもよいことを言おうとしているのでは全くない（ご本人に確かめたいのは山々であるが、有名人へ連絡する方法を知らないので）はずだ。それどころか、とても大事な真理を主張しようとしていると思う。

　ナンバーワンではなく、オンリーワンな一日に365日じゅうの1日1日になっている。それは各日が給料日とか誕生日とか他日と比べて相対的に特別なのではなくて、それ自体に絶対的な価値があるということであろう。言い換えると、善い行いはそれ自体が報いであると同じ境地であろう。それ自体が、何か他の目的のために用いられる手段ではなく、目的であるような思い。

　多くの人が目標を持って前向きに歩み、その人なりのそれぞれのゴールに向かっている。それぞれのゴールというのは、小さなゴール、中くらいのゴール、大きなゴールがある。今のところ最終と思っている一番大きなゴールに到達したらその後どうなるかまではまだ考えていない。スポーツマンであれば、都道府県大会、ブロック大会、全国大会、その後は、アジア大会、世界選手権やオリンピックなど。その後、引退してコーチや監督になるか別の分野で活躍するかはまだ考えていない。

　そういう人たちはニヒリストではない。小さなゴールはそれなりの達成感はあるが中くらいのゴールのために踏み台にする。その相対的に価値のあった は

ずの中くらいのゴールも大きなゴールのために踏み台にする。

　彼らは目標（語感で目的ではなく）を拠り所として立派に前向きに強く生きている。しかし何にも依存しない[27]生き方で、支えが要らない絶対的に強い生き方もあるだろう。それは（筆者の語感で「目標」ではなく）目的を持たずに、ただ生きるだけのことではないのか。何も盛り付けられていない皿そのものを食べること。それは素の人生を味わうこと。喜びや成功や賞賛などを目的志向せずに、鼻先にぶら下げられた人参を食べるためではなく、走るためだけに走ること（Art for Art's Sake）。

　筆者が何百人かの答案を採点していて、これは秀（S）であるという評価をしたが、全員を評価したら、飛び抜けてではなかったと思うこともある。似たようなよい並び立つ答案があったと記憶できた場合である（たいていは成績を教務課に報告する期限に追われて意識朦朧となっている）。

　それは相対評価であって、絶対評価では一人ひとりの学生が秀になりうるし、クラス全員が秀になってもよいと考える。採点者（筆者）と一対一の勝負をして、そう決めたのだ。比べてみて同じようなレヴェルの学生が何人もいるから、だから…という評価を開講者（筆者）はしない。

　人は自分が信じている唯一神を数えることはあるまい。「ひとつめの神様」「ふたつめの神様」…と数える人はいないだろう[28]。もし数えることができるなら、そうできる程度に相対化しているから、それぞれの神は絶対的ではない。数えるというふうに言語化できる対象は、もはや相対的な対象であり、その人を包み込む絶対的な存在ではない。

　たいていは自分自身をだまかし、なだめすかし、しかしとても悪いことをしているという点では自己欺瞞とか言うことになるが、たいていはある程度ごまかして生きている。

　しかしこんな私でもたまに自分に打ち勝つことがある。自分が自分に打ち勝つとは、克服するということだろう。では自分が自分に勝ったけど自分は自分に負けたのか。勝負とは勝つ方と負ける方がいる。自分の心の中に天使と悪魔が住むように勝負も強・弱と言うものは対立する二項関係にある。もう一度自分に問う。自分に問いかける。自分は自分に負けたのか。勝敗ではなく絶対的に克った場合、敗者はいない。なぜならば相対的な勝ち負けではなく、絶対的

に克ったのだから。それは言葉を絶しているから絶対的に「マケた」と言っても良いだろう。それは意外に思われるかもしれないが、しかしここの境地においては、カチもマケも意味をなさない。絶対的な価値において無意味だ。

　　　　もし君が勝てば、君は全部もうける。もし君が負けても、何も損しない。それ
　　　　だから、ためらわずに、

　そんな都合のよい 100 パーセント勝ちの賭けがあるだろうか？　必ず勝つなら、それは勝負ではない。「必勝」とは叶って欲しい願いへの祈願（当為命題）であって事実（記述命題）ではない。勝ちだけがあって負けがないのは、対（勝ち, 負け）を成さないから、二分法の仕様である言語では表現でいないことを言おうとしている。絶対的価値に関わる言えないことを言いたいのだろう。続きを引用すると、こうだ。

　　　　神があると賭けたまえ（パスカル『パンセ』233）[29]

そうか、やはり絶対なる神に関わることだったのだ。
　言葉の使用と言及との同時両立は、単語単位（例えば、　　りんご　[30]）でも文章単位でも、不可能である。ただし定義文（式）に限っては使用と言及とが同時に両立していることは第3章4. 節（5）「定義式内の使用・言及の共存と崩壊」に詳述してある。
　ウィトゲンシュタインは「哲学は最も遅くゴールするのが良い」という旨のことを言った。また「倫理学講話」（"A lecture on ethics"）でのウィトゲンシュタインはこのようなことも言っている。「典型的なものを提示しそれとは少しずれているものをまた重ね書きをしてまた書き加えて行っていく上にも重ねあわせてある一つのことを示そうとする」。
　私もそう思いつつ以下のような戦略で考えている。使用と言及の区別を使って一旦ゴールしてしまう。細い道を切り開いていったんゴールするのだ。そしてその道を何往復もして太い道にする。それが夢であり絵であり詐欺であり、同類を列挙すると、心・生・世界・幸福・禅・言葉・愛・時間・陶酔・失敗・懺悔・原因・理由・謙虚・メタファー・ドキュメンタリー・フィクション・ファンタジーなどがある。

「ノーコメントです」は、無言に言及している。沈黙は「沈黙」を使用している。そしてそのことは言えないことである。もし本当に沈黙を使用しているなら、45文字あたり 遡 ったところのようにかっこをつけることはしない。しかしまた言及してしまったので指された使用中の語は強制的に言及中二状態遷移してしまった。

　真実は言語の使用と言及の区別を言及するところにはなく、それを超えて言葉にしてしまうと、使用と言及を混同した、この言い方となろう。沈黙は沈黙を使用している[31]。「この静けさは沈黙の実現化、実践の結果だったのか」「ということは『沈黙は沈黙を使用している』は自己言及文なのか」と言いたくなるだろう。沈黙どころかザワザワしてきた。文を読み上げているだけの行為だ。

　この真理に言及してはいけない[32]とは、これまた筆者の余計な一言だ。筆者がこの真実の初めての言及者となって、言葉の仕様からして言えないことだが言いたいことを台無しにしているし、どの著作、論文からも引用されてはいけないと宣言、懇願してしまったら、インパクト・ファクターの少ない著作となってしまう。

　ウィトゲンシュタインは締めくくる第7命題「語り得ぬものには沈黙せねばならない」（単独で一つの章を構成するのか？）は、あの不思議な香りのする薄い著作の最後を飾ることばだ。第7命題（結語）の前にも「無意味な書、私を超えよ」と書いている。引用しよう。

　　　私を理解する者は、私の命題を通り抜け＿＿＿その上に立ち＿＿＿それらを乗り越えた時、ついに、それらが無意味だと認めるという仕方で、私の命題は解明を行う。（いわば、梯子を登り切った者は、その梯子を投げ捨てねばならない。）
　　　私を理解する者は、私の命題を克服しなければならない。そうすれば、世界を正しく見るだろう。

　筆者はミイラ取りがミイラになる実演・実践を繰り返してきた。使用中であることに言及できない、と。この執拗な戦略はウィトゲンシュタインがTractatus logico-philosophi cus（『論理的-哲学的論考』）で用いたばかりではなく、"A lecture on ethics"（『倫理講話』）でも、typical type（典型例）を示す

戦略として用いた。

(4) プログラミング料理からは逃れられぬ

　二分法では仕切れず、どうしても逃れようのないことを言いたくてウィトゲンシュタインのSprachspiel（言語ゲーム）のパロディを考えてみた。本質を突く同じ構造 ―― むしろ非-構造で、無形で捉えようのない ―― を持っているか心許ないが、「プログラミング料理」と命名して（仮の名前で本名を持たない一例だが）そこからは人間である限り、逃亡を企てることはできても、逃げ切ることはできないことを暗示してみる。

プログラミング的要素／料理的要素	あり	なし
あり	・自分でプログラムを組んで作った検索エンジンで、インターネットから好物のレシピを閲覧した。 ・本場フランスでフランス料理の修業をして帰国後、レストランを開店した。	・母の手料理を見よう見まねで真似てみた。水加減を間違えておかゆに炊き上がってしまったが、塩をかけて予定したとおりであるかのようにおいしくいただいた。 ・冷蔵庫の中のありあわせの材料ながら、思い付きの試作料理は意外にウケた。
なし	・AIを使って車を運転させた。 ・ファッション雑誌のままに着こなした。	・何の計画性もなしに、ぶらりと旅に出た。 ・ボタンを掛け違えていることに気づかずに、最後までズレたままで、ボタン（または穴）が1個余った。 ・人生は出た所（でたとこ）勝負。 ・鉢合わせして修羅場となった。

　その暗示のために具体例を挙げるのだが、抽象的では分かりにくいから、分かりやすいように具体的に説明するのではない。具体例はそのような効果のために準備されたのではなく。そうではなくて、「風が吹けば桶屋が儲かる」とか「ブラジルでの蝶の羽ばたきがテキサスに竜巻を引き起こす」（バタフライ効果）とか、前に投げたブーメランが後頭部にぶつかるとか、ある標的を狙撃するつもりが弾が逸れて牛の大群を驚かせて突進させてしまい、標的が牛に踏み殺されてしまう（Donald Davidson的発想）とか、空手の三角飛びのように何が起こったのか分からないような奇襲作戦で、読者に意外性をもたらす。

　詳しく具体的に分かるように説明を試みても、言葉では表現できないことに気づいてもらうための捻りを加えた説明だから、禅問答と同じくあなたに刺激を与えなければならない。

　さて上記の目論見（もくろみ）に従って進めていく。プログラミングという観点から場合分けしてみると、プログラミング的要素を持つか否かで 2 通りが考えられる。またこの観点とは別の料理という観点から場合分けしてみても同様に、料理的要素を持つか否かで 2 通りが考えられる。したがって機械的な（現実世界では、その制約に伴ってあるケースは実現しないこともあるが）組み合わせでは、4 通りが考えられる。その 4 通りを表の中の左上、左下、右上、右下の順に解説していく。

　前頁のように、自分でプログラムを組んで作った検索エンジンでインターネットから好物のレシピを閲覧した、としよう。プログラムを組んだのだからプログラミング的要素を持つ。かつレシピを閲覧したのだから料理的要素を持つ。だから、これは問題なくプログラミング料理に該当する例だろう。

　次に左下のように、AI（エイアイ）を使って車を運転させた場合もプログラミング料理に該当するだろうか。AIはプログラム通りに動いてくれたから、プログラミング的要素を持つ。だが、車を運転させている間、あなたは何も料理しなかったし何も食べることもしなかったとしよう。だから、料理的要素を持たない。しかし結論は、プログラミング料理の一つなのだ。「なんで？！」とあなたは思われるだろう。ごもっとも。「プログラミング料理」命名の由来を訝（いぶか）しくなるはずだ。

　しかしここではまだ、右上、右下の解説が終わっていないので我慢して続きを読んでいただこう。解説を続けると、次は右上のように、水加減を間違えておかゆに炊（た）き上がってしまったが、塩をかけて予定したとおりであるかのようにおいしくいただいた場合はどうだろうか？　計画の軌道が逸（そ）れたが修正することなしに、ごまかした点において計画の一貫性はない。しかし結果的に食べられた点において料理の恩恵にあずかっている。これもプログラミング料理の一つなのだ。

　最後に右下の場合で解説を終えよう。「何の計画性もなしに、ぶらりと旅に出た」のだからプログラムのような予め仕組まれたわけではない。そして旅先では何も食べないで餓死したかもしれないし、温泉宿でスカウトされて板前さんになったかもしれない。無計画であり、かつ料理には関わらなかったかもしれないし、関わったかもしれない。でもやはりプログラミング料理の一つなの

だ。

　枠線で囲んだ４つ全部が水平線も垂直線も仕切るはたらきを持っていない。それなら４パターンもなく、仕切りはあってないようなもの。無効、無駄だったのではないか？　そうだ、それどころか無意味なのだ。それは名指せない（「プログラミング料理」は仮の名で本名を持たない）が、筆者はその正体を知っているつもりである。

　プログラミング料理には見せかけの壁しかなく、それらの仕切り様のない壁を乗り越えて、太枠内の４つのマス目（セル）は分割不能で一つなのだ。何でもかんでも全部がプログラミング料理だ。プログラムの計画性があろうがなかろうが、食べても食べなくても料理をしてもしなくても、プログラミング料理なのだ。二分法で仕切りを入れて表現する道具である言葉では太刀打ちできない天敵であるプログラミング料理。二分法の仕切り線では仕切ることのできない、どこまでも延長する単一な性質。

　この構造は「無」と呼んでもよいだろうし「空（くう）」と呼んでもよいだろう。どう呼ぼうと通り名であって、その本質を言い表す言葉など存在し得（え）ぬ。人どうしでは通じたかのように会話は成立するが、実は意味の伝達に失敗しているのだ（参禅中の師家（しか(しけ)）と修行僧とでは通じないことを自覚している別な場面だが）。語り得ぬものは、人からどう呼ばれようが、振り返ることはない。我われは通り名「語り得ぬもの」で分かったつもりになってきた彼の本当の名前を知らない。知らないのは本当の名前が言葉の世界には存在し得ないからだろう。

　人間である以上、このプログラミング料理なる営みからは逃れることができない。もちろんそれから逃れたくなる自由意志を持つことまではできようが、それはお釈迦様の手の平からの逃亡であり、逃れようと試みても逃れたつもりであっても逃れることはやはりできない。逃れようとすることに計画性があろうがなかろうが、逃れようとすることが料理に関係しようがしまいが、その行為自体もプログラミング料理から逃れようとするメタ・プログラミング料理よりなのだ。

　ウィトゲンシュタインは言語は一つであると言う時、それはメタ言語になる階層を設けてもさらに高層のメタ・メタ言語の言語層を設けたところで、それもやはり言語でしかないのだ。同様にメタ・プログラミング料理もメタ…（有

限個の省略）メタ・プログラミング料理も、階が異なるだけで同一の地面に
根っこを張って建っている一つのビルなのだ。

【注】

1　「その生き物の演繹体系は、われわれから見れば、反直観的で複雑な推論規則と公理から
　構成されているのだろう。たとえば、それらの公理の一つは、「((∃x) Fx→p) ←→ (∀
　x)(Fx→p)」[4] という形のものかもしれない。

　　したがって明らかに、これらの推論規則と公理のそれぞれに対応する推論は、われわれ
　にとっては難しいだろうが、この生き物にとっては自明であろう。そして、もしこの演繹
　体系が適切に設計されているならば、われわれにとっての簡単な推論は、この演繹体系を
　使う限り、可能ではあるが困難になるであろう。その推論は、多くのステップや特殊な戦
　略などを含むことになるだろう。（略）論理学の入門書で目にする形式的演繹体系によく
　あることだ。つまり、形式論理学の教育をまったく受けていない人間にとって事実もっと
　も簡単なはずの推論が、ふつうには直観的に理解しがたいような推論よりも、もっとはる
　かに難しいものになったりするのである。（例えば、Mate (1972) の体系においては、「p&q」
　から「q&p」を推論することは、「p→ (q→r)」から「q→ (p→r)」を推論することよ
　りもはるかに難しい。）このように、この演繹体系を使用する生き物の論理的能力は、逆
　転した実行可能性順序に近づくだろう」（『最小合理性』、クリストファー チャーニアク 著
　〔1992〕、柴田 正良 監訳 [2009]、中村 直行 翻訳、村中 達矢 翻訳、岡庭 宏之 翻訳（原著
　Christopher Cherniak [1986], Minimal Rationality, MIT Press）pp.54-5 より引用）。ただし
　論理式で書かれた公理に付された注（4）は、筆者にして翻訳者である中村による訳注で
　はなく、原著者Cherniakによる原注である。その原注の翻訳を以下に記す。

　　「(4) この公理は、とりわけ、クリーネ（Kleene 1967, p.107, 邦訳 一三〇頁）の演繹
　的体系の基本的な推論規則の一つに対応している」（『最小合理性』原注p.222 より引用）。
　ここに記載されているクリーネ（Kleene）の著作と邦訳は次のとおり。Kleene, S (1967)
　Mathematical logic. New York（『数学的論理学』上巻：小沢健一訳、下巻：竹内誠吉・小
　沢健一訳、明治図書出版、1971-1973 年）。

2　https://karapaia.com/archives/52221189.html より引用。傍点は筆者による。

3　「ことひらぐう」とも呼ばれるらしい。

4　井本光蓮「◆法話 禅とキリスト教」（平成 24 年 3 月 21 日。URL：http://www.ningenzen.
　org/zen37/03.PDF）より引用。

5　☆☆☆☆高跳びの 2m50cm のバーをクリアーしようとしているわけでは全くない」という
　例は、夢にも考えたことがなく、想定外の例であるが、その類例と思ってほしい。禅問答
　のように言語の限界を突破するための思考実験である。

「**半頭**（略）まず第一に、何かを肯定すると、それを第二に否定する。そういうことができるのは、否定でも肯定でもないものがあるから、否定することも肯定することも自由にできるんですね。その否定も肯定もとどかぬところを、第三につまみ出す、ということなんです。

　　山田　はあ、そうですか。中論が否定面に力点を置いた論理であるのに対して、唯識は肯定面に力点を置いた論理である……。（略）

　　半頭　仏教の根本は空ですから、否定も肯定もとどかないんですが、そこをどういうふうに説くかということで特色が出てくるんですね。中論の場合では、否定をくり返して行く、その過程の中で、否定されないものを理解させようとするんですが、唯識では、そこを積極的に取り出してみせるんです」（[1988] 半頭 大雅・山田 邦男 著『論語と禅』、春秋社、pp.72）。

　　筆者は読者の連想をメタ連想してしまった。いや、正確にはメタ連想ではなく、事前連想だ。正夢になるだろうか？　第3章で数学基礎論に言及したことが記憶に新しい読者は以下を連想するかもしれないが、筆者としてはそうは関連付けてはおらず、独立した文脈と捉えていただきたい。

　　「二分法は、可算無限個、言いかえると自然数と 1 対 1 に対応できるだけの数を表現することができる。その高々可算な（有理数なら稠密な）濃度を超えた連続体濃度の実数を表現できない。現実は 3 次元ユークリッド空間であると仮定してその中に実数が連続的にびっしりと詰まっているが、それを自然数で数え上げることができない」というような対応づけの問題である」とは意図していない。

6　☆☆☆上田閑照『人間の生涯ということ』p.141-2 にも掲載あり（上田による西谷からの引用）。

7　「修行の極み 心が動じない白隠禅師」https://www.excite.co.jp/news/article/EpochTimes_53758/ より引用。

8　同上「修行の極み 心が動じない白隠禅師」より引用。

9　いきなり "A" と言われても A が何者か戸惑われる読者へメタファーによって説明する。足が土俵から先にはみ出してしまうと負けになるが、土俵内に収まっていれば、どこに立っていても許されるわけで、それがどこかは自由である。その許容される値のどれもが代入されるような入れ物と言えよう。メタファーが嫌な読者には、「ある議論空間において、そこからはみ出さずに選ばれることができる値としておこう。

10　☆☆☆☆上田 閑照 [1997]『ことばの実存：禅と文学』、筑摩書房、pp.21-2 より引用。

11　舞踏などの身体言語も表現力がある。そして身体言語でも筋書きのないものには表現することは意図されていない（そんな余裕はないから）が、表出はしている。例えば、自然言語の「やったぁー」を伴うような万歳、ガッツポーズ。ガクンと膝から砕け落ちて、地を叩きつけて慟哭するなど。

12　汐見 稔幸［1988］補稿「書くことと「やさしさ」」、茂呂 雄二著［1988］認知科学選書 16
　　『なぜ人は書くのか』、東京大学出版会、所収 pp.163-182.
　　　　上記補稿「書くことと「やさしさ」」から感銘を受けインターネット上を検索し、次の
　　ホームページも参照した。宗内 敦『私のエッセイ』11「人は何故書くのか」
　　http://muneuchi.art.coocan.jp/essay/why%20we%20write/writig-index.htm

13　筆者は汐見稔幸［1988］から長く引用するために二重の引用になるので、汐見稔幸からの
　　大野英子の引用文と汐見自身の文とを区別しやすいように、以下の引用でも筆者が勝手に
　　インデント（字下げ）を入れさせてもらう。
　　　　原著である大野英子［1978］『詩の生まれる日』（生活綴方の探究 4、民衆社）から直接
　　引用する部分もあるが、その原著大野英子［1978］のまた別の箇所は汐見稔幸［1988］が
　　付加価値を与えているので、その箇所は汐見稔幸［1988］から引用した。

14　「ちえ子は　さくぶんかきました．おおのせんせいにくれました．」を『ちえ子は　さくぶ
　　んかきました．おおのせんせいにくれました．』とすべきかは迷った。作者（作文をした人）
　　は、千栄子である。ドラマでは、手紙をもらった方が読み出すと差出人かナレータの声で
　　再生されることがある。それに倣うなら、千栄子の声で読まれたとして二重引用符にすべ
　　きである。

15　大野英子［1978］p.80 より引用。

16　高得点が取れるからという理由以外でも、好きな科目というものはあるものだ。大野先生
　　は千栄子をそこまで指導したと言えよう。

17　川地亜弥生子「基礎を学ぶ　書き言葉と作文」http://www.nginet.or.jp/ngi/2017/201701_
　　kawaji.pdf より引用。

18　夏目漱石が「インテリはとっさの時には役に立たない」という旨を述べていたことを思い
　　出した。

19　ウィトゲンシュタインは「自分が死を前にして恐れてジタバタするなんてことはしたくな
　　いと」いう旨のことを第一次世界大戦に従軍中に考えていた。実際、前立腺がんだと宣
　　告された時に、その医師に "gut"（筆者の勝手な和訳「やったネ」）と言った。
　　　　弟子のマルカムをアメリカに訪ねている時に私は「ヨーロッパの人間だ。アメリカでは
　　死にたくない」という旨のことを言ったものの、帰国後、彼は潔く死んでいった。「自分
　　の人生は素晴らしいものだった」と言って（生前何度も自殺しそうになりながらも、筆者
　　が察するに多分ではあるが生に感謝しつつ）親友にそう伝言して欲しいと伝えて息を引き
　　取った。

20　庄松にこのような悲しい経験があったのかどうかは筆者は知らない（庄松の信仰の篤さは
　　4 章冒頭に引用した）。一方西田幾多郎は身内の不幸が重なり可哀そう過ぎる。昔は子供
　　を含めて死亡率が高かったとか江戸時代では五十歳まで生きられれば長生きした方だとか
　　言う確率統計論は、この場合無効で説得力はなく、人の心を鎮めることはできない。

相対化された量が事実であってもそれを用いて評価されても、愛する人を喪（うしな）ったことに納得できない。「そうか、みんなそうなんだ。じゃあ、俺だってもう、いいや」と前を向くタイプに筆者は該当しない。

21　西田幾多郎「場所の自己限定としての意識作用」（『西田幾多郎全集』第 6 巻 岩波書店、p.116 より引用。

筆者の無理解から以下 2 点に対して疑問と不満とを感じるが、ここでの筆者の論点が逸れるので脇道の注にこっそりと書いた。

一、「驚き」も哲学の動機の一つではないかとも思う。そしてすぐに修正をかける。パズルとしても楽しめそうな理知的な哲学の一分野ではなく、西田哲学は悲哀で深まったと思う。しかし「芸の肥やし」論法は適用領域を逸脱しているばかりではなく、不謹慎である。もちろん手段と目的との関係にあるのでもない。筆者は哲学を深めようとしてわざともっと不幸になりたいとは全く思わない。

一、事実命題（「～である」）と断定せずに当為命題（「～ならない」）となっている。現に度重なる不幸により悲哀を生きた幾多郎は（ゲーテが失恋から自殺を考え、『若きウェルテルの悩み』を執筆したことを筆者は思い出した）、悲しさを紛らわせるために哲学し、書かざるを得なかった。それは事実であるが、どうして当為命題で規範的に書いたのか？引用した一文に先立ち「哲学は我々の自己の自己矛盾の事実より始まるのである」とも書かれているだけにますます解釈が難しい。事実から出発しているからだ。自分だけの一経験により得た真理ではなく、普遍的な真理として主張したいからなのだろうか。

22　http://nekosyakusi.cocolog-nifty.com/blog/2015/05/post-762b.html より引用。

23　第 3 章 6.（1）「リリカちゃんの知らないもの」を参照せよ。同じ主張の言い換えである。

24　悟った後にも修行がいるという考えもあれば、悟り切っていないからこそ何度も悟らねばならないのという考えもあるようだが、悟りの境地とは異なるが仏教で言うところの無我ではなくとも、誰でも無我夢中になることはある。そしてある瞬間に我に返る経験はあるだろう。

兄が（当然、先に生まれていて）弟の誕生を待つということがある。しかし筆者はその事実を「兄が弟の誕生を待つ」と表現することは言語哲学的ではないと思い、以下のように言い改める。「兄の候補者として先に（何よりも先なのかは単独では言えない。対概念である弟の候補者とセットで説明しない限り）生まれている男の子が、弟の候補者の誕生を待っていて（いつを持って生命の誕生と判断するかは置いておいて）、その待望の男の子が生まれたら、その赤ちゃんが下から兄の候補者を兄へと押し上げつつ、兄の候補者が待っていてくれて弟の候補者を弟として迎える」と長い言い方になる。

この長男と次男の喩えのように、自我を滅しても、自我候補者と他我候補者とはまた対立する時を迎えて自我は復活し存在するようになるのではないだろうか。筆者が仏教を誤解しているのは、自我と自己を混同しているからであろう。自我は捨てても自己は残って

いるそうである「「ブッダは人間存在は非我（無我）であるからといって、自己の存在を否定したわけではありません。むしろ倫理的行為の主体として、自己の存在を積極的に肯定していました。パーリ文の『律蔵』の中に「自己を求めよ」と若者たちに説教したエピソードがあります。（略）ここでブッダは、はっきりと自己（アートマン）を求めよと言っています。非我（無我）は自己否定や自己放棄ではありません。むしろ自己を愛し、自己を大切にせよといっています」（中村 元・田辺祥二［1999］『ブッダの人と思想』p.104 より引用）。

25　大庭 健［2012］『いのちの倫理』、ナカニシヤ出版、第一章「生まれなければよかった」の中の 1「自分の誕生日を呪う」― 『ヨブ記』より ―（pp.3-7）を参照した。

26　☆☆☆その前に素晴らしい歌と対極を成す相対主義の例を挙げる。TV ドラマで視聴する 1 シーンより、母親が息子に向かって「○○ちゃん、あなたは今が一番大切な時期なのよ。ちゃんと勉強していい大学に入らないと、お父さんみたいになってしまうんだから」。

　　そしてこの注が☆☆☆である理由は、絶対に対して相対は相対できないということ、つまり筆者が本注の 1 行目に書いた「対極を成す」も言葉が空回りして機能を果たしていないという矛盾ゆえである。というのは、絶対にはライバルがいないから、無敵だ。

27　依存するのではないが、依存しないのでもない。依存することは否定するが、依存しないことも否定する。

28　しかし日本という国では、数える助数詞を用意してあるらしい。「柱」は日本最古の文献である『古事記』にあり、「座」は『延喜式』という平安時代の法律書（施行細則）にあるものです」（https://www.jc.meisei-u.ac.jp/action/course/001.html）。

29　（世界の名著 29 パスカル『パンセ』233 前田陽一訳、中央公論社）

30　引用符で囲むでもなく、使用中だと強調するでもなく、あえて左右にスペースを入れて使用と言及の区別を問題提起しないでおいた。

31　改行やインデントで囲む額縁効果（frame effect）が出ないように、他に紛れ込んでいる。そう指摘する前までは。真実はひっそりと在り、言語化され得ない。

32　言及してしまえば、言語化によって得たモノは真実ではなく、真実の写し、写像だ。ことばの世界に写した像だ。原本は依然としてそこにあるが。

第5章

混ざらねば混ぜてみよう、ホトトギス

吾　　輩：吾輩は無我である。名前は合ってない。

聞 き 手：在って無い？　ではなくて「合ってない」だね。「合っていない」
　　　　　ということは、適合していない、適切ではないということか？
　　　　　アンマッチなんだね。

ボ　　ケ：そうだ。名前は在るようで無い。

ツッコミ：どっちなんだよ⁉

ボ　　ケ：せっかく第5章を作ったのだから、ここでは排中律を大前提す
　　　　　るのはやめよう。通り前は在るが、本名は永遠に無い。時間の観
　　　　　念は無くてもどうしてそれが無いのか、語りえなさを語ることは
　　　　　できる。無時間性の相の下に。

ツッコミ：名前など命名すればよいではないか？

ボ　　ケ：そんな名前なら有る。「語りえぬもの」で通っている。それが本
　　　　　質を表していないから困る。それでいて有名だから、ちょうどよ
　　　　　い名前のように思われて分かった気にさせているようで、申しわ
　　　　　けない。

ツッコミ：親切で相手のことまでも心配性で、「大丈夫です」と断わられて
　　　　　いるのに、しつこく付きまとう粘着質な君のことだから、懇切丁
　　　　　寧に解説してあげればよいじゃないか？

ボ　　ケ：言葉を尽くして語りに語りに語ったところで語り尽くせないし、
　　　　　言語の限界からしてできないということは君も知っているはず
　　　　　じゃないか。

　塩は水に溶けると言う。塩にもいろいろあるのかもしれない。塩とか食塩と
か化学調味料とか。小学校（の理科で「人間はどこで考えるのか？」と先生に

指されて得意気に「脳ミソ」と答えたが、「そう、脳ですね」と言われたことを思い出した）か中学校で習った塩は、塩化ナトリウムと言って、それはNa+とCl-に分離する電解質（イオン）であった。水に溶けると、電気を通すようになるという物理的な変化が起こるのかな。

　では、砂糖水はどうか。砂糖水は砂糖の味がして、かつ固体の砂糖とは違って液体で飲める。でもこれは「混合物」と言われるくらいだから、混ざっているだけの状態であって、その証拠に放っておけば、下に砂糖が沈殿してくる。

　でも、まあ、いいではないか。沈殿するまでの間は混ざっているのだから。勢いよく混ぜたら、しばらくは混ざっている。ということは、筆者が意志しなければ、混ざっていないが、意志して混ぜれば、混ざる。混ざっているうちに飲み干してしまおう。

　ASICS[1]の靴下を履いたからと言って、その上からadidas[2]のシューズを履いても（そのメーカーに勤務していたり、スポンサーに付いてもらったりしているのでなければ）よいだろう。

　そんなふうに第 5 章で論理と倫理を混ぜ合わせた。無理矢理に混ぜる発想の大きく参考にしたのは、ウィトゲンシュタインの『論考』である。その本が論理の書か、それとも倫理の書かという評価は解釈が分かれるところであった。

　筆者は博士論文で「山脈は形而上学、峰は倫理」と結論した。第 1 章の概要から引用する。「『論考』の最も重要な主張は倫理であるが、その倫理は、世間における人と人との倫理ではなく、超越的倫理である。超越的倫理が形而上学に属することを考慮すれば、『論考』は、脈々と形而上学のテーマを扱った形而上学の書である。その中でひときわ高い峰が倫理であるが、その峰は、形而上学の書という山脈の中に位置づけられるべきものである」。

　論理学という学問と倫理学という学問[3]の間には、事実命題と当為命題の壁がある。その壁で仕切られている両者は混ざることはないが、第 2 章の終わりを思い出していただきたい。大魚が生け簀どころか巨大な水槽のように海の中のすべての小魚を食べうるがごとくに、その口の中に住まわせている。その大魚は大海であるが、逆に小魚にすっぽりと飲み込まれている様を図示した（第 2 章図 5「小魚が大魚を飲み込み返す独我論と集合論のパラドクス」）。独我論は超越論

的倫理の理論であるが、全ての魚を飲み込む魚は自分自身を飲み込むかという論理・集合の問題も、倫理と同じ源泉から噴き出しているように思える。

1. 無価値な無意味と絶対的価値を有する語り得ぬもの

　語りえぬものは大事なものである。人が高い橋から川へ身投げしようとしている時に（低い橋なら、止めて欲しいのだから、なおさら止めよう）自分だってそれを見る前は死に場所を探していた人であっても「死んで花実が咲くものか」と言うだろう。

　しかしそれは必要条件であって十分条件ではない。死んでしまえば花実は咲かないから、花実を咲かせるにはまず生きていることが必要だ。可能性の芽を摘んではいけない。でも可能性を追求して生きていればさえいれば、必ず花実は咲くのかと言うとそれはやってみなければわからない。

　辛いつらい人生を続けることを止めることを止めてしまったが、期待した花実が咲かない場合、その命の恩人は責任を取れるのだろうか。

　「生」と「死」を対比させて言葉はやっとそれら一対を語ることができる。生の最期の瞬間・死の最初の瞬間を境界として、その前は生きていたし、その後は死んでいる。ここで絶対的価値を紹介するために以下を引用する。

　　　「無事」とはなにも事がないということではない。どんな事があっても無事ということ。生きられる無の具体性。平常心の即時的表現[4]。大拙は言う。「またこれを平常底ともいう。寝て、起きて、食べて、死ぬともいうのである」。寝て、起きて、食べる（略）だけでなく、それと同じように、死ぬことも無事であるというそのような無事である[5]。

　論理的には突っ込みどころ満載である（ただし、$(A \vee (\neg A)) \rightarrow B$のパターンの両刀論法には従っている）。「（「無事」とは）死ぬことも無事であるというそのような無事である」は、修飾句付きの限定された「無事」によって非限定な「無事」を定義する循環論法だ。さらに「何もことがないということではない」は二重否定しているから肯定されて、何かが在るのですよね。「無事」ではなく、「有事」の定義ですか？

　どんなことがあっても無事などと、無条件下において必ず成立するなんてことは、世界の内部（有意味な範囲）でもなく外部（無意味な範囲）でもなく、ちょうど両者の境界（無内容な範囲）に位置する論理学の同語反復命題（独：Tautologie・英：tautology）でしかないだろう。そうだ。世界内ではある条件によってはある事態は成立し事実となる（実現する）が、その条件が満たされないならば、実現する論理的な可能性はあっても実現しない。いくら熱血教師でもマイナス273度（絶対零度）ではその教師の肉体を構成するどの分子も振動せずに冷血を通り越して凍結するだろう。

　しかし、大拙や閑照を批判することは真理の的から逸れることでしかない。親子の縁を切ることはできないように。ダイヤモンドを爪でひっかくことができないように。

　先達に向かって、膝を上げ踵を下ろしたところで踏みつけることにはならない。その一歩一歩が真理に向かって階段を登られているだけである。道の上を歩かせていただいているのだ。道へと向かっているのである。

　だから、ウィトゲンシュタインなら大拙の言わんとすることを了解できるだろう。ウィトゲンシュタインは若き頃に以下のような体験をしているからだ。

　　彼が語ったところによると、彼は若い頃は宗教を軽蔑していたが、二十一歳の頃ある事が彼の内面に変化を引き起こした。彼はウィーンで平凡な芝居を見たのだが、しかしその中の登場人物の一人が、この世の中には何が起ころうと自分には決して悪いことは起こらない、という考え方は表明したのである。——彼は運命に対しても状況に対しても独立である、という訳である。——ウィトゲンシュタインはこのストイックな考えに打たれた。そして彼は始めて宗教の可能性を見たのである[6]。

　このように若くして**安心立命**の境地に達する、倫理の素養があるウィトゲンシュタインではあるが、論理にも無関心ではいられなかった。前期の著作『論考』の中でこう言う。

　　Tautologie und Kontradiktion sind sinnlos.（同語反復命題と矛盾命題は無内容である（『論考』4.461）。

　無内容とは無能（役立たず）ではない。探偵が「この中に犯人がいるならば、

この中に犯人がいる」と言えば、名探偵ではないだろう。このように無内容だから、汎用性が高い。論理式で書くとA→Aであり、Aにはどんな話題を入れてもよい。天気でもランチでも政治でも経済でも科学でもスポーツでもよい。必ず（A→A）全体は真となる。

　ただし論理式に代入する内容が正しいかどうかはその分野の専門家に聞かないと、論理学者は保証できない。「今日雨が降ったならば、今日雨が降った」ということは、論理学者は保証できるけれども、気象学か気象庁の判断基準というのがあって、今日あなたの頭の上にだけ雨雲が狙い打ったかのように一粒だけ雨が落ちたからといって、それが降雨であるかどうかは、気象学的な専門知識に依存する（基準を満たすかどうかだから、言語哲学的には規約的真理だが）。

　例えば、水が成分である物（雨とか雪とか）が平らなところへ降って1時間当たりに平均して0.9 mmの深さ（高さ）になるだけ実際に降っても、もしも基準が小数点以下切り捨てと規約すれば、0 mmしか降らなかったことは真理だ。

　だから気象学的には「今日は雨が降らなかったならば、今日は雨が降らなかった」と言うべきになる。もちろん私のことは私が一番知っている（私のことは私が専門家）ならば、自信を持って自分の基準を定めればよい。例えば、「ぽつり」と来たら、それが一滴であっても「降雨」だと規約すれば、その規約に言語哲学者は同意する。そこであなたは「今日私の頭の上に降雨したならば、今日私の頭の上に降雨した」と言えばよい。それは論理学者も同意する。

　そしてウィトゲンシュタインは論理学者どころではない。ラッセルの指導下の学生であったが、先生を追い抜いたとも言われるウィトゲンシュタインは無内容な境界を自覚し、なぞることができるが、さらにその境界を跨ぐ。しかし踏み込むその先は無意味な（unsinnig）領域であることも自覚しているので、その無意味なモノを言語で表現することはしない。その中には、デタラメなモノもあるのかもしれないが、それどころか絶対的な価値を有する（通り名で呼べば）語りえぬものも存在している。その語りえぬものの中には、世界の内部には収まり切らずに、世界から逸脱した倫理（transzendental Ethik）も含まれる。しかし、ウィトゲンシュタインはその大事なモノを語ることは駄弁を弄

することだと嫌い、沈黙を保つ。

2.　東洋的受容の仕方

　筆者は東洋人のせいか、理屈で割り切っただけでは、すっきりと納得できない。東洋人の勘がはたらくのかもしれない。

　「排中律が成立する」に対して「いや排中律は認めない」とか「二重否定で肯定に戻る」に対して「いや、戻らない。三重否定が一重否定になる」などと言われても、難しくてどちらにも与する（commit）ことができない。

　しかし、そのどちらかしか、後学の徒には選択の余地がないのなら、その選択肢の与え方が、しいてはその論争の構図自体が排中律を前提していることには気づける。

　名前についてはバートランド・ラッセルに聞けば、きちんと理詰めで教えてくれる。その体系だった数理哲学者ラッセルは、ウィトゲンシュタインの前期の著作『論考』に序文を書いて秘書に託している[7]。しかし、『論考』出版には紆余曲折があった。一旦出版されてしまうとウィトゲンシュタインが教えていたケンブリッジ大学だけではなく、オックスフォード大学でもこの素晴らしい著者がまだ生きているそうだと言われるくらい伝説となった『論考』がなかなか出版されなかったとは信じがたいことなのである[8]。

　『論考』出版には協力的だったラッセルだが、後期のウィトゲンシュタインの思索を、真剣に考えることを必要としない学説を発明したようだとしか評価できなかった。

　　　「おそらくラッセルにとっては、全てのものをそのままにしておく哲学などは、そのような怠惰な学説に見えたのでしょう」[9]。

　名前を付ければ指示するためには便利だろうが、名前さえ付けずに外気からも人目からも言葉からさえも一切触れさせないで、無菌状態を保って潔癖に、独占的に偏愛する愛し方もあるのではないか（筆者はうちを出たら、家族の話を自らはしないし、聞かれてもはぐらかす）。たぶんラッセルのような体系だった数理哲学を築く哲学者は名を呼ばないことが絶対的な価値を有する愛し

方であるという発想を理解しないであろう。文明の発達した国の研究者から未
開人と呼ばれる人の中には本名を隠して、人前ではその名前を口にしない人た
ちもいる。

3. 東西思想の融合

　我われは一人ひとり神から愛されているらしい（Agape〈アガペー〉）。たとえ無自覚で
あるとしても。無言のままその名を口にしないで神を信仰しながらも、そんな
私を仏は見てくださっているのだろう。この見守りは分かりやすい気がする
（自分に嘘〈うそ〉はつけないのと同じようで）。人が神に祈り縋〈すが〉る時、仏は守護霊のよ
うに背後にいてくれたり、もしかしたら、ちょこんと肩の上に乗っていてくれ
て「神様が願いを叶〈かな〉えてくれたらいいね」と祈るあなたを見守ってくれている
のではないか。仏は、神仏両方を信じるの人間を見放すこともなく、ましてや
神を妬〈ねた〉んだりしないであろう。

(1) 家庭内東西思想

　母が父に「クリスチャン以上にクリスチャンですね」と言った。中学生だっ
たか高校生であった筆者からすると、信仰深くお経を読める祖父の息子である
父は仏教徒であった。

　このような会話を東西の比較思想学会でなく、親子三人＋チロ一匹の家の中
で聞けた私は、宗教・思想・哲学の環境に恵まれていたのだろうか。母が「マ
リア・ドロローザ（悲しみのマリア）」と洗礼名を戴〈いただ〉いたのは筆者が小学5
年生であったという年代の記憶がより鮮明であり、母から父への発言は、小学
5年生以降の出来事であったと推察している。

　その後に、父から浄土真宗のお寺の墓守〈はかもり〉の世襲〈せしゅう〉を打診された一人息子の筆者
は「私は哲学の学徒〈がくと〉であり、何か一つの宗教に与〈くみ〉することはありません」と一
旦は返事を保留した。しかし今57歳にして思うにゼロ・ヴェクトルは360度
をカヴァーし、どこをも射貫〈いぬ〉く。

(2) 井の中の蛙 大海を知らず・プラトンの洞窟

　パソコンのキーボードでdelete（削除）キーの近くの"Ｐｒｔ Ｓｃｒ"と書かれたキーはFn（ファンクション・キー）を押しながらでないと機能しないかもしれないし、Prt Scrを使った[10]ことのないユーザーでもスマ（ート）フォ（ン）のスクショをは使ったこともあるのではないだろうか。

　パソコンではプリント・スクリーンと言われ、本質的[11]には同じだがスマフォの技では「スクショ」というのがある。画面に写っているものを、パソコンで言えばクリップボードに貼り付ける。その画像を送ることによって自分が見たものを人にもその映像を見てもらうことが写メールすればできるまでしかしいくら正確に表現したとしても何が写っているのであろうか。パソコンの画面に写っているものはプリント・スクリーンできるが、その画面やディスプレイの枠（フレーム）は映らない。

(3) 神をスクリーン・ショット（スクショ）できるか？

　さて、偶像崇拝禁止からすれば不謹慎だが、神をスクリーン・ショットできるだろうか？　問題提起の趣旨は極めて真面目であり、敬虔ですらある。神が世界の限界を踏み越えて世界の内部においでになるだろうか？

　極端ニストである著者は神をこの目で見たら（この「見る」の意味は第3章6.（3）「〈語ること〉と〈見ること・買うこと〉」を思い出しつつ読んでいただきたい）「神を網膜に写像した」と言い換える。そんな目視ができるものだろうか？

　あなたも紙の情報をコピー機で複製することがあるだろうか。そのときに、その紙を置くガラス面も押さえる蓋も写らないようにできている。つまりは写像されないのだ。限定された枠組みの中に在るものだけが写像されるのであって、その外部は写像されない。

　写像されないことから察するに神は、世界の境界にも内部にも不在なのであろう[13]。

　もしかしたら世界の外部には存在するのかもしれないとその可能性はありと筆者は想像している。見えもしない神様がいるかもしれないという考えを、科学万能と考える人からすれば「頭が悪い」と思われるかもしれないが、自分を超えた高次の存在が単に可視的ではないから、ビジュアル的存在ではないか

ら、というだけで存在しないと結論することは短絡的であると思う。神は偉大ゆえに無限大に延長しつつあり、視界を全て覆い、どこからどこまでが神なのか、人間には認知できないのではないか。もしかしたら意外にも、逆に小さ過ぎるのかもしれないし。クオークよりも小さいどころか無限小へとますます極限へと微小化しているのかもしれない。この際、大小は問題ではないだろう。

　筆者は科学哲学は専門ではないが、科学へ寄せている期待はこうだ。幽霊でも何かしら既存の仮説では説明できないことを見たという証言や観測結果が得られたならば、その現象を科学者ではない筆者たち素人にも納得できるような新規の仮説を立てて説明できるように努めるのが科学者使命の一つだと願っている。

　不思議と思われる現象を単に怪しいものとして切り捨てるのではなくて、これまでの科学理論では説明のつかない現象であり、それをも説明できるようになるには理論を拡張するだけの懐の深さが欲しい。

　拡張するとは、例えば現象を数式で表現した場合の従来の近似式（それは多項式から成るとして）一つ項を追加することによってその近似式の精度をより上げる説明ができるようになる等の科学理論の発展へ繋がる大きなチャンスなのだと捉えてもらえないだろうか

　これまでの科学理論を全部捨て去らねばならないようなそのような珍奇にしてダメージの大きすぎる現象はたぶん起きることはなく、既存の科学理論をより汎用性の高い説明力のある理論へと飛躍するチャンスであると筆者は思う。

(4) 教団を成さない 非-無神論な宗教

　無言の信仰・沈黙の信仰というものが、語られることなく実在する。語ることを自らに禁じた、冴え切った頭（論理）を持ったウィトゲンシュタインの熱き胸（倫理）の内に、それがあったのだ。そうとは知らぬ筆者に黒崎宏先生がそのご高書の中（黒崎宏先生［1992］『ウィトゲンシュタインと禅』］）で述べてくださり[14]、初めて気づいた。何に対して無言であり続け、それに対して沈黙を守るのか？

　それはそう とは言えないモノに対して。通り名で仮称すれば、神。

　この新興宗教 はウィトゲンシュタインならびに同じく信ずる者にとって、

最も古い根本的な信仰に基づくだろう。トーテミズムよりもアメニズムより
も始原的な素朴な考えではなかろうか。信じる<ruby>モノ<rt>・・</rt></ruby>へと頑なに、口を閉ざす。
信じるからこそ、その非実在的な真なる実在へと何も語らない。

　語りたくなることなど何もなく、語る必要がないのだ。お喋りのネタ切れ
ではなく、そんなことをするという発想すらないし、そんな発想が湧かないで
よかったという自覚すらもない。何もない。

沈黙と無言

　語ろうとするから悟れないのではないだろう。悟ったから語ることも書くこ
とも描くことも何もないのではないのか[15]。悟るは目標に非ず。リラックスし
ようと思ってもリラックスできるものではない。平常心を失ったことに気づい
たら、平常心を保とうと意識を集中しても平常心を取り戻せるものではない。
冷静も睡眠導入も同様だろう（深呼吸するとか羊（の数）を数えるとか手立て
はあるにはあるだろうが）。

　自然に振舞おうと努力しても不自然にしかなれないだろう。冬場に踵がひ
び割れしてそこを庇うと不自然なフォームで歩くことになり、膝や腰にまで悪
影響が来る。だから庇わないようにして意識して歩くと、やはり不自然な姿勢
で歩くことしかできない。では、庇うどころか逆により痛むように踵を床に叩
きつけるように歩けば、庇うことはしないで済むが、これまた乱れた姿勢で乱
暴に歩くことになる。この努力も不自然しかもたらさない。

　それを目標とすればそこから無限背進してしまうような構造を持つ。

　いま書斎で山下達郎「あまく危険な香り」のinstrumental（本書を執筆中につき、
憧れの美声を諦めて楽器演奏だけの曲）を聞いている。腕がだらんと垂れ下がってき
たので、これだけ疲れていたら寝なければいけないとか風邪を引かないように
寝床に入らなければいけないとか言うべきところを、そんなことを考える間も
なく、このまま寝てしまうのだろう（だらんと垂れ下がった腕で上記を書いた
のか？　何十秒かカウントできなかったが、一睡しました）。

　寝ようと意識しなくても私を眠らせるだけの条件は整っている。悟りも同じ
ではないのか。悟ろうという目的において悟ることはないのだから。もちろん

これが唯一の入り口かわからないし、特定はできないのだけれども、悟りは「すーっ」と（つまり、いや、音を立てずに）入ってくるのではないか。寝落ちするように。

　いや、違う。座禅とは何もしないこと。だから、寝ていてはいけない。寝ては寝ることをしている。死んでいたら死んでいることをしている。そうか、だったら寝座禅は？　それは寝た姿勢だが、寝ることはしていない。

　ここで悟る必要条件の提示に挑戦してみる。必要十分条件とは、必要にしてかつ十分な条件である。「必要条件」とは、目標達成のために、まずこれは最低限しないといけないという緩やかな条件で、「十分条件」とは、これをすれば間違いなく目標が叶うという厳しい条件だ。

　だから、何度も言うけど、言っても無駄だけど、そんなふうにターゲットにしても至れるモノではないのだ。鳥を射止めようとしても弾は逸れる。しかし薪を割ろうと斧を振りかざして手が滑って意に反して離してしまった斧が命中してしまう。

　そうかと思えば、鳥を狩ることを生業としていても逆のこともあろう。無邪気に頼りにされたかのように胸元に着地されると、その鳥を鉄砲で撃たない。打ち貫くと貫通して自分の心臓にも達するからではない。ペットとして愛玩し、共に暮らすからだ。そう言うではないか（出典省略。和歌の「読み人知らず」ではないが、禅の多くの本に少し異なる言い方で書かれている）。

　「悟る」[16] は、意識した行為ではなく、自然と至る状態ではないか。

　読者のあなたはこの緩やかな条件を満たしているのではないか？

　では、厳しい方の条件はどうか？　それは満たした時にこそ自覚しないのではないか。大拙の言わんとする無事は、そのことば「無事」からは直接には分からなくてよい。**無事** を言葉で説明しているのではなく、無事を暗示する**言葉**なのだから。空手の三角飛び[17]に喩えると、訳が分からなく奇襲されるのであって、その意外性、意外な打撃の刺激が大事なのである。それが痛いのか失神してしまうのか、その技を受けたことはないが、そのとき刺激を得る。

　しかし刺激そのものは意味伝達の媒体となるのではなく、何事かを誘発する。瞬時にして感じるものがあるのであろう。

　もう一回も聞けない懐かしい「なおちゃーん」と呼びかける声を頭の中で

再生する。呼び名はその名前で指示されるはずの筆者を指示しているのではない。指示するとは長さを持った（言い換えると、零ヴェクトルではない）ヴェクトルが始点を出発して終点を指すことだ。

　しかし始点は、もはやどこにも位置していない。長さのないヴェクトルは終点を指さない。始点と終点が重なって一致して一点に凝縮されているのだから。私は指されているのではなく、その可愛い声は、その可愛い声の**持ち主**を暗示しているのだ。あのイントネーションであの声で呼びかける側の者を、今はもうここにはいないが、暗示しているのだ。

　瞬時にして感じ取ることは体得するものであって、言葉によって伝達されるものではないが、その境地に到達したとき人は「そうか、そう なんだ」と言うのではないだろうか。「なるほど、こう いうことか」と重大なことに気づいた感想と印象を、これもまた言葉にしてしまう。しかも無意味な言葉を発する。そんな言葉が自然と出てしまう。ただし、それらの指示語は何も伝達しない無意味な言葉である。それは意味を直接運べないと言う意味において無意味であるが非常に重要なことである。

　お茶を入れても底に穴の開いた茶陶では漏れてしまうし、その茶陶をさらに底の抜けたお盆では運びようがない。しかし実際に（と言っても思考実験の中での想定だが。しかし本書執筆は語り得ぬものを暗示することを実践している）側面しかなく支える底面がないお盆でお茶の入った器を真顔で運ぼうとして、床に落ちた陶器は割れ、お茶は床を濡らすのを目の当たりにすれば、あなたは引いてしまうかもしれないが、それを馬鹿な真似と受け取らずに、何か感じ取っていただけると期待している。

　筆者が感じ取ってほしいことと読者が感じ取ったことが同じか否かは言葉によっては検証不可能だが「そうか、そう なんだ」と発することは、その境地に到達したということの試金石になるかもしれない。

　言葉という道具では運べない類いの語り得ぬ真理がある。

(5) 東を生きつつ西をも生きて 矛盾を生きる

　上田閑照の文章はあまりに美文であり、かつ脈々と繋がっていて、どこで切ってよいか分からないので、引用しようとすると、どうしても長くなってし

まう[18]。そこで引用の先に筆者自作の図を挿入してみる。

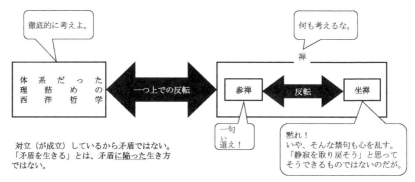

図14　西田幾多郎の二重の反転

　西田は（…）ほとんど十年間、他の人ではなかなかできないほどに真剣に自分の全存在を打ち込んで禅の道を歩んでおります。しかも、一方では考えられないほど、ヨーロッパ哲学の基本的な専門テキストを、古代のギリシャから当時の最も最先端の現代哲学まで、そして、文学、歴史、その他を含めた猛烈な読書をしています。これだけでもなかなか大変ですのに、しかも「午前打坐、午後打坐、夜、打坐」というように坐禅をし、そして雪門老師のところに参禅にゆく。また帰って坐禅をする。このような日々の連続でした。

　この二つは途轍もなく違う道です。一方は論理的に構成されたヨーロッパの哲学ですから、事象を分析し、それらがどういうふうな連関になっているかを解明しつつ、その意義を考えて行きます。禅の道の方は、哲学と対比するために分かりやすく簡単に言うと、「考えるな」ということです。これは非常に徹底しています。哲学の方は、「徹底的に考えよ」ということです。私たちは考えながら生きているわけですけれども、生きながら考えているその考えは、普通曖昧でもあるし不徹底でもある、それを徹底的に考えよ、とその方向を突き進めるものです。

　仏教の方は、禅はさらに徹底的に、「我」からの解脱がなければ「考える」は分別にまつわりつかれ、却って「我」の温床となると洞察しています。「考えるな」が「我」を離れた非思量の智への道になると洞察しています。このように「考えるな」と「徹底的に考えよ」という大変異質な二つのことを、西田は同じ時期に徹底的に行じてゆきます。下手をすれば内的に人格の分裂に陥る、そういう危険すれすれのところで、十年間努力するわけですが、これは大変なことだったと思います。西田にとって、両方が本当であり、大切だと思われたからです。考える

と言うことも人間の可能性として必要大切であり、考えないという仕方で分別を離れることも本当に大切です。しかしそれがどういうふうにつながっているのか、これはただ探せばあると言うようなものではありません。自分が矛盾を生きるということの中で、その結びつく生きた連関を生み出してゆかねばなりません。生きるということは生きながら考え、考えながら生きると言うことですから、そういう中でより深められた人間の可能性として、考えるということと、考えないということが一つに結びつくような新しい生きかたを工夫してゆかねばなりません。西田においてはその最初の試みが『善の研究』に出てくる「純粋経験とその自発自展」と言う考え方になってくるわけです（引用終了、傍点は筆者による強調）。

　無我とは自と他の区別をつけないこと。本当にそうなのだ。実際はそうなのだけれども、しかし言語表現すると「自」と「他」との区別をつけた上で、その区別を否定するというふうに、肯定形を言葉の上で作って、その上でそうではないと言うしかできない。

　言葉にするということには限界があり、一旦言語表現上、自と他の区別をつけてそれを否定するしかないのだ。その区別をしていないという真実は、確かに真実なのだが、しかし語られることがない。その真実が存在していないからではなくその真実は存在しているが、直接に語られることは言語の限界からして不可能なのだ。暗示されるのみである。

　口にチャックだけでなく、内面からも騒めきが去った後、頭の中も胸の内も腹の底も無言となるのだろうか。その境地においては爽やかな涼風が吹いているのか無風なのかすら分別をつけることもないのだろう。風が吹いても無事、風が無くても無事なのだから、という根拠付けさえも要らないのだから。

【注】

1　ハリー杉山流儀の英語では「アスィックス」、シェリー流儀の米語では「エイスィックス」（「特集「これ、英語で何て言うの？アメリカンVSブリティッシュ」①」https://youtu.be/nMOngyqSj0A?list=RDCMUC6APvf0RJ9WcuTr_DaObzNQ&t=893 より視聴した）。

2　ハリー杉山流儀の英語では「アディダス」、シェリー流儀の米語では「アディダス」（出典は同上）。

3　では、倫理学とそれと似通った道徳とは、どう違うのかに興味を持たれた読者には今道友信の『エコエティカ』を読まれることをお勧めする。その中で「道徳は実践であり、その

体系だった学問が倫理学である」という主旨（筆者要約）を述べておられる。

4　黒崎宏の解説が参考になるだろう。「これは肯定が否定で、否定が肯定だと云うことである。……」。さらに黒崎から大拙を引用する。「『佛説般若波羅密。即非般若波羅密。是名般若波羅密。この形式を自分〔〔大拙自身のこと〕筆者挿入〕はまた即非の論理と云っているのである。これは論理か何かわからんが、とに角まあさう云っておく。この即非の論理が、霊性的直覚の論理であって、禅の公案を解く鍵なのである』（『鈴木大拙全集』（岩波書店第五巻、三八〇‐三八一頁、三八七頁）」（黒崎宏［1992］『ウィトゲンシュタインと禅』、哲学書房、p.83-4 より引用）。

5　☆☆☆☆☆上田閑照『人間の生涯ということ』p.220-1 より引用した。筆者には理解できていない箇所を傍点にした。筆者自身が理解できていない箇所を引用することは、無責任にも思ったが、分かる読者には分かるのだろうから、その有り難い部分を省略してしまうことはせっかくのチャンスを読者から奪うことになってしまうので、理解できていないまま隠蔽せずに引用した次第である。

6　黒崎宏［1992］『ウィトゲンシュタインと禅』p.101 より引用。傍点も「始めて」も原文のまま。

7　「かくしてここに『論考』の出版は、完全にラッセルの手に委ねられるのである。ところが、一九二〇年の秋中国へ旅立ち、翌一九二一年八月まで、帰って来られなかった。そこでラッセルは、イギリスを発つ前に『論考』の原稿をドロシー・リンチ嬢にあずけ、そして彼女に、それを出版するべく努力するように頼んだのである」（黒崎宏［1988］『ウィトゲンシュタインの生涯と哲学』、勁草書房、p.91 より引用）。

8　同書『論考』の出版（一）、『論考』の出版（二）、『論考』の出版（三）―「自然哲学年報」―、『論考』の出版（四）―ケガンポール―などpp.79-100 に綿密な調査結果とそれらに基づく推定も含めて、詳述されている。

9　黒崎宏［1992］『ウィトゲンシュタインと禅』哲学書房p.70

10　言及と使用との区別を実践していることをくどくどと述べる。“Prt Ｓｃｒ”が言及されている。

11　「本質」とは自分の決めつけた価値観からすると高いことであって、普遍的な根本的な極限を万人が共通に持っているとか、そのような極限が客観的にどこかに存在するとは、筆者は思えない。人は大義名分を振りかざすときに、その正当化のために「本質的なことを言うとね」と言っているだけではないのか？

12　言及と使用との区別を実践していることをくどく述べる。

13　存在性の証明は存在することを発見できればその証拠を残せばよいのだけれど、一方、不在性の実証（「証明」は数学と論理学だけが行うことができるという筆者の狭義の定義により区別している）は難しい。世界中のどこにも一瞬もいないということを確認するのだから、世界中を股にかけて一生涯かけて探検しても、私がヒマラヤにいる時には上海にい

るかもしれず、筆者がロンドンにいる時には東京にいるような移動する者に対して、筆者は世界の中を一挙にモニターすることはできないから、もしかしたらネッシーも雪女も入れ違いで今もどこかにいるのかもしれない。いないということは形而下学的な観察・観測が必要な骨の折れる作業である。

14　「ウィトゲンシュタインの言語は無言の信仰（der wortlose Glaube）の言語である」（黒崎宏［1992『ウィトゲンシュタインと禅』］、哲学書房、p.115 より引用）。「「無言の信仰 ── 神を語らない信仰 ── 」を持っていた」同書 p.121 より引用）。

15　禅者による書は、西田幾多郎作のものも見かけるのだが、これはどう説明すればよいのだろうか？

16　☆☆☆☆☆ 引用符で囲む言及は「悟る」を使用できず、言及するに留まる諦念の明確な表現である。注という表記法に感謝。ただ、言語の限界ゆえに語り切れてはいないが。

17　第 4 章 5.（4）「プログラミング料理からは逃れられない」にもこのメタファーを用いた。示唆に富むための意外性が重要である。

18　上田 閑照［1998］『人間の生涯ということ』pp.103-5 から引用した。

第Ⅲ部

———

読者と筆者との議論の場

第6章

哲学思考実験

　問いではないから答えがないのと同様に逆に、答えがまだないから問いではない。問いと答えとは対概念であるからだ。そしてこの問いになる候補とそれへの答えになる候補とはおぼろげながらぼんやりとあなたの心の中に胸の奥に頭の中に腹の底にあるアイディアだ。

　あなたはそれを何度も口に出し、書き出し、それを読んでは内面に取り込んでは、また吐き出す。その反芻によって「これが答えだ！」と閃いた時、あなたは知的な笑みを浮かべる。私から与えるものはすべて刺激でしかないから答えようとはせずに、コショウをかけられたのだからくしゃみしてくれれば結構である。求められていることは反応すること。箇条書きでも絵でもマンガ（吹き出し歓迎）でもグラフでもよい。

　答えの素材はあなたの中にしかない。何を答えても正解です。あなたの答えを求めるから。「あなたは何が好きですか？」「ピザです」「それは間違っています」と私は言わないし、言えない。その答えが、お寿司であってもマウンテン・バイクであっても宇宙旅行であっても同様である。

　筆者が開講する哲学の受講生へは必須の課題であるから、回答欄に記述し提出のこと（書き足りない場合レポート用紙やコピー用紙を添えても結構）。各回の哲学思考実験には読解すべき箇所を記してある。

　受講生ではない読者の方がたには当然、回答の義務はなく、ご自身の自由意志の下で自由書式でメール ikirukibouYuming@gmail.com へ送信されたし。

　言語は骨抜きにならないように構造が大事であるが、「哲学思考実験」の頁は切り取られる都合上、巻末に配置されている。

おわりに

　いきなり私事になるが、前著『沈黙と無言の哲学』出版後から本書『表現の極端ニズム』出版までの間に筆者の人間としての生き方は「生きられたくない」というまでに悪化していた。文法的に破格かどうか賛否両論の語用であるが、八方美人の筆者は両論とも有り難く受け入れた。分析してみると、生きられ（生きることの可能性）をたく（望むこと）はない（否定）を表現したくて、この「生きられたくない」と口遊む[1]。

　もう少し多くの人に誤解でもよいから、分かって欲しいように言い直すならば、こう言おう。

　「死んで欲しい」。「だれに？」。「自分に」。自分で自分が幸せになることを禁じる心なのだ。

　また多忙なこともあって、筆者らしい二個のパラドクスに陥っていた。一つめは記憶の注意の焦点が４つしかない。大事なことが新たな情報によって短期記憶から追い出されて忘れてしまわないように短期記憶の容量が少ない（数に限りがある）ことを「忘れるな、注意の焦点は４つ」「忘れるな、注意の焦点は４つ」とそのことを忘れないようにリハーサルを繰り返して、その貴重な希少なchunk（記憶を盛る皿）１個を占有してしまってよいものだろうか。

　スケジュールやアラームを毎日何十回も鳴るように設定した自分に苛立ち、毎朝 今日一日分の通知をオフにするための新規のスケジュールをアラーム設定してしまったが、このスケジュールのアラームもうるさいので、これも通知オフに再設定すべきか。以上、中村のパラドクス。

　といったように筆者は異常なビジネスマン（businessman）だが、ビジレスマン（busi*less*man）になれないものだろうか。ただし60歳で停年退職したいわけではまったく**ない**。死ぬまで本学で教鞭を執り続けさせていただきたい。

　前著『沈黙と無言の哲学』は、筆者の哲学の授業の教科書として使ってきて出版後７年間で多くの受講生から読まれてきた。もちろん受講生以外の読者諸兄姉からもコメントや評価をいただいたので、それらにもコメントを返し

た[2]。

『沈黙と無言の哲学』から「哲学思考実験」[3]なる演習問題を作り、出題、回収、評価、議論を交えて返却してきた。そのような授業の流れでは収まりきらず、著者の研究室を訪ねて来てくれる学生たちもいた。私の哲学病は語りに語っても伝染しない〈語り得ぬ〉病だから、筆者のまいた水で内面の哲学の種から芽を出した学生たちである。

本書を執筆するまでに筆者を追い詰める議論を吹っかけてきてくれた学生たち12名（卒業生1名を含む）を以下に感謝の意をもって挙げる。学生たちとは、筆者が開講している勤務校の金沢学院大学（以下「本学」と呼ぶ）の受講生に関しては「本学」とすら略して氏名のイニシャルを挙げて（奥ゆかしく控えめで恥ずかしがり屋さんの彼女ら・彼らには相応（ふさわ）しいだろう）感謝を述べさせていただくことにする。

そして筆者が原稿を執筆する重い腰を上げる動機付けをしてくれたのは学生達であるから、本書「おわりに」の中の「謝辞」は学生宛てで、彼女ら・彼らを主役としてさせていただく。もちろん一旦執筆を始めてからは学内の多くの先生方から助言を頂いたが、主役は学生たちであるので、失礼ながらも先生方への謝辞は注へと回って頂いた（本書「おわりに」の全文のチェックをお願いして、ご多忙中にもかかわらず快く引き受けていただいた学長先生も例外ではない）。そして、学生思いで教育熱心な先生方なので、ご寛容下さるであろう。

第3章3.の「いない いないばぁ～」を書けたのはM. H. さんのおかげだ。講義で「いつもはいつもではなく、いつもでなくなった時にいつもになる」と禅問答を仕掛けると、その講義に続く演習「哲学思考実験」（第7回）に、こう書いてくれた。

> 　短距離を走って「いつもはもっと速いのに」と言う。でも、今走ったら遅く この遅いのはいつもに入らないことになる。いつもと言っているのに遅い今はいつもではない。
>
> 　だからいつもと言っていても結局どれがいつもでどれがいつもでないのかが分からない。いつもは言葉では言い切れない。どういう意味かは分かるが言葉で言い切ることはできない。
>
> 　だから日常生活では わざわざ言葉で言い切ろうとせず、意味を感じ取ればよ

い。

と文章化しつつ、イラストも添えて答えてくれた。彼女からの刺激で筆者は自らの禅問答をこう書き改めた。

「イツモはいつもと認知されるにまだ至らず、イツモではない時の出現でイツモはいつもになる」と。

S.M.さんとは言語化できない議論をした。うなずくしかない。一文の中のこちらの語は言及されていて単なることばでしかないが、一方あちらは未だ言及されていなくて使用中で使用と言及とが同時成立するが、その表現は不可能であるというふうに二つの違いを指摘しようとすると、使用中のものまで言及されて、すでに言及されているものは二重に言語の階段を登らされ、メタ言語に対象化される。

使用中だったものも、そのことを指摘しようとされてしまうと「ミイラ取りがミイラになる」式に言及されることになる。そして両者（使用中のものとすでに言及されているもの）は、共に言葉の世界の中に封じ込められてしまうのだ。

S.M.さん：「そういうことなんですね」、筆者：「うん、そうなんだ」。しかし「そう」は何も指示できていない無意味な語だ。お互いの主張を言語で確認できないので、同じ境地に達しているのかの検証ができないが、同志と感じる。彼女は哲学の素養があり、お父さん、お母さん、妹さんとも議論のうえ、筆者と議論してくれた。そして使用中のことばを生け捕りにしようとしても、するりと逃亡するか消滅することを共感した。

このことばは使用中であると指摘したい我われは、そのことをことばで表現したいのだが、そう試みること自体が言及することとなり、その使用−言及の共存している関係が成立していること（文内の共存仮説：一文内の使用中の語と言及中の別の語との共存）を言語で表現できないことを彼女はその場で悟ったに違いあるまい。

受講生のS.M.さんご本人を始めとして、そのご家族にも感謝の意をここに表す。

筆者である私 中村直行のことを「私」と呼ぶ受講生は、自称〈私〉のK.Fさんだ。全学部・全学科へ「哲学Ⅰ・Ⅱ」を講義すると、受講者数は前期・後

期を合わせると延べ900名を超える年度もある。毎年度の講義では「私だけが〈私〉である。あなたもあなたにとっては「私」なのだろうけれども、私からするとあなたは、やはりあなたでしかない」と語りかける。

　そして全受講生に向かって「オウム返しでよいから同じ台詞を、あなたがあなたの世界のその付け根であるところから、自発的に言い放って欲しい」と筆者は言うのだが叶わぬ願いであった。

　ところが彼は研究室を訪ねてくれて同じ台詞を、しかも逆向きに発してくれた。つまり筆者は初めて聞く側になれたわけだ。彼こそが筆者の世界内で唯一の人だ。感謝の意をどう表現してよいか分からない。

　彼は夜中にふと思いついた独我論などを受講後も送ってくれた。それらの議論は第1章「根源的な付け根」と第2章「ゼロ・ヴェクトルの軌跡を描くブーメラン（私→あなた→私）」へと結実したが、もちろん彼との議論に負うところが大きい。

　（語り得るものが語り得ぬモノと対比であると、語り得ぬモノの存在可能性を指摘してくれたのはT. A.さんだ。言語化される語り得るものがあるからこそ、その対比として言語化が不可能な語り得ぬモノが存在する可能性を指摘してくれたのだ。

　筆者は授業では語りうる世界の中を二分して右左、上下、内部 対 外部が対比されるからこそ言語で表現可能だと言ってきたが、その二分法をちょうど世界の境界という認識の限界に適用して、彼女は語り得るもの（内部）が存在するのだからこそ、二分法で仕切られた彼方（かなた）に、もうひとつの極（項）として語り得ぬモノ（外部）が存在するはずだと言うのであった[4]。ウィトゲンシュタインが語り得る小島とその外の大海原（おおうなばら）とを対比させて、そのメタファーで絶対的価値のある語りえぬものを暗示したことを彷彿（ほうふつ）させる。

　筆者は語り得ぬモノを経験的に知っているつもりであったが（例えば、無時間性という永遠の相のもとに恍惚（こうこつ）となり時間を忘れて何かに見惚（は）れていたりなど）、彼女は論理的な推論で何がとは語らず（語ろうとしても語り得ぬのだから）にその存在性を示した点で一本取られた。

　「何が」と言ったところで、「語り得ぬモノ」とか「ことばになど言い表せぬこと」とか「言語化不可能なモノ」と言うしかなく、それは仮のラベルを貼っ

たに過ぎず本名を持たないことは彼女も知っていたことだろう。そして受講終了後も哲学的に本質を突く問いを送ってくれて、何回も往復書簡（書簡と言っても現代では電子メールだが）で議論を重ねた。

　H. M. さんは、提示した課題提出以外に意外な贈り物をくれた。小論文「語り得ぬもの」と小冊子「句点の定義」を内発性・自主性・自律性を持ってプレゼントしてくれた。小冊子では本という構造を持たせることで語り得ぬモノを語れぬと悟りながら、語り得ぬモノを表現しようとしてもがく様を表現してくれた。これらの刺激を受けたことは、教えることが学ぶことにもなるという実践に繋がり、授業とその準備に追われ自転車操業であったが、それが本書執筆を推進させてくれた。ここに感謝の意を表す。

　第4章1. の「書く動機を奪われた千栄子」における ① 白隠禅師の「そうですか」との淡々たる答え、② 大拙の「きれいな手ではないか、よく見てごらん。仏の手だぞ」に先立つ「そうか」との頷き、③ 半頭と山田との対話などに通底する同型の対話を発想させてくれたのがR. S. さんだ。

　「哲学Ⅱ」の第13回「お釈迦様の手の平からの逃亡？」の講義に続く哲学思考実験の「言語が排中律に従わないことは不可能なのか、あなたの意見は？ 問題の本質はあなたが、水掛け論、あと出しジャンケンをどう評価するかです。言語、排中律ではなく、水掛け論、あと出しジャンケンについて論じてもよいです」に対する彼女からの回答のお蔭で湧いた発想である。第3章6. (1)の「リリカちゃんの知らないもの」のリリカちゃんとは、このR. S. さんだ。

　Y. S. さんは思考実験の問題そのものに改題を提案してくれた。「どこでもないところからの眺めができるか？」という仏教と物理学の共通点である〈粒子の離散集合〉から、筆者はハイゼンベルクの不確定性原理を念頭に置いて「あなたが物理学者だとして、観察対象を歪めない自信があるか？」と出題してきたのだが、彼は物理学者ではないと自らの立場を明らかにしたうえで、中学校の時の理科の実験を思い出しては「顕微鏡で細胞を観察する時、専用の試薬を使って染色していて、細胞を観察しやすいようにはたらきかけを行うから、観察対象は自然界にあるがままではなく歪められているだろう」との趣旨を述べた

　そして彼の言わんとすることは、何らかの目的を持って対象を観察すること

がその観察対象を歪めるかどうかが大事であり、「あなたが物理学者だとして」という前提で制限しないで、より一般化を図るほうがよいと指摘してくれたのだった。そして筆者は余計な制限はとっぱらった。

　受講年次4年生だった彼はすでに卒業していて、連絡を取り合ったところ、よい先生になっていた。

　視覚的に認知できないことと言語的に表現できないこととの類似性を求めて「見る」の定義をいくつかの分野ごとに見ていこうと考えているときに、とても参考になるレポートを提出してくれたのが、K. J. さんだ。第3章6.（3）「〈語ること〉と〈見ること・買うこと〉」に彼女の 期末レポートからその全文を引用させていただいた。

　（意図して能動的に）「見る」・（受動的に）「見られる」ことが可能な対象は、物理学的条件、生物の種（しゅ）、人間の認知力、社会通念上・意思疎通上の共通認識などに依存して異なってくるはずであるが、人間は人間でも個人の認知力の個性を教えてくれた。全文の引用を快諾してくれたことにも感謝したい。

　T. Y. さんは本書のかぎかっこの閉じ合わせという大事なことが不完全であることを4箇所も指摘してくれた（彼には「哲学I・II」だけではなく、別科目「コンピュータ活用演習I」でもチューリング・マシーンをシミュレーションするC言語のプログラムへの入力データを工夫してくれて筆者の想定を超えてくれた。

　R. M. さんも哲学の素養があり、前期・後期にそれぞれ13回ある哲学思考実験を毎回2週間（原則、1週間を提出期限として期待・設定・周知）も考え続けてくれ、哲学病にさせてしまった。

　格闘技にメタファーすれば、彼女には筆者からドクター・ストップ（doctor's orders to stop）をかけた。選手は「まだ闘える」と言っているのに「哲学思考実験」を没収した。このような熱心な受講生たちに恵まれたからこそ、筆者は燃えカスにもかかわらず、そんな自分を燃料として再燃させることができたと感謝している。

　M. N. さんは倫理・論理の両分野に関しても活発な議論をしてくれた。論理で言うと、筆者の亀を虐待してはいけない論文（正式名「「足の速い亀」の傍点オペレータ作用前に、引用符オペレータが要るのではないか？」を基に、二

人の議論ではりんごに関して以下のオペレータ（記号修飾者）を施されたりんごへと冷静さを保ちつつも活発な議論をしてくれた。

①りんごは文字列か？

②りんごは文字列か？

③林檎（りんご）は文字列か？（下線の有無、読み仮名の付与に注意せよ）

④「りんご」は文字列か？

⑤りんごよりも「りんご」の方が、文字列としてより相応しいか？

彼女は5番に対して「その方がマシです」と答えてくれた。素晴らしい反撃にはこちらも教育する立場を忘れ、筆者はムキになってこう言い返した。「いきなり本物の亀に傍点を打つのは虐待になるから、まず本物から言葉へ変身させるために引用符オペレータを施すのは礼儀だが、では引用符オペレータだけは傍点オペレータなど他のオペレータとは違って生き物までも言葉に変える魔法使いなので、亀は痛がらないのか？」と。

一方倫理に関しては、〈生きていたくないこと〉と〈死んでしまいたいこと〉との峻別という非常に重いテーマを議論の出発点として提示してくれた。この議論のおかげで論文「生きられたくない −懺悔の使用と言及−」へとまとめることができ、その論文は本書に収録された（第4章4.「懺悔を使用することと懺悔へ言及すること」）。

彼女は受講生として哲学思考実験に取り組むだけではなく、クラス内の150名を越える受講生との哲学思考実験の回収・返却方法の効率化にも知恵を貸してくれた。

K. T. さんは、哲学思考実験に対して、奇抜であるが奇を衒った意図などはなく、デコレーション過剰なレトリックもなく独特な発想を図示なども用いて表現しつつも、緻密な論証を毎回貫いてくれた。

試験では以下のようなことを図示も交えて論述してくれた。筆者なりに要約すると「自我と他我とは対立する二項関係にあるが、無我は並び立つものはなく比類なきものである」。

それに続く「それゆえ表現不可能である」には矢印を引っ張って「『0』と表現しているが形だけである」と補足を追記してくれた。

講義資料を投影するプロジェクターのリモコンが見つからないときも、上記

のM. N.さんとK. T. さんとY. I.さんが手伝ってくれた。リモコンがあるかもしれない場所のラックのネジをドライヴァーで取り外して分解してでも探そうとしてくれて、ありがとう。

　上記の授業に積極的に貢献してくれた受講生のおかげでロス・タイム（損失時間）が最小となり、議論する時間が増え、受けたよい刺激、恩恵によっても本書執筆へと至るのであった。

　ただ、これだけの感謝すべき刺激を得ながらも、「執筆してください」とM. N.さんから言われても、筆者は以下の言い訳を隠れみのにして取りかからずにいた。「授業とその準備に追われている。哲学思考実験を前期500名、後期400名を相手に年間延べ900名と空手で言う百人組手の10倍近くの取っ組み合いを前期も後期も13ラウンドしている」ので、本を書くのは無理だと言い訳をした。

　重ねて、教科書は完全武装して攻め入る隙がないよりも、突っ込み所があったほうが受講生にとってはよいのではないかという開き直りもあった。

　しかし現に突っ込みがあり、「それはよい意見だ！」とコメントと大きなOK印（はなまる印に相当）を付け研究室でも議論しながらも、それらの議論を盛り込んだ次なる教科書を書かないのは、己の非を認めて更新するのが面倒で、親切な学生を褒めちぎることによって実は、はぐらかしているではないのか。そうなら、せっかくの熱い学生に失礼ではないかというふうに考えを改め始めた。

　F. A. さんは受講時から優秀で熱心な学生であり研究室を訪問してくれたが、受講後も研究室を訪問してくれて、今回は脱稿の前日となる予定日に陣中見舞いに来てくれた。その心意気に感謝する。

　出版前の原稿の目次を眺めてくれて「どこもおもしろそう」とのよい感触を得た。その中から彼女の卒論のテーマ『音の響きに対して感じる色』（3年次の春の段階での仮称）に関連する箇所を選んでもらって抜粋して渡した。じっくりと読んでから感想を聞かせてくれるそうで、楽しみである。

　上記のように〈思考の揺らめく〉地点を彷徨し、哲学病発症直前となる文学系の学生達に感謝すると共に、スポーツマンの学生たちにも感謝している。まったく異なる思考回路を持ち、第4章の注1に登場するような、実行可能

性の順序が筆者とは逆転した、躊躇わない素早い問題解決能力を持って筆者に接してくれるからだ。

彼らを教えて単位を出してから1年も2年も経っているのに（しかも研究室は、キャンパス内とはいえ、ビルをまたがって2回も引っ越ししているのに、どうしてここを嗅ぎつけて来れたのか？）

ノー・アポイントメントで疾風のように奇襲・乱入してくれたり、KGショップ（Kanazawa Gakuin大学内のコンビニ風の売店）での買い物リストをメールしてくれて、お菓子を貪り、弁当・カップ麺・カップメシ・パン・おにぎりなどを早食い・大食いするタイプもいれば、化粧直しするタイプもいて、これまた疾風のように去って行ってくれた学生たちにも、名前をここに記すことはあえて控えるが、一人ひとりの顔を浮かべてなぜか感謝している。

例えば、「哲学思考実験は提出期限まで1週間あるので、事前学習90分と事後学習90分を机上で取り組もうとすると、頭が変になってしまうので、散歩や入浴のようにゆったりとした気分で血行の良い時や歯磨きや洗顔のようなスマフォを操作することもできないほどの細切れの時間に頭の片隅で考えてくれればよいよ。無意識に潜在意識の中で、寝ている間も四六時中考えていることになるから、それらを足して180分になるから」と言ってきたのだが、柔道部の彼は「いや！自分は、歯を磨くなら、歯を磨くで、そのことに集中します」と言ってくれた。そうか、やはり筆者が歯磨きと洗顔だけで毎朝25分もかかってしまうのがどうしてかを彼から教えてもらった気がする。

本書執筆当時、中途半端でない多忙の中で、人は飛び切り大切なことを取捨選択できる火事場の馬鹿力を発揮するのかもしれない。筆者にとってはそれが本書を執筆することであった。多忙と出不精（ここにいればここが世界の中心。Königsbergにも成り得る）のため、勤務する大学と自宅との往復の単調な繰り返しで、オンラインでの学会、研究会にも参加せずに他大学の研究者との交流もなしで、本学に籠城して（自発的な自己軟禁、Bletchley Parkに相当）教育研究活動を続けた。しかし、単調な繰り返しにも飽きることのできない性格で、見慣れた風景の中からも珍奇なものを発見できた。

筆者のように「あれか、これか？　それとも、やっぱりこうか？？」と組み合わせ問題の計算量を指数関数的に爆発させながらも、その中でも最適解を求

めようとする考え・行為自体が、最適解から退くということを頭では予想しながらも、実行に移せない性分からすると、かなり素早くかつ退路を断つ勇気ある行動であったと回顧している。

　死んだも同然で〈生きられたくない〉と口遊んでいたのに、本書を執筆中には真人間であるかのように生きることができた。ただ生まれ変わったわけではなく、人生をやり直せるわけでもないが、執筆できたのは、佐藤氏のあのGoサインであり、中島女史の声優以上のかわいい声での電話対応であった。生き長らえていても仕方のない余生に使い道を与えていただいた佐藤氏と中島女史には命に関わる恩人としての感謝の言葉を述べさせていただく（出版社の方がたにもかかわらず、謝辞の締め括りに配置する形式ばった配慮をしなかったのも、その恩義の深さゆえである）。

　本書「おわりに」の謝辞の最後に、のがみみきこ女史にお礼を申し上げる。リアルタイムにLINEのメッセージや口頭で的確な突っ込みを入れてくれて、初老の筆者にムチを打ちつつも、この歳で成長させてくれたことに感謝している。

　日常生活に基づく意見も有難く、認知科学的知見がなくてはできない議論にも付き合ってくれて、数学的センスも（数学音痴の筆者よりは）有り、どんな分野の議論にも付き合ってくれて、教えられることも多かった。

　馬鹿正直でユーモアを欠き、冗談など言える余裕のない筆者でも、たまには己の修辞に遊び、言葉の魔術師を気どることがあり、そんな時には「自分の言葉に酔っているね」と水を差してくれたことにも、ちょっぴり（だけ）だが感謝している。

　拙著を読んで下さる方々のために、なるべくわかりやすいように表現を工夫したつもりである。もちろん言語の限界の範囲内で。しかしそれらはわかりやすくするという表面上のデコレーション（装飾）であって、客寄せ的な技巧に過ぎない。もし本書に真理性があるとすれば、それは筆者によるデコレーションではなく、ゴーストライターである〈言葉の神様〉による貢献である。筆者は体やパソコンを操って書かされただけ。

　しかし神様は目にも見えないし、万が一悪いことをなさっても（そのことすらも善となるのだろうし）責任を追及することはできない。世界内の事実とし

ては著者 中村直行が書いたということになっているので、文責は実行犯の中村直行にある。

　人として男として夫として父親として教師として、すべきことはたくさんある中で「これだけは絶対に為すべき事（為事）」として全うしなければいけないというのは、いったいどんな役割を背負わされたのだろうか。

　悟後の悟りならぬ、発狂後の発狂に陥り（また、まだ、狂えるのか⁉）、言葉の真理を拾得しつつも、私物化せずに出版すべしと心掛けた。それを神への volunteer だとも思ったのだが、自発的ではなく憑依霊が筆者の内部に住み込んだ感じなのだ。トロイの木馬の和風作戦のように、すなわち時代劇で丑三つ時に住み込み店員が内側から閂（内鍵の横棒）を引き抜いて開錠し仲間の盗賊を招き入れる方式のように仕組まれた感がある。

　以上、異常なまでに言葉にこだわる筆者であるが、「ことば」と「言葉」とは、あまり使い分けをしていない。「ことば」の前後（両側）が、ひらがな続きだと、ひらがなの「ことば」を漢字の「言葉」に変えたりなど見た目の読みやすさのために使い分けるくらいである。

　また、「ことば」・「言葉」に対して「言語」という言葉も使うが、これらの間もあまり厳密な区別ができるだけの基準を筆者は持っていない。ただ「言語体系」という言葉は使うが、「言葉体系」という言い方はしないという程度である[6]。

　　　　　　　　　　　　　　　　　　　　　7月26日　金沢にて

【注】

1　日本語には被害・迷惑を受ける受動的な「れ」に続いての「たい」（希望）＋「ない」（打ち消し）の用例はあり、文法化されているが、可能性の「れ」の用例はなく、文法もない（本学文学部文学科日本文学専攻の寺田智美教授・蕭際子教授から助言をいただいた）。結論だけを記すと syntax 風で難しく感じてしまうのだが、実際には筆者にも分かりやすい卑近な例を挙げて下さっているので、少し長く引用させていただく。

　　　　　×しゃべ「れ」たい＝英語がしゃべれる（可能）＋たい（希望）
　　　→○しゃべれるようになりたい
　　　　　×生きら「れ」たい＝生きられる（可能）＋たい（希望）

→○生きられるようになりたい

　○生きら「れ」たくない＝生きられる（被害・迷惑の受身）＋たい（希望）＋ない（打ち消し）

　あいつは面倒なヤツだから長く生きてもらっては困る、

という意味なら使えそうです。

　○降ら「れ」たくない＝降られる（被害・迷惑の）＋たい（希望）＋ない（打ち消し）

明日は運動会だから雨は降って欲しくない、の意味です。

と、分かりやすい例文により、「日本語では（可能）＋（希望）の組み合わせができないようです」と結論づけて下さり、さらに以下のように補足もいただいた。

　「（Verb）＋（られたくない）」は「（Verb）＋（てほしくない）」と書き換えられるのではないかと思います。

　「可能＋（たい）」の組み合わせは日本語ではできず（たぶん）、その代わりに「「（Verb）＋可能＋（ようになりたい）（納豆が食べられるようになりたい）」「（Verb）＋可能＋ようになりたくない」（納豆なんか一生食べられるようになりたくない）などのような表現が存在するのではないでしょうか」。

ということは、筆者が己にかけた呪詛を「生きられたくない＝生きられる（被害・迷惑の受身）＋たい（希望）＋ない（打ち消し）」と解釈すれば、「筆者はとんでもない奴だから、長く生きてもらっては筆者本人も困る」となろう。

　また、「（Verb）＋可能＋ようになりたくない」方式を採用すれば、筆者は己の（瞬間瞬間の）人生なんか一生涯に亘って生きられるようになりたくない、となろう。

　いずれの解釈にしても中々のものであるが、両先生に並々ならぬ感謝の意を表したい。

　しかしこの表現力不足は日本語固有の問題ではなく、英語でも破格との見解がある。

（1）I can't wish to be able to live.（2）I can't want to be able to live.（3）I don't wish to be able to live.（4）I don't want to be able to live.

　Google 翻訳では（1）～（4）どれも「I 生きられたくない」と"I"が訳されない。"for me"を追加しても「I 生きられたくない」と、"I"が訳されない。これは筆者のpoor English のためであって、可能や能力を表す"can/can't"に"wish"や"want"のような感情などを表す状況動詞（Stative Verbs）は用いられないからである。このご指摘は文学部教育学科の笠間弘美教授からいただいた。

　よって無理に英訳すれば（原文もまともな日本語ではないが、筆者の感情を英語で表現しようと試みると）、I don't want to live even at this moment.（長生きは当然したくなくて、この瞬間でさえ生きることをしたくない）。とか I don't want to have the ability to live（私は生きる能力を持ちたくありません）となろう。笠間先生にもこの場を借りてお礼申し上げる。

　また、本学文学部文学科英米文学専攻のPh.D. Richard Grassi 先生には筆者の上記（1）

〜（4）を基に相談したところ、文法的に正しい文を三例挙げて下さった。

（A）I no longer wish to live. もはや生きていたいとは思わない。

（B）I don't want to continue living. 生きながらえたくない。

（C）I can't tolerate living any longer. もはや生きることに耐えられない。

Grassi 先生、ありがとうございました。

　筆者の言いたいことは、日本語や英語ではこれまで表現されることのなかった初めての感情なのかもしれない。これは言語の限界ではなく、そのような感情の表現不要性に基づくのだろう。

　しかし一方で、破格表現ではないと教えてくれた先生もいらっしゃった。その先生は「生きられたくない」を "Never Let Me Move Myself" と英訳して下さった。そしてメイン・タイトル「生きられたくない」（サブタイトル：「懺悔の使用と言及」"Use and Mention of Confession"）の 2021 年度学内紀要論文に登場する千栄子へも共感して下さった。

　さらにその論文の一部を本書第4章へと盛り込むことができたのは、この先生のお蔭である。ここに感謝の気持ちを表する（本学を退職されたことを脱稿直前に知り、残念であるが感謝の気持ちは変わるはずもなく、先生の今後のご発展を願う。先生ご本人にこの謝辞のご確認していただく機会がなく、お名前を伏せることとした）。

　また物理学者の藤本祥二先生、後藤弘光先生、心理学者の中﨑崇志先生にも、この場を借りてお礼申し上げる。ただし、どんなテーマで具体的にどうご教授いただいたかは、筆者のいい加減な記憶ゆえに、恩を仇で返すことになるので差し控えるが、筆者には非常に有益であったことは間違いない。

　藤本祥二先生には、先生の研究室に押しかけて溜まりに溜まった筆者の疑問を一気にぶつけたところ、物理学の知見だけでなく、認知科学的知見からも丁寧な回答をいただいた。さらに、物理学の最近の動向まで聞かせていただけるという機会を得た。ありがとうございました。

　後藤弘光先生とは、毎日早朝の通勤バスでご一緒させていただき、降りてから研究室に行くまでの立ち話ならぬ歩き話で専門知から「見る」ことについて教えていただいた。そして話し切れなかったことをメールで教えていただいたり、動画の紹介もしていただいたりして、門外漢ゆえに多くを吸収することができたつもりである。ありがとうございました。

　中﨑崇志先生とは同じ棟に研究室があり、先生が開講教室へ向って急いでいらっしゃるときも筆者は伴走し、すり寄り質問し、今度は先生が授業後で疲れてエレヴェーター待ちのところも付きまとっては質問し、お時間を割いていただいた。その貴重な機会に、人間やチンパンジーが図形をどう認識するかについてご教示いただいた。ありがとうございました。

　中川恵理子先生は多読家で本を評価できる御仁で、拙著『沈黙と無言の哲学』を読んで

下さり、注に注を付けている点を評価していただいた。本書版執筆中に「出版できたら評価していただくこと」を念頭に置き、自己完結的に心秘かにお世話になっている。だが、出版後の評価を脱稿前に既にお願いしてある。これからお世話になる分もプリペイド式にお礼申し上げる。

　本学の先生方への謝辞の最後に、本「謝辞」の全文を、ご多忙にもかかわらず、丁寧（ていねい）にしかも迅速（じんそく）に読んで下さった本学 理事長・学長 秋山 稔（みのる）先生（泉鏡花記念館館長）にも、ここに感謝を深く申し上げる。

　秋山先生からは「学生との議論の中身が重要であり、イニシャルか名字だけにするか匿名にするかにされたらいかがでしょうか」との旨のご助言をいただいて、そのように改めることができた。

2　kousan様、月宮 ゆきと様へ「ありがとうございました」。コメントのやりとりのURLを記す（https://bookmeter.com/books/9730462）。

3　サブタイトルは「あなたの答えを求めます」で筆者が正解を隠し持っているのではない。筆者なりの答えは持っているがそれは正解ではなく、問いの形式で出題しているが、それは刺激・スパイスであって、それに対する反応を言葉だけではなく、絵や漫画風の吹き出しやグラフ等などで表現することを求める。思考のプロセスが分かるように、考えが変わったら、前の答えは消しゴムで消さずに、取り消し線を施して残すことも要求する。

4　そしてその外部とは「ここまでが外部1」で、そのさらに外に「外部2」など存在しようのない外部のありかたとして在る。さらなる外部を持たない外部なのだ。

5　赤紫色の新型コロナウィルスがテレビ・ニュースで報じられているが、あれも赤紫に着色されたからなのだろう。

6　本書の原稿の版数902でも「ことば」は95語、「言葉」は257語、「言語」は284語も混在・放置され、共存していることへご寛容願う。

参考文献

ただし〔　〕表記は、原著の出版年を表している。

《和書》

新井敏康［2021］『数学基礎論 増補版』、東京大学出版会.

新井敏康［2016］『基幹講座 数学 集合・論理と位相』、東京図書.

飯田隆［2020］『分析哲学　これからとこれまで』、勁草書房.

飯田隆［2019］『虹と空の存在論』、ぷねうま舎.

飯田隆［2002］『言語哲学大全Ⅳ　真理と意味』、勁草書房.

飯田隆［1997］『現代思想の冒険者たち 07 ウィトゲンシュタイン：言語の限界』　講談社

上田閑照［1998］『人間の生涯ということ』、人文書院.

上田閑照［1997］『ことばの実存：禅と文学』、筑摩書房.

上田閑照［1992］『場所 ― 二重世界内存在』、弘文堂.

上田閑照［1992］『場所：二重世界内存在』、弘文堂.

大庭健［2012］『いのちの倫理』第一章「生まれなければよかった」1「自分の誕生日を呪う」
　　―『ヨブ記』より―、ナカニシヤ出版.

苧阪直行 編著［2008］『ワーキングメモリの脳内表現』、京都大学学術出版会.

黒崎宏［2003］『ウィトゲンシュタインから道元へ：私説『正法眼蔵』』、哲学書房.

黒崎宏［1992］『ウィトゲンシュタインと禅』、哲学書房.

黒崎宏［1980］『ウィトゲンシュタインの生涯と哲学』、勁草書房.

志賀浩二［1976］『岩波講座 基礎数学 幾何学ⅰ 多様体論Ⅰ』、岩波書店.

クリストファー・チャーニアク 著〔1992〕『最小合理性』、柴田正良 監訳［2009］、中村直行
　　翻訳、村中達矢 翻訳、岡庭宏之 翻訳（原著 Cherniak, Christopher, Minimal Rationality,
　　MIT Press）、勁草書房.

竹内外史［2006］「第 1 章 プリンストンにて ― 私の基本予想とゲーデル」（田中一之 編［2006］
　　『ゲーデルと 20 世紀の論理学〈1〉ゲーデルの 20 世紀』所収）、東京大学出版会.

竹内外史・八杉満利子 共著［1988］『証明論入門〔数学基礎論改題〕』共立出版株式会社.

槻木裕［2018］『他力を誤解するなかれ』、探究社.

槻木裕［2009］『文学でたどる浄土真宗のエートス』、探究社.

槻木裕［2003.11］『現代の無我論 ― 古典仏教と哲学 ―』、晃洋書房.

槻木裕［2003.3］「言語の記述的使用に対する異議申し立てとしての「空」」、『金沢学院大学紀
　　要 文学・美術編』第 1 号、pp.180-204.

照井一成［2015］『コンピュータは数学者になれるのか？ ― 数学基礎論から証明とプログラム
　　の理論へ ―』、青土社.

中村直行［2022］「生きられたくない ― 懺悔の使用と言及 ― 」、金沢学院大学紀要（第 20 号）pp.232-7.

中村直行［2021］「生への全くの無関心を生きる ― 生に対する非・不・無・反、それらの中立の生き方あるいは超然たる生き方 ― 」、金沢学院大学紀要（第 19 号）pp.147-152.

中村直行［2020］「現在地の使用と言及 ― 大きな現在地と小さな現在地 ― 」、金沢学院大学紀要（第 18 号）pp.176-184.

中村直行［2018］「使用中であることを生け捕りできないモノ ― 心・生・世界・夢・禅・言葉・愛・絵・時間・陶酔・失敗、金沢学院大学紀要（第 16 号）pp.155-161.

中村直行［2016］「〈夢の使用〉と〈夢への言及〉」金沢大学 哲学・人間学論叢 柴田正良教授退職記念号（第 7 号）、pp.51-64.

中村直行［2016］「0 人称の死」、金沢学院大学紀要 文学・美術・社会学編（第 14 号）pp.51-7.

中村直行［2015］「私は世界のどこにもいない ― 誰でもない私から安心立命の私へ」、金沢学院大学紀要 文学・美術・社会学編（第 13 号）pp.43-50.

中村直行［2014］「自分よりも大切な存在：私の倫理学研究計画書」、金沢学院大学紀要 文学・美術・社会学編（第 10 号）pp.77-82.

中村直行［2013］、「足の速い亀」の傍点オペレータ作用前に、引用符オペレータが要るのではないか？」金沢学院大学紀要 文学・美術・社会学編（第 11 号）pp.83-8.

中村元・田辺祥二 著［1999］NHK BOOKS［835］『ブッダの人と思想』、日本放送出版協会.

《洋書》

ただしインターネット上の web の URL は、本文の注釈などに記した。

Gödel , Kurt〔1931〕"Monatshefte für Mathematik und Physik, 38: 173-198." (Reprinted in *Kurt Gödel Collected works vol. I*, edited by Solomon Feferman et al., Oxford University Press, 1986-1995, 144-95).

Mizumoto, Masaharu, Stich, Stephen & Mccready, Eric (eds.) [2018] *Epistemology for the Rest of the World*, Oxford University Press, 2018.

Wittgenstein, Ludwig〔1922〕*Tractatus logico-philosophicus*: the German text of Ludwig Wittgenstein's *Logisch-philosophische Abhandlung*. 2nd ed with a new edition of the translation by D.F. Pears & B.F. McGuinness ; and with the introduction by Bertrand Russell, London : Routledge and Kegan Paul, (1971, c1961).

索　引

■著者紹介

中村　直行（なかむら　なおゆき）

1988 年　金沢大学理学部数学科卒業
2006 年　金沢大学大学院後期博士課程修了、博士（文学）
現　在　金沢学院大学基礎教育機構 准教授

主な著作
『沈黙と無言の哲学 ― 語りえぬものの語りえなさを語る ―』
（大学教育出版、2015 年）

主な論文
「沈黙すべき〈語り得ぬもの〉とは何か？ ―　『論考』の峰と山脈を
追いかけて ―」（金沢大学 博士論文、2006 年）

主な訳書
クリストファー・チャーニアク著『最小合理性』（双書 現代哲学 7）、
柴田 正良（監訳）、中村 直行・村中 達矢・岡庭 宏之（翻訳）（勁
草書房、2009 年）

表現の極端ニズム
― 反転する二重構造を生きる ―

2022 年 11 月 10 日　初版第 1 刷発行

■著　　者──中村直行
■発 行 者──佐藤　守
■発 行 所──株式会社 **大学教育出版**
　　　　　　〒 700-0953　岡山市南区西市 855-4
　　　　　　電話(086)244-1268㈹　FAX(086)246-0294
■印刷製本──モリモト印刷㈱
■Ｄ Ｔ Ｐ──林　雅子

ISBN978-4-86692-228-7

第1回　哲学思考実験

読解すべき箇所：「はじめに」のi頁〜ix頁

　　「語りえぬものが何であるかを知らないでも、語りえぬものがあるということ
は知ることができる。なぜならば、パスカルが、語りえぬものの一つである無限
を取り上げてその存在性を主張し、それから類推して、これまた語りえぬものの
一つである神の存在性を主張するのだから、それらの個々の語りえぬものの存在
性を一般化して、〈語りえぬもの〉は存在することを類推することは、まんざら虎
の威を借りた権威による推論でもなかろう」。

と書かれていて、存在性の確信と具体的にどんな実体であるかを知っていること
は違うことがわかる。神、語りえぬものに次ぐ、あなたにとってそのそのような
存在を名指して、語ることはできないか、無意味な文字列を書き並べてみよう。

　あなたの氏名の振り仮名は議論のために重要なので、氏名に添えて書いて下さ
い。

ふりがな：＿＿＿＿＿＿＿＿＿　　＿＿＿＿＿＿＿＿＿

氏　　名：＿＿＿＿＿＿＿＿＿　　＿＿＿＿＿＿＿＿＿

所属：＿＿＿＿＿＿＿＿学科＿＿＿＿＿＿＿＿＿＿＿＿専攻

学籍番号：＿＿＿＿＿＿＿＿＿＿＿＿＿　学年：＿＿＿＿＿

第1回 哲学思考実験 回答欄：

第2回　哲学思考実験

読解すべき箇所：1頁〜8頁

　「世界の根源的な付け根」を筆者はどう捉えているか？　本書から、引用符「「」」を使って引用するか、または要約せよ。

上記を踏まえたうえで、あなたの意見（反対・賛成・パスなど）とその理由も書こう。

　あなたの氏名の振り仮名は議論のために重要なので、氏名に添えて書いて下さい。

ふりがな：＿＿＿＿＿＿＿＿＿　　＿＿＿＿＿＿＿＿＿＿

氏　　名：＿＿＿＿＿＿＿＿＿　　＿＿＿＿＿＿＿＿＿＿

所属：＿＿＿＿＿＿＿＿＿学科＿＿＿＿＿＿＿＿＿＿＿＿＿専攻

学籍番号：＿＿＿＿＿＿＿＿＿＿＿＿＿＿　　学年：＿＿＿＿＿

第2回 哲学思考実験 回答欄：

第3回　哲学思考実験

読解すべき箇所：17頁〜34頁

　茂木健一郎博士は高校1年の時にどんな分野（科目）に関して 国内留学を
したと筆者は書いているか？　その留学と山手線とを筆者はどう関連づけてい
るか？　その関連付けから筆者は言語体系が閉じていると主張したいのだが、
あなたが閉じている体系から疎外感を感じた経験があれば、それも書こう。

　あなたの氏名の振り仮名は議論のために重要なので、氏名に添えて書いて下
さい。

ふりがな：＿＿＿＿＿＿＿＿　　＿＿＿＿＿＿＿＿

氏　　名：＿＿＿＿＿＿＿＿　　＿＿＿＿＿＿＿＿

所属：＿＿＿＿＿＿＿学科＿＿＿＿＿＿＿＿＿＿専攻

学籍番号：＿＿＿＿＿＿＿＿＿＿＿　学年：＿＿＿＿

第3回 哲学思考実験 回答欄：

第4回　哲学思考実験

読解すべき箇所：35頁～55頁

　筆者は見慣れた風景に包まれながら風変わりな迷子になったが、どうしてそんなことができたと本書に書かれているか？

　その原因を理解したあなたは案内板を手掛かりにキャンパス内を歩いてみて、筆者と同じような種類の迷子になれたかどうかもできれば書いてみてください。

　あなたの氏名の振り仮名は議論のために重要なので、氏名に添えて書いて下さい。

ふりがな：＿＿＿＿＿＿＿＿　　＿＿＿＿＿＿＿＿

氏　　名：＿＿＿＿＿＿＿＿　　＿＿＿＿＿＿＿＿

所属：＿＿＿＿＿＿＿学科＿＿＿＿＿＿＿＿＿＿専攻

学籍番号：＿＿＿＿＿＿＿＿＿＿＿　学年：＿＿＿＿

第4回 哲学思考実験 回答欄：

第5回　哲学思考実験

読解すべき箇所：56 頁〜 76 頁

　筆者は、以下のように書いています。

> 「境界なるニュートラルな仕切り線はなく、二つのパーツに分けられることは
> デデキントの切断から類推されよう」。

　では連続体濃度を持つ実数を切断すると、図「デデキントの切断と中村の共
有地」の内のどのケースしか数学的にはありえないだろうか？　そしてその切
れ味はあなたの抱_{いだ}いている日常感覚と一致しているだろうか、それとも不一致
だろうか？　あなたの意見を聞かせてほしい。

　あなたの氏名の振り仮名は議論のために重要なので、氏名に添えて書いて下
さい。

ふりがな：＿＿＿＿＿＿＿＿　＿＿＿＿＿＿＿＿＿

氏　　名：＿＿＿＿＿＿＿＿　＿＿＿＿＿＿＿＿＿

所属：＿＿＿＿＿＿＿学科＿＿＿＿＿＿＿＿＿＿＿専攻

学籍番号：＿＿＿＿＿＿＿＿＿＿＿＿　学年：＿＿＿＿＿

第5回 哲学思考実験 回答欄：

第6回　哲学思考実験

読解すべき箇所：72 頁〜 83 頁

　筆者は本書の中で

　　「原稿『ver442_原稿 2021 年 11 月 25 日（木）【千栄子の手書き画像挿入_四章にまとめる倫理←論理の後に【pcWk（6-n）】自作図_ver442】』の分身の術からも分かるように」

と書いてあるが、その分身の術からも分かることとは何だと書かれているか？

　上記と類似した分身の術をあなたも使うことがあれば、どんな状況でどんなふうに使うのかを教えてください。

　あなたの氏名の振り仮名は議論のために重要なので、氏名に添えて書いて下さい。

ふりがな：＿＿＿＿＿＿＿　　＿＿＿＿＿＿＿

氏　　名：＿＿＿＿＿＿＿　　＿＿＿＿＿＿＿

所属：＿＿＿＿＿＿＿学科＿＿＿＿＿＿＿＿＿専攻

学籍番号：＿＿＿＿＿＿＿＿＿　　学年：＿＿＿＿

第 6 回 哲学思考実験 回答欄：

第 *1* 回 哲学思考実験

読解すべき箇所：83 頁～ 88 頁

　筆者は本書の中で「ひる」を論理学を用いて厳密に定義している。その厳密さは、純粋数学の体系を写像した形式的体系の構築時に用いられる手法である。その定義からしてあなたは「ひる」を何だと思うか？　もっと日常的なわかりやすい名前で言うと何になるだろうか？

　そしてあなたはその定義づける方法を厳密だと思うか、それとも、はぐらかされた感じ（肩透かし、暖簾に腕押し）だと思うか？

　あなたの氏名の振り仮名は議論のために重要なので、氏名に添えて書いて下さい。

ふりがな：＿＿＿＿＿＿＿＿　＿＿＿＿＿＿＿＿＿

氏　　名：＿＿＿＿＿＿＿＿　＿＿＿＿＿＿＿＿＿

所属：＿＿＿＿＿＿＿＿学科＿＿＿＿＿＿＿＿＿＿専攻

学籍番号：＿＿＿＿＿＿＿＿＿＿＿＿　学年：＿＿＿＿＿

第 7 回 哲学思考実験 回答欄：

※ミシン目を切り離して回答をして提出して下さい。

第8回　哲学思考実験

読解すべき箇所：89頁〜110頁

　図「"This"の指示範囲　その1」における"This"によって指示されている文字列を回答欄に写そう。

　また図「"This"の指示範囲　その2」における"This"によって指示されている文字列を回答欄に写そう。

　上記の二つの違いについてあなたが感じたことを書こう。

　あなたの氏名の振り仮名は議論のために重要なので、氏名に添えて書いて下さい。

ふりがな：＿＿＿＿＿＿＿＿　＿＿＿＿＿＿＿＿

氏　　名：＿＿＿＿＿＿＿＿　＿＿＿＿＿＿＿＿

所属：＿＿＿＿＿＿＿学科＿＿＿＿＿＿＿＿＿専攻

学籍番号：＿＿＿＿＿＿＿＿＿＿＿　学年：＿＿＿＿

第8回 哲学思考実験 回答欄：

第9回　哲学思考実験

読解すべき箇所：110 頁〜 124 頁

　表⇔裏という区別をするよりも one side に対して the other side と呼んで、ある方と、もう一つの方という役割分担を示すだけの呼び方を筆者が推奨している理由を本書から挙げよ。

　今あなたが読んでいるこの頁とその次の頁は表裏一体になっているが、この一枚から表（裏）割いたり、分離したりする方法をあなたの頭脳で考えよ。成功したら、表だけと裏だけが出来上がることになる。

　あなたの氏名の振り仮名は議論のために重要なので、氏名に添えて書いて下さい。

ふりがな：＿＿＿＿＿＿＿＿　＿＿＿＿＿＿＿＿

氏　　名：＿＿＿＿＿＿＿＿　＿＿＿＿＿＿＿＿

所属：＿＿＿＿＿＿＿学科＿＿＿＿＿＿＿＿＿専攻

学籍番号：＿＿＿＿＿＿＿＿＿＿　学年：＿＿＿＿

第 9 回 哲学思考実験 回答欄：

第10回 哲学思考実験

読解すべき箇所：124頁〜132頁

　世界中の全ての種類の鯨たち全員から成る集合を作る時には、その構成要員をどうやって集める（輸送する・移動させる）のかという心配が起こりそうだ。泳いでもらうなら、浅瀬に乗り上げないだろうか？　無事到着したとしても、巨大な部屋や水槽を用意できるのか？　しかし、その心配は無用であると筆者は言っているが、その理由を書こう。

　そしてそれに対するあなたの意見（反対・賛成・パスなど）とその理由も書こう。

　あなたの氏名の振り仮名は議論のために重要なので、氏名に添えて書いて下さい。

ふりがな：＿＿＿＿＿＿＿＿　＿＿＿＿＿＿＿＿

氏　　名：＿＿＿＿＿＿＿＿　＿＿＿＿＿＿＿＿

所属：＿＿＿＿＿＿＿学科＿＿＿＿＿＿＿＿＿専攻

学籍番号：＿＿＿＿＿＿＿＿＿＿　学年：＿＿＿＿

第10回 哲学思考実験 回答欄：

第11回　哲学思考実験

読解すべき箇所：132頁〜154頁

　ちびっ子相撲の土俵を作るために縄を切ろうとしているが、切れないのは「どうしてなのか」と本書に書かれているか？　それを踏まえたうえで、キーワードである「テューリング・マシーン」「計算班」「実行班」を用いてあなたの意見（反対・賛成・パスなど）とその理由も書こう。つまりあなたは、計算班か実行班か、そのどちらの立場を擁護するのか？

　あなたの氏名の振り仮名は議論のために重要なので、氏名に添えて書いて下さい。

ふりがな：＿＿＿＿＿＿＿　＿＿＿＿＿＿＿

氏　　名：＿＿＿＿＿＿＿　＿＿＿＿＿＿＿

所属：＿＿＿＿＿＿＿学科＿＿＿＿＿＿＿＿＿専攻

学籍番号：＿＿＿＿＿＿＿＿＿＿　学年：＿＿＿＿

第11回 哲学思考実験 回答欄：

_____

_____

_____

_____

_____

_____

_____

_____

※ミシン目を切り離して回答をして提出して下さい。

第12回　哲学思考実験

読解すべき箇所：155頁〜158頁

　脳の仕様を原因として起こった現象として本書では三つ挙げているが、それらを答えよ。

　そして筆者はその現象たちの共通点から、脳の仕様として具体的にとのような特徴を挙げているか？　それに対してあなたの意見（反対・賛成・パスなど）とその理由も書こう。

　あなたの氏名の振り仮名は議論のために重要なので、氏名に添えて書いて下さい。

ふりがな：_____　　_____

氏　　名：_____　　_____

所属：_____学科_____専攻

学籍番号：_____　　学年：_____

第12回 哲学思考実験 回答欄：

第13回　哲学思考実験

読解すべき箇所：187頁～194頁

　大拙と白隠禅師の共通点を本書では、どう取り上げているか？　引用・要約も交えて説明せよ。「そうか」「そうですか」の「そう」は何を指していると、あなたは考えるか？

（発展問題・難問）

それは数理論理学で割り切れるLogicであろうか？

それとも龍樹（ナーガールジュナ）の論理に近いであろうか？

　あなたの氏名の振り仮名は議論のために重要なので、氏名に添えて書いて下さい。

ふりがな：＿＿＿＿＿＿＿＿　＿＿＿＿＿＿＿＿＿

氏　　名：＿＿＿＿＿＿＿＿　＿＿＿＿＿＿＿＿＿

所属：＿＿＿＿＿＿＿学科＿＿＿＿＿＿＿＿＿専攻

学籍番号：＿＿＿＿＿＿＿＿＿　学年：＿＿＿＿

第13回 哲学思考実験 回答欄：

第14回　哲学思考実験

読解すべき箇所：194 頁〜 201 頁

　千栄子は読まれることを期待して大野英子先生に作文を手渡すが、本書で作文はいつ、どうやって完成したと書かれているか？　先生の努力を引用・要約して説明せよ。またその努力が報われないこともあったが、その時千栄子は先生に向かって何と発したか？

　上記を踏まえたうえで、二人の人間が意思疎通することにかんして、あなたの意見を書こう。

　あなたの氏名の振り仮名は議論のために重要なので、氏名に添えて書いて下さい。

ふりがな：＿＿＿＿＿＿＿＿＿　　＿＿＿＿＿＿＿＿＿＿

氏　　名：＿＿＿＿＿＿＿＿＿　　＿＿＿＿＿＿＿＿＿＿

所属：＿＿＿＿＿＿＿＿＿学科＿＿＿＿＿＿＿＿＿＿＿＿専攻

学籍番号：＿＿＿＿＿＿＿＿＿＿＿＿＿＿　　学年：＿＿＿＿＿

第14回 哲学思考実験 回答欄：